NICHOLAS NEGROPONTE

Total digital

Buch

Wie die neue Welt zwischen Multimedia und Internet aussehen wird, beschreibt in diesem Buch einer der weltweit führenden Experten auf dem Gebiet der Kommunikationstechnologie. Nicholas Negroponte, Vordenker einer digital vernetzten Informationsgesellschaft, macht deutlich, daß es in Zukunft nicht mehr nur um die technische Weiterentwicklung von Computern geht, sondern um die radikale Veränderung unseres gesamten Lebens.

Autor

Nicholas Negroponte ist Begründer und Direktor von *Media Lab*, des Instituts zur Erforschung zukünftiger Formen der menschlichen Kommunikation am international hoch angesehenen *Massachusetts Institute of Technology*. Er ist außerdem Mitbegründer und ständiger Kolumnist der Computerzeitschrift *Wired* und gilt als einer der weltweit führenden Experten auf dem Gebiet der Kommunikationstechnologie.

NICHOLAS NEGROPONTE

TOTAL DIGITAL

**Die Welt zwischen
0 und 1 oder
Die Zukunft der
Kommunikation**

Aus dem Amerikanischen von
Franca Fritz und Heinrich Koop

GOLDMANN

Die Originalausgabe erschien 1995 unter dem Titel *Being Digital*
bei Alfred A. Knopf, New York

Der Goldmann Verlag
ist ein Unternehmen der Verlagsgruppe Bertelsmann

Überarbeitete Taschenbuchausgabe Januar 1997
© der deutschsprachigen Ausgabe 1995
C. Bertelsmann Verlag, München
© der Originalausgabe 1995 Nicholas Negroponte
Umschlaggestaltung: Design Team München
Druck: Presse-Druck Augsburg
Verlagsnummer: 12721
Ba · Herstellung: Stefan Hansen
Made in Germany
ISBN 3-442-12721-1

10 9 8 7 6 5 4 3 2

Für Elaine –
die seit 11111 Jahren meinen digitalen
Zustand erträgt

Inhalt

Einleitung:
Das Paradox eines
Buches

Als Dyslektiker lese ich nicht gern. Schon als Kind habe ich statt der Klassiker lieber Zugfahrpläne studiert und in meiner Phantasie perfekte Zugverbindungen zwischen den verschiedensten kleinsten europäischen Städten hergestellt. Diese Faszination verschaffte mir exzellente Kenntnisse der europäischen Geographie – und vor allem der Schweiz, wo ich als amerikanischer Bürger zweieinhalb Jahre lang die Schule besuchte.

Dreißig Jahre später befand ich mich – in meiner Eigenschaft als Direktor des MIT Media Lab – inmitten einer hitzigen nationalen Debatte über den Technologietransfer von Forschungsinstituten der USA zu ausländischen Firmen.

Bei den Zusammenkünften wurde in Einliterflaschen Evian-Mineralwasser zur Erfrischung gereicht. Im Gegensatz zu den meisten anderen Teilnehmern wußte ich dank meiner Zugpläne genau, wo Evian liegt: in Frankreich, mehr als 750 Kilometer vom Atlantischen Ozean entfernt. Das bedeutete, daß diese schweren Glasflaschen etwa ein Drittel des europäischen Kontinents durchquert hatten, danach über den Atlantik transportiert worden waren und bis nach Kalifornien noch weitere 4 500 Kilometer auf dem Landweg zurücklegen mußten.

Während wir also gerade über den Schutz der amerikanischen Computerindustrie und unsere Wettbewerbsfähigkeit auf dem Elektroniksektor diskutierten, waren wir allem Anschein nach nicht in der Lage, auf einer amerikanischen Konferenz für ein amerikanisches Mineralwasser zu sorgen.

Heute sehe ich meine Evian-Geschichte mit etwas anderen Augen. Es ging gar nicht so sehr um ein französisches Mineralwasser, das mit ähnlichen amerikanischen Produkten im Wettbewerb stand; diese Anekdote illustriert vielmehr lebhaft den fundamentalen Unterschied zwischen Atomen und Bits. Im Falle des Evian-Wassers hatten wir eine große, schwere und träge Masse langsam, mühsam und unter hohen Kosten viele Tage lang über Tausende von Kilometern transportiert. Auf dieselbe Art und Weise tauscht der Welthandel schon seit Jahrhunderten seine Atome aus. Wenn Sie durch den Zoll gehen, geben Sie Ihre Atome an – und nicht Ihre Bits. Sogar digital aufgenommene Musik wird in Form von Kunststoff-CDs vertrieben, mit riesigen Unkosten für Verpackung, Lagerung und Transport.

Aber diese Zeiten ändern sich. Der systematische Transport von aufgezeichneter Musik auf Kunststoffscheiben wird ebenso wie der langsame menschliche Informationsaustausch mit Hilfe von Büchern, Magazinen, Zeitungen und Videokassetten in nächster Zeit ersetzt werden durch den unmittelbaren und preiswerten Transfer elektronischer Daten, die sich mit Lichtgeschwindigkeit fortbewegen. In dieser Form ist Information besonders leicht zugänglich. Thomas Jefferson erdachte das Konzept einer Bibliothek, aus der man unentgeltlich Bücher ausleihen konnte. Aber dieser große Pionier hätte sich in seinen kühnsten Träumen nicht vorstellen können, daß eine Zeit kommen würde, in der zwanzig Millionen Menschen gleichzeitig auf eine digitale Bücherei zugreifen und deren Inhalt kostenlos abrufen.

Der Wechsel vom Atom zum Bit – wie ich es nenne – ist unwiderruflich und nicht mehr aufzuhalten.

Warum gerade jetzt? Weil sich dieser Wechsel exponentiell verhält – kleine Unterschiede von gestern können morgen erschütternde Konsequenzen nach sich ziehen.

Erinnern Sie sich noch an das Kinderrätsel: Wenn man am ersten Tag des Monats für einen Pfennig arbeitet und sich der Lohn jeden Tag verdoppelt, wieviel verdient man dann am Monatsende? Falls Sie dieses wundervolle Lohnprogramm am Neujahrstag beginnen, würden Sie am 31. Januar mehr als zehn Millionen Mark pro Tag verdienen. Das ist der Teil der Lösungsantwort, an den sich die meisten von uns gut erinnern. Was wir aber dabei schon wieder vergessen haben, ist, daß wir nur 1,3 Millionen Mark verdienen würden, wenn der Januar (wie der Februar) drei Tage kürzer wäre. Mit anderen Worten: Unser Gesamteinkommen für den Monat Februar beliefe sich auf etwa 2,6 Millionen – statt der 21 Millionen, die wir im gesamten Januar verdienen könnten. Wenn es sich um einen exponentiellen Effekt handelt, können diese letzten drei Tage von entscheidender Bedeutung sein! Und im Bereich der Computer und der digitalen Telekommunikation nähern wir uns unaufhaltsam diesen letzten drei Tagen.

Mit einer ähnlichen Ausbreitungsgeschwindigkeit durchdringen Computer unser tägliches Leben: 35 Prozent aller amerikanischen Familien und 50 Prozent der amerikanischen Teenager besitzen einen Personalcomputer; etwa 30 Millionen Menschen sind ans Internet angeschlossen; 65 Prozent aller 1994 weltweit verkauften Computer gingen an Privathaushalte, und etwa 90 Prozent der in diesem Jahr verkauften Heimcomputer werden mit einem CD-ROM-Player oder einem Modem ausgestattet sein. Diese Zahlen beinhalten nicht die durchschnittlich fünfzig Mikroprozessoren in einem Auto des Jahrgangs 1995, ebensowenig wie die Mikroprozessoren in Ihrem Toaster, Thermostat, Anrufbeantworter, CD-Player oder in Ihrer tönenden Grußpostkarte. Und falls ich bei diesen Zahlen etwas zu hoch gelegen haben sollte – lassen wir einfach noch eine Minute verstreichen.

Die Wachstumsraten dieser Zahlen sind enorm: Allein ein einziges Computerprogramm, ein Browser [Übersichtsprogramm, Anm. d. Übers.] für das Internet namens Mosaic, verzeichnete zwischen Februar und Dezember 1993 einen wöchentlichen Zuwachs von 11 Prozent. Die Anwenderzahl des Internet steigt im Moment um etwa 10 Prozent pro Monat; wenn diese Wachstumsrate konstant bliebe (was so gut wie unmöglich ist), würde im Jahre 2003 die Zahl der Internet-Benutzer die Zahl der Weltbevölkerung übertreffen.

Manche Beobachter dieser Entwicklungen äußern sich besorgt über die soziale Kluft zwischen den Informationsreichen und den Informationsarmen, den Begüterten und den Habenichtsen, der Ersten und der Dritten Welt. Aber die eigentliche kulturelle Kluft entsteht zwischen den Generationen. Wenn ich einem Erwachsenen begegne, der mir von den Vorteilen der CD-ROM erzählt, ist die Wahrscheinlichkeit hoch, daß er ein Kind im Alter zwischen fünf und zehn Jahren hat. Treffe ich dagegen eine Frau, die etwas von America Online versteht, kann ich davon ausgehen, daß in ihrem Haushalt ein Teenager lebt. Das eine ist ein elektronisches Buch, das andere ein Datennetz, und beides wird heute von Kindern als so selbstverständlich vorausgesetzt, wie wir die Luft zum Atmen betrachten (bis sie uns einmal fehlt).

Der Umgang mit dem Computer hat nichts mehr mit Rechnen und Berechnen zu tun – er ist ein Lebensstil geworden. Überall auf der Welt ist der riesige Zentralcomputer – der sogenannte Mainframe – durch eine große Zahl von Personalcomputern ersetzt worden. Wir haben miterlebt, wie die Computer aus gewaltigen Räumen mit Klimaanlagen zunächst in Wandschränken, dann auf den Schreibtischen und jetzt auf unserem Schoß oder in unserer Tasche Einzug hielten. Aber das ist nicht das Ende der Entwicklung.

Zu Beginn des nächsten Jahrtausends werden unsere linken und rechten Armbänder oder Ohrringe auf dem Umweg über erdnahe Satelliten miteinander kommunizieren und dabei mehr Rechenpotential besitzen als unsere heutigen PCs. Ein Telefon wird nicht mehr aufdringlich klingeln, sondern wie ein gut ausgebildeter englischer Butler Anrufe entgegennehmen, sortieren und gegebenenfalls auch beantworten. Neuartige Systeme zur Übertragung und zum Empfang individueller Informationen und Unterhaltungsprogramme werden die Massenmedien völlig umkrempeln. Schulen werden sich zu einer Kombination aus Museum und Spielplatz entwickeln, in der Kinder sich treffen, um ihre Ideen zu sammeln und mit anderen Kindern auf der ganzen Welt in Kontakt zu treten. Der digitale Planet besitzt die Größe und Form eines Stecknadelkopfs.

Je mehr wir uns miteinander vernetzen, desto mehr werden die Wertvorstellungen eines Staates oder einer Nation den Werten größerer und kleinerer elektronischer Gemeinschaften weichen. Wir werden uns in digitalen Nachbarschaften zusammenfinden, in denen der physikalische Raum keine Rolle mehr spielt und in denen Zeit eine ganz neue Bedeutung bekommen hat. Wenn Sie in zwanzig Jahren aus dem Fenster schauen, werden Sie dort vielleicht etwas sehen können, was fünftausend Kilometer und sechs Zeitzonen weit entfernt ist. Ein einstündiges Fernsehprogramm wird Ihnen in weniger als einer Sekunde geliefert werden können. Wenn Sie einen Text über Patagonien lesen, gehört dazu dann auch die sinnliche Erfahrung einer Reise in dieses Land. Ein Buch von William Buckley könnte die Form einer Konversation mit dem Autor annehmen.

Warum also dieses altmodische Buch hier, noch dazu ohne eine einzige Illustration? Warum verschickt Bertelsmann *Total digital* nicht als Bit, sondern als Atom, obwohl diese Seiten – im Gegensatz zum Evian-Wasser – einfach digitalisiert und damit in die Form gebracht werden könnten, in der sie ursprünglich entstanden? Dafür gibt es drei Gründe.

Zum einen gibt es einfach nicht genug digitale Medien in den Händen von Managern, Politikern, Eltern und all denen, die am ehesten ein Verständnis für diese grundlegend neue Kultur entwickeln müssen. Obwohl Computer in der heutigen Zeit allgegenwärtig sind, ist ihr aktuelles Interface als primitiv, bestenfalls als schwerfällig zu bezeichnen und kaum dazu geeignet, sich damit gemütlich ins Bett zu kuscheln.

Ein zweiter Grund ist meine monatliche Kolumne in der Zeitschrift *Wired*. Der rasche und erstaunliche Erfolg dieses Magazins hat gezeigt, daß ein großes Interesse an Informationen über den digitalen Lebensstil und seine menschlichen Vertreter besteht und daß sich dieses Interesse nicht ausschließlich auf die Theorie und die Computerhardware beschränkt. Ich erhielt so viele intelligente, durchdachte Zuschriften auf meine Kolumne (nur Text, keine Bilder), daß ich mich dazu entschloß, einige der früheren Themenbereiche neu zu überarbeiten. Obwohl viele dieser Storys erst vor kurzer Zeit entstanden sind, hat sich in der Zwischenzeit eine ganze Menge verändert. Es handelt sich alles in allem um Geschichten über die Quintessenz aus der jahrelangen Arbeit an neuen Systemen für Computergrafik, menschliche Kommunikation und interaktive Multimedia-Anwendungen.

Der dritte Grund ist eher persönlicher, fast schon asketischer Natur: Interaktive Medien lassen der Phantasie kaum noch Spielraum. Wie bei einem Hollywoodfilm wird auch bei einer multimedialen Erzählung der Verlauf der Handlung so genau dargestellt und ausformuliert, daß dem geistigen Auge fast nichts mehr zu tun bleibt. Im Gegensatz dazu löst das geschriebene Wort Bilder aus und ruft Metaphern hervor, die ihre Bedeutung zum großen Teil aus der Phantasie und den Erfahrungen des Lesers erhalten. Wenn Sie einen Roman lesen, stammt ein großer Teil der Farben, Geräusche und Bewegungen von Ihnen. Ich glaube, daß Sie genau diese Art von persönlicher Ausweitung benötigen, um nachzuvollziehen, was der Anbruch der Digitalzeit für Ihr Leben bedeutet.

Ich erwarte von Ihnen, daß Sie sich in dieses Buch einlesen. Und dies sagt Ihnen jemand, der nicht gerne liest.

Teil I: Bits sind Bits

Die DNS der Information

Bits und Atome

Die Vorzüge und Konsequenzen des digitalen Lebens lassen sich am besten verdeutlichen, wenn man den Unterschied zwischen Atomen und Bits genau betrachtet. Obwohl wir unzweifelhaft im Informationszeitalter leben, werden uns die meisten Informationen in Form von Atomen übermittelt – als Zeitungen, Zeitschriften und Bücher (wie das, was Sie gerade in der Hand halten). Selbst wenn sich unsere Wirtschaft immer weiter zu einer Informationsindustrie entwickelt, denken wir bei der Berechnung unserer Umsätze und dem Schreiben unserer Bilanzen immer in Atomen. GATT [General Agreement on Tariffs and Trade, internationales Handelsabkommen, Anm. d. Übers.] hat mit Atomen zu tun.

Vor kurzem besuchte ich die Zentrale eines der fünf größten amerikanischen Hersteller für integrierte Schaltkreise. Als ich mich am Empfang eintrug, wurde ich gefragt, ob ich einen

Laptop-Computer bei mir habe. Natürlich hatte ich. Die Empfangsdame erkundigte sich nach dem Modell, der Seriennummer und dem Wert des Geräts. »Etwa zwischen einer und zwei Millionen Dollar«, antwortete ich. »Das ist doch nicht möglich, Sir«, erwiderte sie. »Darf ich einmal sehen?« Ich zeigte ihr mein altes PowerBook, und sie schätzte dessen Wert auf etwa zweitausend Dollar. Danach trug sie diese Zahl in ihre Unterlagen ein, und ich durfte das Gebäude betreten. Natürlich besaßen die Atome nicht annähernd diesen Wert – aber die Bits waren unbezahlbar.

Vor einiger Zeit besuchte ich ein Ausbildungszentrum für leitende Angestellte der Polygram in Vancouver, Kanada. Der Zweck meiner Reise war die Verbesserung der Kommunikation innerhalb der Geschäftsleitung; außerdem sollte ich den dort Anwesenden einen Überblick über die Entwicklungen des kommenden Jahres geben, wozu auch die Vorstellung einiger Neuveröffentlichungen in den Bereichen Musik, Film, Spiel und Musikvideo gehörte. Diese Beispiele sollten mit dem Kurierdienst Federal Express in Form von Audio-CDs, Videokassetten und CD-ROMs verschickt werden – faßbarem Material in greifbaren Verpackungen von bestimmter Größe und Gewicht. Aufgrund unglücklicher Umstände blieb ein Teil des Materials am Zoll hängen. Am selben Tag hatte ich in meinem Hotelzimmer Bits über das Internet hin- und hergeschoben und dabei mit dem MIT und anderen Teilen der Welt konferiert. Im Gegensatz zu den Atomen der Polygram wurden meine Bits nicht vom Zoll aufgehalten.

Das Ideal der »Datenautobahn« ist der weltweite Austausch gewichtsloser Bits, die mit Lichtgeschwindigkeit übermittelt werden. Gleichzeitig betrachtet sich ein Industriezweig nach dem anderen im Spiegel und denkt über seine Zukunft in einer digitalen Welt nach, wobei diese Zukunft zu beinahe hundert Prozent davon bestimmt wird, inwieweit die jeweilige Firma ihre Produkte oder Angebote in digitale Form zu übertragen vermag. Bei Herstellern von Kaschmirpullovern oder chinesischem Essen wird dieser Prozeß natürlich noch eine ganze Weile dauern. »Beam mich hoch, Scotty« ist ein wunderbarer Traum, der aber wahrscheinlich in den nächsten Jahrhunderten nicht in Erfüllung gehen dürfte. Bis dahin müssen wir uns auf Briefe und Pakete, Fahrräder und Turnschuhe verlassen, wenn wir unsere Atome von einem Ort zum nächsten bewegen wollen. Dies bedeutet natürlich nicht, daß digitale Technologien beim Entwurf, bei der Herstellung, beim Vertrieb oder beim Management atomabhängiger Produkte von keinerlei Nutzen sein könnten. Ich behaupte lediglich, daß sich das eigentliche Geschäft nicht verändert und sich die Produkte nicht von Atomen in Bits verwandeln lassen.

Bits und Atome werden in der Informations- und Unterhaltungsindustrie häufig durcheinandergeworfen. Arbeitet der Verleger eines Buches heute eher in der Informationsvermittlungsbranche (Bits) oder in der Fertigungsindustrie (Atome)? Historisch gesehen gehört er zu beiden, aber die Zeiten ändern sich rapide, vor allem da Informationsanwendungen immer benutzerfreundlicher und allgegenwärtiger werden. Im Moment ist es sehr schwer – wenn auch nicht unmöglich –, mit den Vorzügen eines gedruckten Buches zu konkurrieren.

Ein Buch besitzt eine kontrastscharfe Leseoberfläche, es wiegt nicht viel, ist einfach durchzublättern und nicht allzu teuer. Aber bevor es zu Ihnen kommt, verschlingt es Kosten für Lagerung, Versand und Remittenden, die bei Lehrbüchern etwa 45 Prozent des Preises ausmachen. Schlimmer noch: Ein Buch kann vergriffen sein. Digitale Bücher sind nie vergriffen. Sie sind immer lieferbar.

Andere Medien besitzen sogar noch größere Nachteile: Die

ersten Unterhaltungsatome, die ausgetauscht und durch Bits ersetzt werden, sind voraussichtlich die Kassetten der Videoverleiher, die ja in der bisherigen Form für den Konsumenten einen erheblichen Nachteil haben: Man muß sie zurückbringen oder eine Strafe zahlen, wenn man sie unter der Couch vergißt (angeblich werden von den zwölf Milliarden Dollar, die die US-Videoverleiher jährlich umsetzen, drei Milliarden als Verspätungszuschläge gezahlt). Bei anderen Medien wird die digitale Entwicklung durch die vereinten Kräfte von Bequemlichkeit, wirtschaftlicher Notwendigkeit und dem Interesse an einer Aufhebung persönlicher Kontrolle vorangetrieben werden – und das innerhalb der nächsten Jahre.

Ein Bit – das unbekannte Wesen

Ein Bit hat keine Farbe, Größe oder Gewicht, und es reist mit Lichtgeschwindigkeit. Es ist der kleinste Bestandteil der Informations-DNS. Ein Bit beschreibt einen Zustand: an oder aus, richtig oder falsch, unten oder oben, innen oder außen, schwarz oder weiß. Aus praktischen Gründen betrachten wir diesen Zustand als 1 oder 0 (wobei die eigentliche Bedeutung der 1 oder der 0 hier nicht interessiert). In den Pioniertagen des Computers stellte eine Kette von Bits ganz allgemein eine numerische Information dar.

Wenn Sie beim Zählen alle Zahlen außer acht lassen, die etwas anderes als 1 oder 0 enthalten, bekommen Sie folgende Zahlenreihe: 1, 10, 11, 100, 101, 110, 111 usw. Hierbei handelt es sich um die entsprechenden binären Verkörperungen der Zahlen 1, 2, 3, 4, 5, 6, 7 usw.

Bits bilden seit jeher die grundlegenden Einzelbausteine der Arbeit mit digitalen Computern. Aber im Laufe der letzten fünfundzwanzig Jahre haben wir unser binäres Vokabular so erweitert, daß es heute nicht nur Zahlen enthält. Es ist uns gelungen, die verschiedensten Arten von Informationen zu digitalisieren – wie etwa Audio und Video – und sie ebenfalls in Ketten aus 1 und 0 umzusetzen.

Ein Signal wird digitalisiert, indem man es an verschiedenen Punkten abtastet. Wenn diese Abtastpunkte dicht genug nebeneinanderliegen, läßt sich daraus eine scheinbar perfekte Kopie erstellen. Für eine Audio-CD beispielsweise tastet man die Klänge eines Musikstücks 44 100mal pro Sekunde ab und zeichnet dessen Audiowellenformen (der Schalldruckpegel wird als Spannungswert gemessen) als Kette einzelner Zahlen auf (die ihrerseits in Bits umgewandelt werden). Wenn man diese Bit-Ketten nun 44 100mal pro Sekunde abspielt, erhält man eine ununterbrochene Wiedergabe der Originalmusik. Die aufeinanderfolgenden einzelnen Meßpunkte liegen zeitlich so dicht nebeneinander, daß unser Ohr sie nicht mehr als eine Aneinanderreihung getrennter Klänge, sondern als durchgehenden Ton wahrnimmt.

Das gleiche Prinzip läßt sich auch auf ein Schwarzweißfoto anwenden. Stellen Sie sich eine elektronische Kamera vor, die ein feines Netzmuster über ein Bild legt und dann die unterschiedlichen Grauwerte aufzeichnet, die sie in jeder Zelle des Musters wahrnimmt. Wenn wir den Wert für Schwarz mit 0 und den Wert für Weiß mit 255 bezeichnen, liegt jede Art von Grau irgendwo zwischen diesen beiden Zahlen. Bequemerweise besitzt eine Kette von 8 Bits 256 Permutationen von 1 und 0, die bei 00000000 beginnen und bei 11111111 enden. Mit Hilfe solch feiner Abstufungen und mit einem feinen Netzmuster ist man in der Lage, ein Bild für das menschliche Auge perfekt zu rekonstruieren. Sobald Sie ein gröberes Muster oder eine geringere Anzahl von Graustufen wählen, nimmt das Auge digitale Strukturen wie eckige Konturen oder Datenblöcke wahr.

Das Entstehen eines kontinuierlichen Ganzen aus einzelnen Bildpunkten verhält sich analog zu einem Phänomen, das wir in einem viel feineren Maßstab aus der wohlbekannten Welt der Materie kennen. Materie besteht aus Atomen. Wenn Sie eine glattpolierte Metalloberfläche aus einem subatomaren Blickwinkel betrachten könnten, würden Sie im großen und ganzen nur Löcher sehen. Aber die Oberfläche erscheint Ihnen glatt und fest, weil ihre einzelnen Bestandteile unvorstellbar winzig sind. Das gleiche gilt für die digitale Datenausgabe.

Aber die Welt, wie wir sie kennen, ist ein sehr analoger Ort. Aus unserem makroskopischen Blickwinkel betrachtet, entwickelt sich nichts digital, sondern alles kontinuierlich. Nichts geht plötzlich an oder aus, wechselt von Schwarz zu Weiß oder von einem Zustand in den anderen, ohne dabei ein Übergangsstadium zu durchleben. Dies muß aber nicht für die kleinsten Einheiten der mikroskopischen Welt gelten, mit denen wir interagieren (die Elektronen eines Drahtes oder die Trolanden in unserem Auge). Aber es gibt so viele davon, daß wir sie als kontinuierlich, als beständig wahrnehmen. Allein dieses Buch beispielsweise besteht, grob geschätzt, aus etwa 1 000 000 000 000 000 000 000 000 Atomen (ein *sehr* analoges Medium).

Die Digitalisierung besitzt eine ganze Reihe von Vorteilen. Zu den auf der Hand liegenden zählen Datenkompression und Fehlerkorrektur, die beide für den Transport von Informationen durch einen kostspieligen und störanfälligen Kanal von größter Bedeutung sind. Rundfunk- und Fernsehstationen etwa können auf diese Weise Geld sparen, und Zuhörer oder Zuschauer genießen Bild und Ton in bester Studioqualität.

Aber die Konsequenzen des digitalen Daseins gehen weit über diesen Punkt hinaus.

Bei der Beschreibung von Bildern und Tönen mit Hilfe von Bits ergeben sich große Vorteile, wenn man dafür so wenig Bits wie nötig einsetzt (dieses Prinzip läßt sich mit dem Energiesparen vergleichen). Aber die Anzahl der Bits, die pro Sekunde oder Quadratzentimeter zur Verfügung gestellt werden, hat einen unmittelbaren Einfluß auf die Wiedergabequalität der Musik oder der Bilder. Aus diesen Gründen ist man meist daran interessiert, das Original in besonders hoher Auflösung zu digitalisieren, um dann – je nach Anwendung – weniger hoch aufgelöste Versionen eines Klanges oder Bildes zu besitzen. Ein Farbbild beispielsweise müßte für einen Computerausdruck in einer sehr hohen Auflösung digitalisiert werden; dagegen würde für die Bearbeitung im Computer selbst (im Rahmen eines computergesteuerten Layoutprogramms etwa) eine niedrige Auflösung genügen. Die Wirtschaftlichkeit der Bits wird zum Teil bestimmt von den Beschränkungen des Speichermediums und denen der Übertragungskanäle.

Die Anzahl von Bits, die pro Sekunde durch einen bestimmten Kanal (Kupferdraht, Radiowellen oder Glasfaser) übertragen werden können, wird als Bandbreite dieses Kanals bezeichnet. Es handelt sich um eine Maßangabe für die Übertragungsleistung eines Leitungssystems. Diese Bit-Zahl oder -Menge muß sorgfältig mit der Anzahl von Bits abgestimmt werden, die ein bestimmter Datentyp (Stimme, Musik, Video) für die digitale Darstellung benötigt: 64 000 Bits pro Sekunde sind mehr als ausreichend für die erstklassige Wiedergabe einer Stimme, 1,2 Millionen Bits pro Sekunde genügen für einen Hi-Fi-Musikempfang, und mit 45 Millionen Bits pro Sekunde erzielt man eine hervorragende Videoqualität.

Im Laufe der letzten fünfzehn Jahre haben wir jedoch gelernt, die digitalen Rohformen von Klängen und Bildern zu komprimieren, die Bits in Raum, Zeit oder beidem zu beobachten und ihre innewohnenden Redundanzen und Wiederholungen zu entfernen. Einer der Gründe, warum die heutigen Medien in so kurzer Zeit digitalisiert werden konnten, ist die Tatsache, daß wir wesentlich schneller, als von den meisten Menschen vorhergesehen, einen besonders hohen Grad der Datenkompression erreicht haben. Dabei gab es noch 1993 einige Kritiker, die behaupteten, daß digitales Video erst im nächsten Jahrtausend Realität werden würde.

Vor fünf Jahren glaubte beinahe niemand, daß man die 45 Millionen Bits pro Sekunde, die für ein digitales Video benötigt werden, auf 1,2 Millionen Bits pro Sekunde reduzieren kann. Aber 1995 sind wir in der Lage, ein Video in dieser Übertragungsgeschwindigkeit zu komprimieren, zu dekomprimieren, zu kodieren oder zu dekodieren, und dies alles preisgünstig und in bester Qualität. Es ist so, als ob wir plötzlich in der Lage wären, einen gefriergetrockneten Cappuccino herzustellen, der so gut ist, daß er – nur durch die Zugabe von Wasser – vor unseren Augen so stark und aromatisch wird wie eine frisch aufgebrühte Tasse in einem kleinen italienischen Café.

Wenn alle Medien aus Bits bestehen

Die Digitalisierung ermöglicht die Übertragung eines Signals mit zusätzlichen Informationen zur Korrektur von Fehlern wie Telefonknacken, Radioknistern oder Fernsehschnee. Diese Störungen können aus dem digitalen Signal entfernt werden, indem man einige Extra-Bits für immer perfektere Techniken zur Fehlerkorrektur reserviert, die in jeder Art von

Medium gegen jede Art von Störgeräusch eingesetzt werden. Auf Ihrer Audio-CD wird etwa ein Drittel aller Bits zur Fehlerkorrektur verwendet. Ähnliche Techniken lassen sich auch im Bereich des Fernsehens einsetzen, so daß jeder Haushalt sein Fernsehprogramm in Studioqualität und damit so verbessert empfängt, daß man es für sogenanntes High Definition halten könnte.

Fehlerkorrektur und Datenkompression sind die beiden naheliegendsten Gründe für ein digitales Fernsehen. Man kann vier digitale TV-Signale in Studioqualität in dieselbe Bandbreite packen, die früher für eine verrauschte Fernsehübertragung benötigt wurde. Sie erhalten ein besseres Bild und erreichen über ein und denselben Kanal bis zu viermal mehr Publikum und Werbeeinnahmen.

Wenn sie über die Möglichkeiten und Zusammenhänge der Digitalisierung sprechen, erhoffen sich die meisten Medienexperten eine bessere und effizientere Übertragung des bereits Vorhandenen. Aber wie beim Trojanischen Pferd wird uns dieses Geschenk in der Folge einige Überraschungen bereiten. Das digitale Leben birgt völlig neue Inhalte in sich, neue Spielvarianten, neue ökonomische Modelle, und wird eine florierende Heimindustrie von Informations- und Unterhaltungslieferanten hervorbringen.

Wenn alle Medien digital sind – denn Bits sind Bits –, wird man zwei grundlegende und unmittelbare Ergebnisse beobachten können.

Zum einen vermischen sich Bits problemlos miteinander. Sie geraten durcheinander und können – einzeln oder getrennt – immer wieder neu zusammengestellt werden. Diese Mischung von Audio, Video und Daten wird *Multimedia* genannt: Der Begriff klingt kompliziert, beschreibt aber im Grunde nichts anderes als gemischte Bits.

Zum anderen wird eine neue Art von Bit entstehen – ein Bit, das Ihnen etwas über andere Bits erzählt. Bei diesen neuen Bits handelt es sich um »Nachrichtenköpfe«, die auch Zeitungsreporter benutzen, um damit einen Artikel zu archivieren. Wissenschaftliche Autoren benutzen solche Nachrichtenköpfe, wenn sie gebeten werden, ihre Abhandlungen in Stichworten zusammenzufassen. Bits dieser Art können eine Inhaltsangabe enthalten oder eine Beschreibung der nachfolgenden Daten. Auf Ihrer Audio-CD befinden sich einfache Nachrichtenköpfe, die Ihnen erlauben, von Song zu Song zu springen, oder die Ihnen einige Informationen über die Musik liefern. Diese Bits sind nicht sicht- oder hörbar, sondern erzählen Ihnen, Ihrem Computer oder einem für diesen Zweck gedachten Apparat etwas über das eigentliche Signal.

Diese beiden Phänomene – gemischte Bits und Bits-über-Bits – werden die Medienlandschaft so gründlich verändern, daß Konzepte wie Video-nach-Wunsch oder der Vertrieb elektronischer Spiele über ein lokales Kabelnetz dagegen wie triviale Anwendungen erscheinen – wie die Spitze eines wesentlich tiefgründigeren Eisbergs. Man denke nur an die Konsequenzen für eine Fernsehshow, deren Daten eine computerlesbare Beschreibung des Ablaufs enthalten: Sie könnten die Sendung anhand der Inhalte aufzeichnen und nicht mehr abhängig von der Tageszeit oder vom Sendekanal. Oder was wäre mit einem einzelnen digitalen Befehl, der beim Empfänger ein Programm als Audio-, Video- oder in textlicher Form generieren kann? Und wenn sich diese Bits so leicht verschieben lassen, welche Macht würden die großen Medienkonzerne dann über Sie und mich besitzen?

Die Digitalzeit sieht solche Auswirkungen von vornherein als erwiesen an: Sie liefert das Potential für neue Inhalte und schöpft aus einer völlig neuen Kombination von Quellen.

Wo die Intelligenz lebt

Das Fernsehen ist ein Beispiel für ein Medium, bei dem alle Intelligenz vom Ursprungspunkt ausgeht. Der Sender bestimmt, und der Empfänger akzeptiert einfach alles, was er bekommt. Auf den Quadratzentimeter berechnet, ist Ihr heutiger Fernsehapparat wahrscheinlich das dümmste Elektrogerät in Ihrem Haushalt (und dabei denke ich noch nicht einmal an die Fernsehprogramme). Selbst Ihre Mikrowelle enthält höchstwahrscheinlich eine größere Anzahl von Mikroprozessoren als Ihr Fernsehgerät. Anstatt erhöhte Bildauflösung, bessere Farben oder mehr Programme als nächsten Entwicklungsschritt des Fernsehens anzusehen, sollten Sie sich diesen Schritt lieber als einen Wechsel in der Verteilung der Intelligenz vorstellen – oder genauer: als die Verschiebung der Intelligenz vom Sender zum Empfänger.

Eine Zeitung wird ebenfalls so hergestellt, daß alle Intelligenz vom Sender ausgeht. Aber dieses Medium aus großformatigem Papier bringt etwas Abwechslung in die »Einförmigkeit« von Informationen, da es von verschiedenen Menschen zu unterschiedlichen Zeiten auf viele verschiedene Arten aufgenommen werden kann. Wir durchblättern und überfliegen die Seiten, lassen uns von Schlagzeilen und Bildern leiten, und jeder von uns behandelt die – an Hunderttausende von Menschen gleichzeitig ausgelieferten – identischen Bits äußerst unterschiedlich. Zwar sind die Bits die gleichen, aber die Leseerfahrung ist eine andere.

Eine Möglichkeit, der digitalen Zukunft gegenüberzutreten, besteht darin zu fragen, inwieweit die Eigenschaften eines Mediums auf ein anderes Medium übertragen werden können. Kann die Erfahrung des Fernsehens mehr der Erfahrung des Zeitungslesens ähneln? Viele Leute sind der Meinung, daß eine Zeitung mehr Tiefe und Inhalt besitzt als eine Nachrichtensendung im Fernsehen. Aber muß das so sein? Gleichzeitig wird behauptet, daß das Fernsehen intensivere Sinneserfahrungen vermitteln kann als jede Zeitung. Aber muß das so sein?

Die Antwort liegt in der Entwicklung von Computern, die in unserem Auftrag die vorhandenen Medien filtern, sortieren, Schwerpunkte setzen und verwalten – Computer, die für uns Zeitungen lesen, Fernsehprogramme sehen und sich auf unsere Bitte hin wie ein Chefredakteur verhalten. Diese Art von Intelligenz würde an zwei verschiedenen Orten existieren.

Sie könnte beim Sender leben und sich wie Ihre persönliche Zeitungsredaktion verhalten – so, als ob die *New York Times* als Einzelexemplar erscheinen würde, zugeschnitten auf Ihre speziellen Interessen. In einem solchen Fall würde eine kleine Untermenge von Bits extra für Sie ausgewählt. Diese Bits werden dann gefiltert, aufbereitet und Ihnen zugeschickt, damit Sie sie zu Hause ausdrucken oder interaktiv auf einem elektronischen Display betrachten können.

Im zweiten Beispiel lebt Ihr Nachrichtensystem im Empfänger, und die *New York Times* sendet eine sehr große Anzahl von Bits – vielleicht fünftausend verschiedene Artikel –, aus denen Ihr Gerät eine kleine Auswahl zusammenstellt, je nach Ihren Interessen, Gewohnheiten oder Ihren Plänen für den Tag. In einem solchen Fall befindet sich die Intelligenz im Empfänger, und der dumme Sender schickt all seine Bits ohne Unterschied an jedermann.

Die Zukunft wird nicht das eine oder das andere, sondern beides bringen.

Bandbreite leichtgemacht

Vom Steinchen zur Lawine

Gegen Ende der sechziger Jahre war ich Assistenzprofessor für Computergrafik. Zu dieser Zeit wußte so gut wie niemand, um was es sich dabei handelte; Computer standen völlig außerhalb des täglichen Lebens. Heute höre ich fünfundsechzigjährige Wirtschaftsmagnaten damit angeben, wieviel Byte Speicherplatz ihre neue Zaubermaschine hat oder welche Kapazität ihre Festplatte besitzt. Manche Leute reden halbwissend über die Geschwindigkeit ihres Computers (dank des brillanten Werbefeldzugs von Intel Inside) und sprechen voller Zärtlichkeit (oder ganz im Gegenteil) über die Besonderheiten ihres Betriebssystems. Vor kurzem lernte ich eine Angehörige der oberen Zehntausend kennen, eine wohlhabende, charmante Frau, die so viel über das Betriebssystem von Microsoft wußte, daß sie eine kleine Firma eröffnete, in der sie Computerberatungen für die weniger informierten

Mitglieder ihrer Gesellschaftsschicht anbot. Auf ihrer Visitenkarte stand: »Ich kann Windows.«

Bandbreite ist etwas anderes. Kaum jemand kennt sich damit aus, vor allem jetzt, da uns durch die Glasfaserkabel statt einer bescheidenen eine beinahe unendliche Bandbreite zur Verfügung steht – und dies völlig ohne Übergang. Mit »Bandbreite« bezeichnet man die Übertragungsleistung eines bestimmten Leitungssystems, und die meisten Menschen, die diesen Ausdruck hören, denken dabei an den Durchmesser einer Röhre oder die Anzahl von Fahrbahnen auf einer Autobahn.

Allerdings lassen diese Vergleiche einige der feinen und bedeutsamen Unterschiede außer acht, die zwischen den verschiedenen Übertragungsmedien (Kupfer, Glasfaser, »Ätherwellen«) bestehen. Sie übersehen die Möglichkeit, daß wir – je nach der Zusammensetzung (und der Modulation) eines Signals – durch dasselbe Kupfer- oder Glasfaserkabel bzw. »durch die Luft« mehr, aber auch weniger Bits pro Sekunde übertragen können. Nichtsdestotrotz lassen sich für kupferne Telefonleitungen, Lichtwellenleiter aus Glasfaser sowie Radiowellen allgemeine Beschreibungen finden, die uns helfen können, die Bewegungen unserer gewichtslosen Bits besser zu verstehen.

Telefonkabel aus Kupfer, von Fachleuten als »paarweise verdrallt« bezeichnet (der Ausdruck stammt aus den Tagen, als Kupferkabel verflochten wurden wie die alten Lampenschnüre, die man heute noch in altmodischen Nobelhotels findet), gelten als Medium mit einer geringen Bandbreite. Dennoch sind allein in den Vereinigten Staaten kupferne Telefonkabel im Wert von sechzig Milliarden Dollar installiert, ein Netz, das mit Hilfe eines geeigneten Modems (eine Abkürzung für Modulator-Demodulator – mit Hilfe dieses Prozesses wer-

den Bits in analoge Wellenformen verwandelt und umgekehrt) bis zu 6 Millionen Bits pro Sekunde übermitteln kann.
Ein Modem überträgt meist mit einer Geschwindigkeit von
9 600 Bits pro Sekunde oder 9 600 Baud. (Bits pro Sekunde,
Bps und Baud bedeuten dasselbe; Baud steht für Emile Bau-
dot, den »Morse« des Telex-Zeitalters.)

Hochmoderne Modems können bis zu 38 400 Baud übertragen – aber diese Geschwindigkeit ist immer noch einhundert-
mal langsamer als die potentielle Übertragungskapazität eines
herkömmlichen Telefonkabels aus Kupfer. Man sollte das gute
alte paarig verdrallte Kabel also betrachten wie die Geschichte
vom Hasen und vom Igel: Es ist langsam, aber nicht so langsam, wie immer behauptet wird.

Dagegen ist die Kapazität von Glasfaser nahezu unbegrenzt.
Wir wissen tatsächlich nicht genau, wie viele Bits pro Sekunde
durch ein Glasfaserkabel geschickt werden können. Neueste
Forschungsergebnisse erlauben die Vermutung, daß sich etwa
1 000 Milliarden Bits pro Sekunde übertragen lassen. Das
bedeutet, daß eine Glasfaser von der Dicke eines menschlichen Haares genügt, um in weniger als einer Sekunde jede
bisher erschienene Ausgabe des *Wall Street Journal* zu übermitteln. Bei einer Datenübertragung in dieser Geschwindigkeit ist Glasfaser in der Lage, gleichzeitig eine Million Fernseh-
kanäle auszusenden – grob geschätzt 200 000mal schneller als
Kupferkabel. Dies ist ein riesiger Sprung. Und denken Sie
daran – ich spreche von einem einzigen Glasfaserkabel: Wenn
man mehr davon will, muß man einfach mehr davon herstellen. Letztendlich ist es doch nur Sand.

Die meisten Menschen gehen davon aus, daß die Übertragungskapazität des Äthers (im allgemeinen als Ätherwellen
bezeichnet) ebenfalls unbegrenzt ist. Schließlich handelt es
sich um Luft, und davon gibt es überall mehr als genug.

Obwohl auch ich den Begriff »Äther« verwende, benutze ich das Wort nur in seiner historischen Bedeutung. Nachdem man einmal die Radiowellen entdeckt hatte, berief man sich auf den Äther als die geheimnisvolle Substanz, in der sich die Wellen fortbewegen konnten; die vergebliche Suche nach dem Nachweis seiner Existenz führte schließlich zur Entdeckung der Photonen. Stationäre Satelliten kreisen in einer Entfernung von 35 000 Kilometern über dem Äquator (was bedeutet, daß die äußere Hülle etwa 55 000 Milliarden Kubikkilometer Äther enthält). Diese Äthermenge muß für den Transport einer großen Menge von Bits genügen, ohne daß diese dabei zusammenstoßen – denken Sie nur an die Millionen von Fernbedienungen auf der ganzen Welt, die für die drahtlose Kommunikation mit Hi-Fi- und Fernsehgeräten benutzt werden. Glücklicherweise sind die meisten Fernbedienungen so schwach, daß die wenigen Datenbits, die von Ihrer Hand zum Fernseher wechseln, nicht einmal den Fernsehkanal Ihres Nachbarn verändern können. Bei drahtlosen Telefonen dagegen liegt die Sache schon etwas anders.

Sobald wir den Äther für energiereichere Telekommunikation und Rundfunkübertragung verwenden, müssen wir sorgfältig darauf achten, daß die Signale einander nicht stören. Wir müssen willens sein, uns nur in vorher festgesetzten Teilen des Spektrums zu bewegen, und wir dürfen uns im Äther nicht verschwenderisch verhalten. Äther sollte so effektiv wie möglich genutzt werden. Im Gegensatz zu Glasfaser können wir nicht mehr davon herstellen. Die Natur hat nur diesen einen Äther geschaffen.

Allerdings gibt es viele Wege für eine effektive Nutzung. Wir können Teile des Spektrums mehrfach verwenden, indem wir ein Gitter aus Übertragungszellen anfertigen, das es uns erlaubt, dieselben Frequenzen ein paar Quadranten weiter für andere Zwecke einzusetzen, oder wir weichen auf Teile des Spektrums aus, die wir bisher vermieden haben (weil sich mit diesen Frequenzen auch unschuldige Vögel zu Brathähnchen verwandeln lassen). Aber selbst mit allen Tricks und Rationalisierungsmaßnahmen ist die Bandbreite des Äthers gering, verglichen mit den Möglichkeiten der Glasfaser – nicht zuletzt können wir unendliche Mengen davon herstellen und verlegen. Aus diesem Grunde schlug ich vor, daß die heutigen drahtlosen mit den verdrahteten Informationen die Plätze tauschen sollten.

Senator Bob Kerrey aus Nebraska bewarb sich um das Amt des amerikanischen Präsidenten und besuchte auf seinen Reisen für einige Stunden das Media Lab. Als wir uns begegneten, waren seine ersten Worte: »Der Negroponte-Tausch.«

Die oben erwähnte Idee habe ich zum erstenmal auf einer Konferenz der Northern Telecom vorgestellt, zu der George Gilder und ich als Redner eingeladen waren. Sie besagt einfach, daß alle momentan durch den Erdboden geführten Informationen (Eingabe, Kabel) in Zukunft durch den Äther übermittelt werden sollten und umgekehrt: Alles, was in der Luft war, sollte durch die Erde gehen. Ich bezeichnete diesen Vorschlag als »Platzwechsel«. Gilder nannte ihn den »Negroponte-Tausch«. Der Name blieb haften.

Der Grund, warum dieser Platzwechsel für mich so selbstverständlich erscheint, liegt darin, daß die Bandbreite der Erde unendlich ist – ganz im Gegensatz zum Äther. Wir besitzen nur einen Äther, aber eine unbegrenzte Anzahl von Glasfasern. Zwar entwickeln wir bei der Nutzung des Äthers immer intelligentere Methoden, aber im Grunde sollten wir unser gesamtes Frequenzspektrum für die Kommunikation mit beweglichen, ungebundenen Dingen offenhalten – für Flugzeuge, Boote, Autos, Aktentaschen oder Armbanduhren.

Glasfaser – der natürliche Weg

Als vor sechs Jahren die Berliner Mauer fiel, bedauerte die Deutsche Bundespost diesen Zeitpunkt. Er kam fünf bis sieben Jahre zu früh, um in ganz Ostdeutschland ein komplettes Glasfaser-Telefonnetz zu installieren, da die Preise dafür noch zu hoch waren.

Heute ist Glasfaser billiger als Kupfer, selbst inklusive der Kosten für die Elektronik an beiden Kabelenden. Wenn das für Sie noch nicht zutrifft, warten Sie einfach einige Monate: Die Preise für Glasfaserverbindungen, -weichen und für Wandler fallen ins Bodenlose. Außer bei Kommunikationsleitungen von wenigen Meter Länge oder ungelernten Technikern gibt es keinen Grund dafür, in der heutigen Telekommunikation noch Kupfer einzusetzen (vor allem wenn man sich die Wartungskosten von Kupferkabeln vor Augen führt). In China benutzt man Glasfaserkabel aus einem ganz anderen Grund: Die Dorfbewohner graben die Kupferkabel aus, um das Kupfer auf dem Schwarzmarkt zu verkaufen.

Der einzige echte Vorteil von Kupfer ist seine elektrische Leitfähigkeit – ein heikles Thema bei den Telefongesellschaften. Diese Gesellschaften sind sehr stolz auf die Tatsache, daß bei einem Wirbelsturm zwar die Stromversorgung zusammenbrechen kann, aber das Telefon mit hoher Wahrscheinlichkeit immer noch funktioniert. Wenn Sie Glasfaser- statt Kupferkabel verwenden würden, wären Sie abhängig von Ihrer lokalen Stromversorgungsgesellschaft und daher anfälliger für einen Totalausfall. Batterien als Ersatzstromquelle bieten auch keine geeignete Lösung, da sie Wartung und Pflege benötigen. Aus diesen Gründen werden wir wahrscheinlich das Aufkommen des Glasfaserkabels mit Kupfermantel oder des Kupferkabels mit Glasfasermantel erleben. Aber aus Sicht der Bits wird der gesamte verdrahtete Planet letztendlich aus Glasfaser bestehen.

Der Übergang vom Kupfer- zum Glasfaserkabel läßt sich auch an der Tatsache erkennen, daß die amerikanischen Telefongesellschaften jährlich etwa 5 Prozent ihrer Anlagen ersetzen und dabei (aus Wartungs- und anderen Gründen) Kupfer durch Glasfaser austauschen. Auch wenn diese Umbauten nicht gleichmäßig über das Land verteilt stattfinden, ist es interessant festzustellen, daß bei diesem Tempo in etwa zwanzig Jahren das ganze Land mit Glasfaser ausgestattet sein wird. Das Entscheidende ist, daß wir in kurzer Zeit über eine sehr breitbandige nationale Infrastruktur verfügen – selbst wenn wir noch gar nicht wissen, wie man diese Bandbreite nutzen kann. Die Glasfaseranlagen werden zumindest für eine bessere Qualität und eine größere Verläßlichkeit des »guten alten Telefonsystems« sorgen.

Es dauerte mehr als ein Jahrzehnt, den Fehler von Richter Harold Greene zu korrigieren, der 1983 den Regional Bell Operating Companies [RBOC, Regionale Bell-Telefongesellschaften, Anm. d. Übers.] ein Engagement im Bereich der Informations- und Unterhaltungsindustrie verweigerte. Ein großer Schritt in diese Richtung war die Genehmigung des sogenannten Video Dialtone (Videowählton, vergleichbar mit dem deutschen Multifrequenzverfahren MFV) am 20. Oktober 1994 durch die FCC [Federal Communications Commission, amerikanische Bundesbehörde für das Fernmeldewesen, Anm. d. Übers.].

Ironischerweise benutzten die erfolgreichen Lobbyisten der RBOC ein unnötiges, aber effektives Argument, um ihren Schritt ins Informations- und Unterhaltungsgeschäft zu begründen. Die Telefongesellschaften behaupteten, daß das gute alte Telefonsystem nicht mehr ausreichen würde; aber solange man ihnen nicht zugestehe, ein breiteres Angebot an Informationen liefern zu dürfen, wären die enormen Kosten einer neuen Infrastruktur (Eingabe, Glasfaserkabel) nicht zu vertreten.

Moment mal. Die Telefongesellschaften sind seit jeher Informationslieferanten. Tatsächlich erwirtschaften diese Gesellschaften ihre größten Profite durch die Gelben Seiten. Solange sie diese Informationen in Atome verwandelten und sie über die Türschwelle in unsere Häuser warfen, war alles in Ordnung. Aber wenn sie die gleichen Informationen in ihrer ursprünglichen Bit-Form beließen und sie uns auf elektronischem Weg zukommen ließen, war das illegal? Richter Greene sah es jedenfalls so.

Aus diesem Grund mußten die Lobbyisten behaupten, daß die Telefongesellschaften erst offiziell als Lieferanten elektronischer Informationen zugelassen werden sollten, um die Installationskosten regionaler Glasfasernetze rechtfertigen zu können. Ohne diese neuen Einnahmequellen, so lautete die Begründung, wäre für eine solch große Investition nicht genügend Anreiz vorhanden. Das Argument zog, und heute marschieren die Telefongesellschaften mit Riesenschritten in die Informations- und Unterhaltungsindustrie und legen ihre Glasfaserkabel ein wenig schneller als vorher.

Meiner Meinung nach rechtfertigte der Zweck die Mittel. Der Verbraucher profitiert davon, aber die Argumentation war unbegründet. Heute kann man die Telefongesellschaften sogar dabei ertappen, daß sie ihre eigenen Scheinargumente gegen Scheingesetze zu glauben beginnen. Für die meisten Informations- und Unterhaltungsangebote benötigen wir gar keine riesigen Bandbreiten; im Grunde reicht eine relativ bescheidene Bandbreite von 1,2 bis 6,0 Millionen Bps für die meisten der momentan existierenden Multimedia-Anwendungen völlig aus. Wir haben noch nicht einmal begonnen, das kreative Potential von 1,2 bis 6,0 Millionen Bps zu verstehen und zu erschließen. Rechtsanwälte und Vorstandsmitglieder verbrachten zehn Jahre damit, Druck auf Richter Greene auszuüben, und vergaßen dabei völlig die ungeheuren Möglichkeiten der bereits vorhandenen Infrastruktur: paarweise verdrallt.

Die wenigsten Menschen sind sich darüber im klaren, wie leistungsfähig Telefonleitungen aus Kupfer sind. Mit Hilfe einer Technik namens ADSL [Asymmetrical digital subscriber loop – Asymmetrische digitale Teilnehmerschleife; Bezeichnung für einen Kompressionsalgorithmus, Anm. d. Übers.] lassen sich große Datenmengen durch relativ kurze Kupferleitungen schicken. ADSL-1 kann 1,544 Millionen Bps in bzw. 64 000 bps aus 75 Prozent aller amerikanischen und 80 Prozent aller kanadischen Haushalte übertragen. ADSL-2 übermittelt mehr als 3 Millionen Bps und ADSL-3 über 6 Millionen Bps. Dabei genügt schon ADSL-1 für eine Videoübertragung in VHS-Qualität.

Dies ist natürlich keine langfristige Lösung für die Lieferung von Multimedia-Anwendungen in die Haushalte, aber man fragt sich, warum diese Technik weithin ignoriert wird. Angeblich liegt es an den hohen Kosten für den einzelnen Teilnehmer. Aber diese Kosten sind das Ergebnis eines künstlich niedriggehaltenen Angebots. Und selbst wenn kurzfristig hohe Kosten anfallen, wie etwa eintausend Dollar pro Haus, handelt es sich um eine zusätzliche Ausgabe, die auf die einzelnen Haushalte verteilt werden kann, wenn sich mehr Teilnehmer einschreiben. Darüber hinaus wären viele Amerikaner durchaus dazu bereit, die eintausend Dollar (oder einen Teil davon) über drei bis vier Jahre verteilt zu zahlen und sich damit an den Anschaffungskosten zu beteiligen –

wenn ein interessantes Programmangebot bestehen würde. Selbst wenn also Glasfaser das Material der Zukunft darstellt, gibt es eine Menge Dinge, die mit unseren heutigen Anlagen aus Kupferkabeln möglich und denkbar sind.

Aber die meisten Leute ignorieren das kupferne Sprungbrett. Sie akzeptieren die angebliche landesweite Notwendigkeit zur Einrichtung von Glasfasernetzen, durch deren unbegrenzte Bandbreite ein entscheidender technischer Vorsprung erreicht werden soll, ohne sich darüber im klaren zu sein, daß Mutter Natur und kommerzielle Interessen – eher noch als regulatorische Anreize – ohnehin für den Sieg der Glasfaser gesorgt hätten. Breitbandexperten klopfen wie besessen alle politischen Möglichkeiten zur Einführung von Breitband-Netzwerken ab, als ob es sich um eine nationale Pflicht oder ein Bürgerrecht handeln würde. Dabei kann eine unbegrenzte Bandbreite paradoxe und negative Effekte haben, indem sie die Teilnehmer mit zu vielen Bits überschwemmt und unnötig dumme Maschinen an der Peripherie des Netzes arbeiten läßt. Eine grenzenlose Bandbreite ist an sich nicht schlecht oder wenig erstrebenswert, aber – wie freier Sex – sie muß nicht notwendigerweise gut sein. Wollen und brauchen wir wirklich diese ganzen Bits?

Weniger ist mehr

Dieser Ausdruck des Architekten Mies van der Rohe trifft nach meinen eigenen Erfahrungen für eine immer größere Anzahl von Bereichen zu, die alle mit der benötigten Menge der zu übermittelnden Informationen und den Hilfsmitteln zur Verarbeitung dieser Informationen zusammenhängen. Der gleiche Satz gilt auch für nahezu jedes neue Medium in den

Händen eines Anfängers – aber kein Anfänger versteht »Weniger ist mehr«.

Nehmen wir zum Beispiel die Heimvideokamera. Wenn Sie zum erstenmal einen Camcorder bekommen und benutzen, werden Sie damit wahrscheinlich eine ganze Reihe von Schwenks und Zoom-Einstellungen ausführen und auf diese Weise alle Merkmale Ihrer neugewonnenen filmerischen Freiheit zugleich ausprobieren. Das Ergebnis ist ein manisches, ruckartiges Heimvideo, zu peinlich, um vorgeführt zu werden (sogar die eigene Familie schreckt davor zurück oder findet die endlosen Schwenks und Zoom-Fahrten langweilig). Später – durch den wohltätigen Einfluß der Zeit – werden Sie sich beruhigen und Ihre neugewonnene Freiheit sparsamer und gewandter einsetzen.

Auch bei den Laserdruckern wirkte sich ein zu großes Maß an Freiheit nachteilig auf die Gestaltung unserer Texte und Buchmanuskripte aus. Die Möglichkeit, den Stil und die Größe einer Schriftart zu ändern, stellt eine so starke Versuchung dar, daß viele der heutigen wissenschaftlichen und geschäftlichen Dokumente typographisch eine Katastrophe sind. Unsensibel werden Serif- und Sansserifschriften aller Art und Größe miteinander vermischt: normal, fett und kursiv, mit oder ohne Schattierung. Es erfordert ein tieferes Verständnis der Typographie, um zu der Erkenntnis zu gelangen, daß in den meisten Fällen die Verwendung einer einzigen Schriftart angemessen wäre und auch die Schriftgröße nur sehr selten verändert werden sollte. Weniger kann mehr sein.

Ähnlich verhält es sich mit der Bandbreite. Es existiert eine weitverbreitete, schlecht durchdachte These, die besagt, daß wir die große Bandbreite ausnutzen müssen, nur weil sie uns zur Verfügung steht. Andererseits legen einige Naturgesetze der Bandbreite die Vermutung nahe, daß die Berieselung mit ständig steigenden Bit-Mengen ebensowenig sinnvoll oder logisch ist wie das Lauterdrehen eines Radios, um dadurch an mehr Informationen zu gelangen.

1,2 Millionen Bps stellen 1995 den Standard für einen Videoempfang in sogenannter VHS-Qualität dar. Für einen qualitativ hochwertigeren Fernsehempfang ließe sich diese Zahl jederzeit verdoppeln oder verdreifachen. Aber es fällt schwer, sich einen Verwendungszweck für mehr als 6 Millionen Bps pro Person vorzustellen, die jeden von uns mit einem neuen, kreativen Angebot beliefern könnten. Dieses Angebot müßten wir zuerst entwickeln.

Die neuen Informations- und Unterhaltungsangebote warten nicht auf das Glasfaserkabel in jedem Haushalt; sie warten auf unseren Einfallsreichtum.

Komprimierung: 100 000 Bits in 1 Bit

Das Verhältnis von Bandbreite und Computer ist nicht unkompliziert, und dieser Kompromiß zwischen Bandbreite und heutiger Computertechnik tritt in den modernen Videotelefonen oder den noch teureren Videokonferenzsystemen deutlich zutage. Da an beiden Enden der Verbindung Computer rechnen müssen, können weniger Bits hin- und hergeschickt werden. Wenn man nun auf beiden Seiten mehr Geld in die Verarbeitung der digitalen Bildsignale investiert und diese komprimiert bzw. dekomprimiert, benötigt man eine geringere Übertragungskapazität und spart Geld bei der Übertragung.

Digitales Video ist ein typisches Beispiel für eine Datenkomprimierung, bei der dem Informationsgehalt keinerlei Beachtung geschenkt wird. Man benutzt dieselben Kodierungstechniken für ein Footballspiel wie für ein Interview oder einen James-Bond-Film. Selbst wenn Sie kein Computerwissenschaftler sind, können Sie sich wahrscheinlich vorstellen, daß jedes dieser Programme einen sehr unterschiedlichen Ansatz der Datenkomprimierung erfordert. Sobald man vom Inhalt ausgeht, müssen Daten andersartig behandelt werden. Stellen Sie sich das folgende Beispiel einer menschlichen Interaktion vor:

Sechs Personen essen zusammen zu Abend; die Runde ist in eine angeregte Unterhaltung vertieft über, sagen wir, eine nicht anwesende Person. Während unseres Gesprächs über Herrn X schaue ich über den Tisch zu meiner Frau und blinzle ihr zu. Nach dem Essen kommen Sie zu mir und sagen: »Nicholas, mir ist aufgefallen, daß Sie Elaine zugeblinzelt haben. Was wollten Sie ihr dadurch mitteilen?«

Ich erkläre Ihnen, daß wir zwei Abende vorher mit Herrn X zu Abend gegessen haben, wobei er bei dieser Gelegenheit erklärte, daß er, im Gegensatz zu ...; eigentlich wollte er ..., obwohl einige Leute dachten, daß ...; aber wozu er sich tatsächlich entschloß, war ... usw. Etwa 100 000 Bits später bin ich in der Lage, Ihnen zu erklären, was ich meiner Frau mit einem Bit mitgeteilt habe. (Ich bitte um Nachsicht für die Annahme, daß ein Augenblinzeln durch die Luft etwa einem Bit entspricht.)

Was in diesem Beispiel wirklich geschieht, ist, daß der Sender (ich) und der Empfänger (Elaine) über eine gemeinsame Wissensgrundlage verfügen und die Kommunikation zwischen uns daher in Kurzform stattfinden kann. Ich schieße ein bestimmtes Bit durch den Äther, das sich in Elaines Kopf ausdehnt und dort eine Kette von Informationen auslöst. Wenn Sie mich fragen, was ich ihr mitgeteilt habe, bin ich dagegen gezwungen, Ihnen sämtliche 100 000 Bits zu übermitteln, und verliere meine 100 000-zu-1-Komprimierung.

Kennen Sie die Geschichte von dem Paar, das Hunderte von schmutzigen Witzen so gut kannte, daß sie einander nur noch eine Nummer zurufen mußten? Dieses numerische Signal löste in ihnen den vollständigen Witz aus, worauf er oder sie in unkontrolliertes Lachen ausbrach. Bei der Datenkomprimierung im Computer wird diese Methode etwas prosaischer eingesetzt: Man versieht häufig verwendete lange Wörter mit Zahlen und sendet diese wenigen Zahlen-Bits anstatt einer langen Buchstabenkette. Wenn wir Bandbreite gegen gemeinsames Wissen austauschen, werden wir diese Technik wahrscheinlich immer häufiger verwenden müssen. Die Verdichtung von Informationen spart nicht nur Versandkosten, sondern auch unsere Zeit.

Die Kostenfrage

Bei den heutigen Berechnungsmethoden für Telefongespräche würde es mich wahrscheinlich hunderttausendmal mehr kosten, Ihnen meine Geschichte über Herrn X zuzusenden, als wenn ich sie an Elaine schickte. Die Telekommunikationsgesellschaften können nichts daran verdienen, daß nur wenige Bits hin- und hergesandt werden. Ihre heutigen Kostenmodelle basieren auf Telefonaten, die pro Sekunde oder pro Bit abgerechnet werden – unabhängig davon, um welche Art von Bit es sich dabei handelt.

Die Kernfrage zum wirtschaftlichen Verständnis von Bandbreite lautet: Sind einige Bits mehr wert als andere? Die Antwort ist ein deutliches Ja. Eine etwas kompliziertere Frage lautet: Sollte der Wert eines Bits nicht nur abhängig von seinem grundlegenden Charakter (das heißt ein Kino-Bit, ein Gesprächs-Bit oder ein Herzschrittmacher-Bit) bestimmt werden, sondern auch abhängig von seinem Benutzer, dem Zeitpunkt, dem Zweck?

Die meisten Menschen, und auch die Mitarbeiter des *National Geographic*, würden darin übereinstimmen, daß ein sechs Jahre altes Kind, das das Bildarchiv dieser Zeitschrift benutzen möchte, zu diesen Bits uneingeschränkten und auch möglichst kostenfreien Zugang haben sollte. Wenn ich dasselbe Archiv dagegen für einen Artikel oder ein Geschäftspapier nutzen wollte, müßte ich eine angemessene Gebühr zahlen, eventuell mit einem kleinen Aufschlag, mit dem die sechsjährigen Benutzer subventioniert werden könnten. Auf diese Weise besitzen die Bits nicht nur einen unterschiedlichen Wert, sondern dieser Wert ändert sich auch je nach Benutzer und Nutzungszweck. Plötzlich existieren Wohlfahrts-Bits, Minderheiten-Bits oder Behinderten-Bits. Die Politiker werden sich sehr kreativ zeigen müssen, wenn sie die Rahmenbedingungen für ein gerechtes System schaffen wollen.

Dabei ist eine unterschiedliche Preisgestaltung für Bits nichts Neues. Ich habe ein Konto bei Dow Jones, über das ich mich in den Börsenmarkt einschalten kann. Mein Konto wird für fünfzehn Minuten mit einer Handelssperre belegt. Wenn ich die aktuellen Börsenstände erhalten will, wie sie mein sechsundachtzigjähriger Onkel, der Börsenmakler, bekommt, muß ich entweder Dow Jones oder meinem Onkel eine beachtliche Prämie zahlen. Es handelt sich hierbei um ein modernes Äquivalent zu den unterschiedlichen Kosten von Luftpost und gewöhnlicher Post – um Bits, die mit dem Flugzeug ankommen, im Gegensatz zu den Bits, die mit dem Zug fahren.

Im Falle von Echtzeitinformationen wird der Bedarf an Bandbreite vom Medium, über das die Unterhaltung läuft, diktiert. Wenn ich ein Telefongespräch mit Ihnen führe, spielt es keine Rolle, daß ich meine Stimme schneller zu Ihnen übertragen könnte, als ich zu sprechen in der Lage bin. Andererseits ist es natürlich unerträglich, wenn diese Übertragung langsamer oder mit einer Verspätung geschieht. Selbst eine Verzögerung von einer Viertelsekunde bei einem Telefongespräch per Satellit verwirrt die meisten von uns.

Wenn ich dagegen eine Nachricht auf Band aufnehme, die ich Ihnen übermitteln will, und dieses Telefonat pro Minute bezahlen muß, würde ich mir natürlich wünschen, daß so viele Bits pro Sekunde wie möglich übertragen werden. Diesen Wunsch teilen die meisten Benutzer von Modems, die sich im ganzen Land ans Telefonnetz anschließen, um Daten in ihre Laptops zu schaufeln oder aus ihnen zu verteilen. Noch vor wenigen Jahren galten 2 400 Baud als gute Übertragungsleistung. Heute geht der Trend zu 38 400 Bps, was einen Rückgang der Telefongebühren von 94 Prozent bedeuten würde.

Zum Glück für die Telefongesellschaften handelt es sich bei über 50 Prozent des Telefonverkehrs über den Pazifik und 30 Prozent über den Atlantik um Faxdaten mit einer Geschwindigkeit von 9 600 Bps – obwohl eine Geschwindigkeit von 64 000 Bps nicht nur möglich ist, sondern auch angeboten wird.

Sterne und Ringe

Nicht nur die Bandbreite der einzelnen Übertragungskanäle ist von großer Bedeutung, sondern auch deren Konfiguration. Vereinfacht ausgedrückt, besteht unser Telefonsystem aus einem Stern-Netzwerk, dessen Leitungen sich von einem Mittelpunkt aus sternförmig ausbreiten wie die Avenues in Washington oder die Boulevards in Paris. Es existiert im wahrsten Sinne des Wortes eine »lange Leitung« von Ihrem Haus zum nächsten Telefonverteiler, und wenn Sie wollen, können Sie Ihr persönliches paarweise verdralltes Kabel bis hin zu Ihrem örtlichen Fernsprechamt weiterverfolgen.

Im Gegensatz dazu wurde das Kabelfernsehen als Ring konzipiert, ähnlich einer Kette von Christbaumlichtern, die von Haus zu Haus führt. Diese beiden Arten von Netzwerk – Sterne und Ringe – erhielten ihre natürlichen Formen aufgrund der engen geringen Bandbreite des Kupferkabels und der etwas größeren Bandbreite des Koaxialkabels. Im ersten Fall wird jeder Haushalt von einer individuellen Leitung mit geringer Bandbreite versorgt, im zweiten Fall teilt sich eine größere Zahl von Haushalten ein gemeinsames Breitbandkabel.

Darüber hinaus wird die Architektur der Stern- bzw. Ring-Netzwerke auch von der Natur ihrer Inhalte bestimmt. Im Falle des Telefonnetzes ist jedes Gespräch anders geartet, und die Bits, die in einen einzelnen Haushalt gehen, haben keinerlei Einfluß auf die anderen (abgesehen von dieser einen Leitung). Aufgrund der Art seiner Arbeitsweise handelt es sich um ein Punkt-zu-Punkt-System. Im Falle des Fernsehens, bei dem sich mehrere Nachbarn die Programminhalte teilen, ist der Lichterkettenansatz natürlich wesentlich besser geeignet; hier spricht man von einem Punkt-zu-Multipunkt-System (auch 1-zu-N-Beziehung genannt). Das konventionelle Denken der Kabelbetreiber hat die terrestrische Rundfunk- und Fernsehübertragung, wie wir sie kennen, weitgehend zurückgedrängt und das Fernsehen aus dem Äther in ihre Kabel gelockt.

Aber konventionelles Denken ist vor allem eins: konventionell. Die Zukunft der Programmübermittlung ändert sich jedoch radikal: Sie werden sich weder mit derselben Programmauswahl wie Ihr Nachbar zufriedengeben müssen, noch ein ganz bestimmtes Programm nur zu einer ganz bestimmten Sendezeit sehen dürfen. Aus diesem Grund beginnen die Kabelgesellschaften, immer mehr wie Telefongesellschaften zu denken, mit mehr Verteilern und vielen »langen Leitungen«. Es ist durchaus denkbar, daß in fünfundzwanzig Jahren keine Unterschiede zwischen Kabel und Telefon mehr bestehen – weder im Bereich der Firmenphilosophie noch in der Netzwerkarchitektur.

Letztendlich werden alle Drähte sternförmig zusammenlaufen. Ringförmige Netzwerke finden dann nur noch als isolierte Ortsnetze oder in Form einer drahtlosen Übertragung Anwendung, bei der das Verteilermedium per Definition alle Häuser gleichzeitig anspricht. Die General-Motors-Tochter Hughes Electronics ist stolz darauf, ihr Satellitenfernsehsystem DirecTV eine »gebogene Röhre« nennen zu dürfen, und man wird Ihnen gerne erklären, daß dieses direkt übertragende Satellitenfernsehen als Kabelsystem jeden Haushalt in den USA erreichen kann. Diese Aussage entspricht tatsächlich der Wahrheit. Wenn Sie sich beim Lesen dieses Satzes gerade irgendwo in den Vereinigten Staaten befinden, stürzen in diesem Moment eine Million Bps auf Sie ein, die direkt aus dem Hughes-Satelliten herabregnen – es sei denn, Sie haben einen Regenschirm aus Blei aufgespannt.

Bits einpacken

Die meisten Menschen, die einen kleinen Ausflug in die Digitalzeit unternommen haben, vergleichen die Bandbreite mit einer Art Klempnerarbeit. Der Vergleich von Bits mit Atomen führt zu großen Röhren und kleinen Röhren, Wasserhähnen und Hydranten. Eine gern gebrauchte Metapher besagt, daß die Verwendung von Glasfaserkabeln dem Trinken aus einem

Gartenschlauch ähnelt. Diese Analogie ist kreativ, aber irreführend. Wasser fließt oder fließt nicht. Man kann die Wassermenge, die aus einem Gartenschlauch strömt, regulieren, indem man die Schlauchöffnung verengt. Aber selbst wenn der Wasserstrahl zu einem Tröpfeln versiegt, bewegen sich die Wasseratome als Gruppe

Bits sind anders. Vielleicht wäre ein Skilift ein besserer Vergleich: Der Lift bewegt sich mit gleichbleibender Geschwindigkeit, während mal mehr, mal weniger Leute ein- und aussteigen. Auf die gleiche Weise steckt man eine Anzahl von Bits in ein Paket und gibt es dann in eine Röhre, die in der Lage ist, dieses Paket mit einer Geschwindigkeit von Millionen von Bits pro Sekunde zu übermitteln. Wenn ich also jede Sekunde ein Datenpaket von 10 Bits in eine dieser schnellen Röhren gebe, beträgt meine effektive Bandbreite 10 Bps – und nicht die Geschwindigkeit der Röhre.

Auch wenn dies zunächst verschwenderisch klingt, handelt es sich im Grunde um einen cleveren Schachzug. Denn andere Leute lassen ihre Päckchen ebenfalls in diese Röhre gleiten – die die Basis solcher Systeme wie Internet und ATM (Asynchroner Transfermodus oder »Asynchronverfahren«, ein Übertragungsverfahren, nach dem in nächster Zukunft alle Telefonnetze aufgebaut werden) darstellt. Anstatt eine komplette Telefonleitung zu belegen – wie es heutzutage für die Sprachübertragung üblich ist –, werden die Datenpakete mit Namen und Adresse versehen, so daß sie wissen, wann und wo sie diesen Skilift verlassen müssen. Und Sie bezahlen für das Paket, nicht für die Minuten.

Ein anderer gedanklicher Ansatz für diese »Paketierung« der Bandbreite lautet: Wenn man eine Milliarde Bits pro Sekunde zur Verfügung hat, nutzt man am besten 1 000 Bits im Millionstel einer Sekunde, eine Million Bits im Tausendstel einer Sekunde usw. Im Falle des Fernsehens beispielsweise ließe sich auf diese Weise ein einstündiges Video in wenigen Sekunden übermitteln – ganz im Gegensatz zum Wasserhahnmodell.

Anstatt eintausend Fernsehprogramme für jedermann zu übertragen, könnte man aber auch ein Programm pro Person im Eintausendstel der Echtzeit übermitteln. Dies würde unser bisheriges Bild des Mediums Fernsehen grundlegend verändern – denn das Versenden der meisten Bits wäre völlig losgelöst von der Geschwindigkeit, mit der wir als Empfänger diese Bits konsumieren.

Bitte mehr Bits

Original und Fälschung

Beklagen Sie sich vor dem Fernseher über die Bildauflösung, die Form des Bildschirms oder über die Qualität der Bewegtbilder? Wahrscheinlich nicht. Wenn Sie sich beschweren, dann mit Sicherheit über die Programmauswahl. Oder um es mit den Worten von Bruce Springsteen zu sagen: »57 channels and nothin' on« [57 Sender und kein Programm, Songtitel von Bruce Springsteen, Anm. d. Übers.]. Dennoch sind nahezu sämtliche Forschungen zur Verbesserung des Fernsehens exakt auf die Weiterentwicklung der Bildqualität ausgerichtet und nicht auf die künstlerische Qualität des Inhalts.

Im Jahre 1972 fragten sich einige japanische Visionäre, wie wohl der nächste Entwicklungsschritt des Fernsehens aussehen könnte. Sie kamen zu dem Schluß, daß es sich um eine höhere Bildauflösung handeln würde, und postulierten, daß nach dem Schritt von Schwarzweiß zur Farbe die Entwicklung zum Fernsehen in Filmqualität oder High Definition Television (HDTV) folgen müsse. In einer analogen Welt war dies ein logischer Schritt zur Verbesserung des Fernsehens, und die Japaner gingen diesen Weg in den darauffolgenden vierzehn Jahren bis hin zur Entwicklung der Hi-Vision.

1986 wurden die Europäer von der Aussicht auf eine japanische Dominanz bei einer neuen Generation von Fernsehgeräten aufgeschreckt. Schlimmer noch: Die Vereinigten Staaten begrüßten Hi-Vision und taten sich mit den Japanern zusammen, um es als Weltstandard einzuführen. (Viele der heutigen Befürworter des amerikanischen HDTV und die meisten Nationalisten neigen bequemerweise dazu, ihr damaliges Fehlurteil – die Unterstützung eines japanischen analogen Systems – zu vergessen.) Aber die Europäer stimmten aus rein protektionistischen Gründen gegen Hi-Vision und taten uns damit allen einen großen Gefallen – wenn auch aus den falschen Gründen. Statt dessen entwickelten sie ihr eigenes analoges HDTV-System – HD-MAC –, das meines Erachtens ein wenig schlechter war als Hi-Vision.

Einige Zeit später erwachten, wie ein schlafender Riese, auch die USA. Sie widmeten sich dem Problem HDTV mit der gleichen analogen Angriffslust wie der Rest der Welt und reihten sich ebenfalls in die Schlange derer ein, für die die Zukunft des Fernsehens nur eine Frage der Bildqualität bedeutete. Schlimmer noch: Auch sie gingen die Aufgabe mit altmodischen Analogtechniken an. Jedermann glaubte, daß die Verbesserung der Bildqualität der Weg sei, den es sich zu verfolgen lohne. Bedauerlicherweise ist dies nicht der Fall.

Es gibt keinerlei Beweise für die Behauptung, daß Fernsehkonsumenten eine bessere Bildqualität einem besseren Inhalt vorziehen würden. Unterstützend kommt hinzu, daß die bisher angebotenen Lösungen für HDTV keine merkliche Verbesserung des Fernsehbildes mit sich bringen, verglichen mit der heutigen Studioqualität von Fernsehbildern (die Sie höchstwahrscheinlich noch nie gesehen haben, so daß Sie sich gar nicht vorstellen können, wie gut sie in Wirklichkeit sind). HDTV ist beim heutigen Stand von HD einfach lächerlich.

Die Letzten werden die Ersten sein

Im Jahre 1990 wurden wir mit der Nachricht konfrontiert, daß Japan, Europa und die Vereinigten Staaten bei der Entwicklung des Fernsehens wahrscheinlich in völlig unterschiedliche Richtungen streben würden. Japan hatte zu diesem Zeitpunkt achtzehn Jahre lang Geld und Arbeit in HDTV gesteckt. In dieser Zeit war den Europäern die Computerindustrie aus den Händen geglitten, und man zeigte sich dort fest entschlossen, eine ähnliche Entwicklung im Bereich des Fernsehens zu verhindern. Die Vereinigten Staaten dagegen verfügten praktisch über keinerlei Fernsehindustrie und sahen HDTV als große Chance, wieder in den Markt der Unterhaltungselektronik einzusteigen (den kurzsichtige Firmen wie Westinghouse, RCA und Ampex in früheren Jahren einfach verschenkt hatten).

Als sich die Amerikaner der Herausforderung einer Verbesserung der Fernsehtechnik stellten, befand sich die digitale Komprimierung noch in einem zu frühen Entwicklungsstadium, um ein klares Forschungsziel darzustellen. Darüber hinaus waren die Hauptverantwortlichen – die Hersteller von Fernsehgeräten – einfach die falschen Männer am falschen Platz: Im Vergleich zu jungen, digitalen Unternehmen wie Apple oder Sun Microsystems wirkten diese Firmen wie Altenheime für analoges Gedankengut. Für die Fernsehhersteller hatte Fernsehen mit Bildern zu tun, nicht mit Bits.

Aber im Jahre 1991, kurz nach dem amerikanischen Erwachen, schossen die Befürworter des Digitalfernsehens über Nacht wie Pilze aus dem Boden. Angeführt von der General Instrument Corporation, stellte man in weniger als sechs Monaten jeden amerikanischen Vorschlag zur HDTV-Entwicklung von analog auf digital um. Vieles deutete einfach darauf hin, daß die digitale Signalverarbeitung kosteneffektiv sein würde – ein Punkt, über den man in Europa noch bis zum Februar 1993 diskutierte.

Im September 1991 sprach ich bei einem Mittagessen vor einem Großteil des französischen Kabinetts unter Präsident François Mitterrand. Vielleicht lag es an der Tatsache, daß Französisch nicht meine Muttersprache ist, aber ich konnte niemanden der anwesenden Herren davon überzeugen, etwas aufzugeben, was sie als »Technologievorsprung« bezeichneten und ich als »Mühlstein um den Hals«.

Auch der japanische Premierminister Kiichi Miyazawa mußte zu seiner Verblüffung von mir erfahren, daß Hi-Vision im Jahre 1992 bereits als veraltet galt. Margaret Thatcher dagegen war sehr interessiert. Ende 1992 wendete sich schließlich das Blatt, als John Major gegen eine geplante Subventionierung der HDTV-Entwicklung in Höhe von 600 Millionen Ecu (1,1 Milliarden DM) ein entschiedenes Veto einlegte. Die Europäische Union (damals noch die Europäische Gemeinschaft) beschloß daraufhin im Frühjahr 1993, analoges HDTV zugunsten einer digitalen Zukunft aufzugeben.

Die Japaner wissen nur zu genau, daß dem Digitalfernsehen die Zukunft gehört. Aber als Akimasa Egawa, der unglückliche Generaldirektor und stellvertretende Minister für Post und Telekommunikation, im Februar 1994 vorschlug, daß Japan ebenfalls in die Digitalzeit aufbrechen sollte, beschwerten sich am nächsten Tag die Spitzen der japanischen Industrie und zwangen ihn, seine Worte zurückzunehmen. Japan hatte so viel Steuergelder in HDTV investiert, daß es nicht bereit war, seine Verluste in aller Öffentlichkeit abzuschreiben.

Mir sind noch lebhaft die Fernsehbilder in Erinnerung, die die Präsidenten der größten Unterhaltungselektronikfirmen bei ihrem gemeinsamen Treueschwur auf das gute alte analoge Hi-Vision zeigen, wobei sie gleichzeitig zu verstehen gaben, daß der stellvertretende Minister wohl den Verstand verloren habe. Ich mußte mir auf die digitale Zunge beißen, denn ich kannte jeden der Herren persönlich, hatte jeden das Gegenteil behaupten hören und ihre jeweiligen Digitalfernsehenmodelle kennengelernt. Um sein Gesicht wahren zu können, muß man anscheinend zwei davon haben.

Die richtige Technologie,
die falschen Probleme

Die gute Nachricht lautet, daß wir in den USA die richtige – digitale – Technologie anwenden, um die Zukunft des Fernsehens wahr zu machen. Die schlechte Nachricht ist, daß wir uns immer noch blind mit den falschen Problemen – nämlich denen der Bildqualität – beschäftigen: Auflösung, Wiederholungsrate und Bildschirmform (dem sogenannten Bildseitenverhältnis). Zu allem Unglück versuchen wir auch noch, uns bei diesen technischen Problemen ein für allemal auf ganz bestimmte Werte festzulegen und diese Variablen per Gesetz als Konstanten festzuschreiben. Dabei liegt der größte Vorteil der digitalen Welt darin, daß sie keine festgelegten Werte benötigt.

Selbst die analoge Welt gibt sich heute weniger dickköpfig. Jeder Reisende in Europa kennt das leidige Problem der unterschiedlichen Stromspannungen, die eine Anpassung von 110-Volt-Geräten an 220-Volt-Steckdosen erforderlich machen. Man erzählt sich, daß Don Estridge – ein IBM-Manager, der als Vater des IBM-PC gilt – eines Tages auf dem Parkplatz der IBM-Niederlassung in Boca Raton, Florida, gefordert haben soll, daß es einem PC nichts ausmachen dürfe, ob er mit 110 oder 220 Volt betrieben werde. Diese (für Amerikaner) seltsam exotisch klingende Forderung wurde kurz danach erfüllt, und heute kann fast jeder PC an eine Vielzahl unterschiedlicher Stromquellen angeschlossen werden. Estridges Wunsch wurde dadurch entsprochen, daß man einen Teil der Intelligenz in die Maschine verpflanzte (jetzt mußte der Stecker die Lösung für ein Problem suchen, mit dem sich vorher der Mensch auseinanderzusetzen hatte). Es folgt nun eine Nachricht für die Hersteller von Fernsehgeräten.

In nächster Zeit werden immer flexiblere Systeme eingeführt werden, die sich nicht nur an 110 oder 220 Volt und 60 oder 50 Hertz anpassen, sondern auch mit unterschiedlichen Abtastzeilen, Bildwechselfrequenzen und Bildseitenverhältnissen arbeiten können. Eine ähnliche Entwicklung ist zur Zeit bei den Modems festzustellen: Hier übernehmen die Geräte einen Großteil des Quittungsbetriebs, um sich auf das bestmögliche Kommunikationsprotokoll zu einigen. Noch weiter geht diese Flexibilität im Bereich der elektronischen Post, wo verschiedene Mailboxsysteme eine Vielzahl von Protokollen verwenden, mit denen Botschaften zwischen den unterschiedlichsten Computern hin- und hergeschickt werden können – zwar mit mehr oder weniger großem, aber niemals völlig ohne Erfolg.

Die Digitalzeit ist eine Zeit des Wachstums. Zu Anfang benötigt man nicht jeden Punkt auf dem i und jeden Querstrich beim A. Man kann Lücken für spätere Programmerweiterungen einbauen und Kommunikationsprotokolle entwickeln, mit deren Hilfe die Bit-Ströme etwas über einander erfahren können. Aber die Experten des Digitalfernsehens haben diese Möglichkeiten ignoriert: Sie arbeiten nicht nur am falschen Problem – High Definition –, sie behandeln auch alle anderen Variablen wie die 110 Volt, mit denen ihr Haartrockner läuft.

Der Streit um das Interlace- (oder Halbbild-)Verfahren ist ein perfektes Beispiel dafür. Fernsehen läuft mit dreißig Vollbildern pro Sekunde. Jedes dieser Bilder setzt sich aus zwei sogenannten Halbbildern zusammen, die jeweils die Hälfte der Abtastzeilen enthalten (die geradzahligen bzw. die ungeradzahligen Zeilen). Daher besteht ein Videobild im Grunde aus zwei Halbbildern, die zeilenversetzt und zeitlich um ein Sechstel einer Sekunde voneinander versetzt gesendet werden. Wenn Sie fernsehen, sehen Sie die sechzig Felder pro Sekunde (die Bewegungen gehen ineinander über) *interlaced*, das heißt ineinander verflochten: Das Bild scheint zu stehen, aber jedes Halbbild zeigt nur die Hälfte des Fernsehbilds. Als Resultat nimmt der Zuschauer Bewegungen auf dem Fernsehschirm in guter Qualität wahr und kann auch stationäre Objekte deutlich erkennen, obwohl nur die Hälfte der Bandbreite benötigt wurde – eine großartige Idee für analoge Fernsehübertragungen, bei denen genügend Bandbreite das Ein und Alles bedeutete.

Die Schwierigkeiten entstehen bei den Computerbildschirmen, für die das Interlace-Verfahren bedeutungslos ist und den Standbildern nur schaden kann. Ein Computerbildschirm muß wesentlich genauere Darstellungen liefern (eine höhere Bildauflösung, die aus einem wesentlich näheren Blickwinkel betrachtet werden kann), und auch Bewegungen spielen auf diesen Monitoren eine ganz andere Rolle. Aus diesen Gründen versteht es sich von selbst, daß das Halbbildverfahren im Bereich der Computer keinerlei Überlebenschance hat und jedem Computertechniker ein Greuel ist.

Aber Interlace wird eines natürlichen Todes sterben. Ein Gesetz dagegen zu erlassen wäre ebenso sinnvoll wie die Wiedereinführung der Postkutsche. Die digitale Welt ist wesentlich flexibler als das analoge Reich, wenn es um Signale geht, die zusätzliche Informationen über sich selbst transportieren sollen. Computer können Signale bearbeiten und nachbearbeiten, Halbbilder hinzufügen oder abziehen, Bildwechselfrequenzen ändern und das Bildseitenverhältnis so verändern, daß der rechteckige Formfaktor eines spezifischen Signals der Form eines ganz bestimmten Monitors angepaßt werden kann. Aus diesen Gründen sollten wir uns so wenig wie möglich auf willkürlich festgesetzte Standards einlassen – denn selbst wenn etwas heute logisch erscheint, kann es sich morgen als völliger Unsinn herausstellen.

Entwicklungsfähig wie die amerikanische Verfassung

Die digitale Welt ist in sich entwicklungsfähig. Sie wächst und verändert sich wesentlich kontinuierlicher und organischer als frühere analoge Systeme. Wenn Sie einen neuen Fernsehapparat brauchen, schaffen sich einen völlig neuen an und werfen Ihren alten weg. Wenn Sie dagegen einen Computer besitzen, sind Sie daran gewöhnt, zusätzliche Erweiterungen oder Verbesserungen bei der Hard- und Software vorzunehmen, anstatt Ihren Rechner beim kleinsten »Upgrade« (Ausbau) komplett auszuwechseln. (Im Grunde klingt schon der

Ausdruck »Upgrade« in meinen Ohren digital.) Mehr und mehr gewöhnen wir uns daran, unsere Computersysteme auszubauen und zu verbessern: Wir schaffen uns einen besseren Monitor an, installieren erweiterte Soundkarten und erwarten von unserer Software, daß sie immer besser läuft – anstatt überhaupt nicht. Warum kann Fernsehen nicht auch so sein?

Eines Tages ist es soweit. Aber heute müssen wir uns mit drei analogen TV-Systemen herumplagen. Die USA und Japan benutzen NTSC (National Television Systems Committee – Nationaler Fernsehsystemausschuß), obwohl die meisten Europäer unter dieser Abkürzung »Never The Same Color – Niemals dieselbe Farbe« verstehen. In Europa dominiert PAL (Phase Alternating Line – Zeilenweise Phasenänderung), dicht gefolgt vom französischen SECAM (SEquential Couleur Avec Memoire – Sequentielle Farbübertragung mit Zwischenspeicherung) – ein Ausdruck, den die Amerikaner mit »Something Essentially Contrary to AMerica – Etwas grundlegend anderes als Amerika« übersetzen. Der Rest der Welt stolpert wohl oder übel hinterher und benutzt eines der drei Systeme in reiner oder abgewandelter Form, wobei die Entscheidungen ebenso logisch ausfallen wie bei der Wahl einer nationalen Zweitsprache.

Die Digitalzeit bietet die Möglichkeit, sich von diesen einengenden Normen zu lösen. Wenn das Fernsehgerät keinen der ortsüblichen Dialekte spricht, wird man zum Computerhändler des Ortes gehen können, um einen digitalen Dekoder zu kaufen, so wie man heute die Software für seinen PC einkauft.

Solange die Bildauflösung eine wichtige Rolle spielt, liegt die beste Lösung in der Schaffung eines ausbaufähigen Systems, das nicht mehr an die Zeilenzahl gebunden sein darf, die wir heute mit Leichtigkeit darstellen können. Wenn Sie andere Leute von 1 125 oder 1 250 Abtastzeilen sprechen hören, handelt es sich nicht um magische Zahlen oder Wunschträume. Solche Zeilenmengen liegen durchaus im Bereich dessen, was wir schon heute mit einer Kathodenstrahlröhre darstellen können. Im Grunde ist die Art und Weise, in der die Fernsehtechniker sich mit den Abtastzeilen beschäftigt haben, schon heute nicht mehr zeitgemäß.

In den alten Zeiten wurden die Fernsehgeräte immer größer, so daß der Zuschauer immer weiter zurückwich, bis er auf der sprichwörtlichen Couch landete. Dabei blieb die Zahl der Abtastzeilen pro Millimeter, die das Auge des Zuschauers trafen, im großen und ganzen konstant.

Um 1980 kam es zu einer plötzlichen Veränderung: Der Zuschauer erhob sich von der Couch, setzte sich vor ein Tischgerät und machte eine 45-cm-Fernseherfahrung. Diese Veränderung stellte das »Zeilendenken« auf den Kopf. Wir können nicht mehr länger in Abtastzeilen pro Bild rechnen (wie wir es bisher bei Fernsehgeräten getan haben), sondern müssen in Zeilen pro Zentimeter rechnen, wie wir es bereits bei Papier oder modernen Computerbildschirmen tun (dem PARC-Forschungszentrum der Xerox Corporation in Palo Alto, Kalifornien, gebührt die Ehre, als erster in Zeilen pro Zentimeter gedacht zu haben). Ein größerer Bildschirm benötigt eine höhere Zeilenzahl. Wenn wir eines Tages in der Lage sind, ganze Wände mit Flachbildschirmen zu kacheln, können wir Bilder mit einer Auflösung von zehntausend Zeilen darstellen. Es wäre kurzsichtig, unser Denken auf unsere heutige Zahl von knapp tausend Zeilen einzuschränken.

Wenn wir in der Zukunft mit besonders hohen Bildauflösungen arbeiten wollen, müssen wir unsere heutigen Systeme ausbaufähig gestalten. Leider ist bisher keiner der momentanen Befürworter des Digitalfernsehens auf diese Idee gekommen. Seltsam.

Fernsehen als Mautstation

Sämtliche Hersteller von Computerhardware und -software werben um die Gunst der Kabelindustrie. Dies ist kein Wunder, wenn man bedenkt, daß allein ESPN [amerikanischer Sportkanal, Anm. d. Übers.] mehr als sechzig Millionen Teilnehmer hat. Microsoft, Silicon Graphics, Intel, IBM, Apple, DEC und HP haben allesamt hochdotierte Verträge mit der Kabelindustrie abgeschlossen.

Das Objekt dieser Begierde ist eine Dekoderbox, die momentan nur wenig mehr als einen Kabeltuner enthält, aber zu wesentlich Höherem berufen ist. Bei der Geschwindigkeit, mit der sich heute die Dinge ändern, werden wir bald so viele Arten von Dekodern kennen, wie wir heute Fernbedienungen haben (einen für Kabel, einen für Satelliten, einen für Kupferkabel, einen für Hochfrequenzübertragungen usw.). Solch ein Selbstbedienungsladen aus inkompatiblen Dekoderboxen ist eine grauenhafte Vorstellung.

Das Interesse an diesem Dekoder entspringt – neben anderen Dingen – seiner potentiellen Funktion als Durchgangstor, wodurch der »Versorger« dieser Box und ihrer Schnittstelle sich zu einer Art Pförtner entwickelt, der für sämtliche Informationen, die durch diese Mautstation in Ihren Haushalt gelangen, die lästigen Gebühren kassiert. Auch wenn dies wie ein großartiges Geschäft klingt, bleibt die Frage offen, ob das Ganze wirklich im Interesse der Öffentlichkeit ist. Schlimmer noch: Dekoder sind technisch kurzsichtig und führen uns in die falsche Richtung. Wir sollten unseren Horizont erweitern und unseren Blick eher auf Mehrzweck- als auf systemgebundene Computerentwürfe richten.

Zwar besitzt das Wort »Box« (wie in Dekoderbox) den völlig falschen Beiklang, aber hier folgt die Theorie: Dank unseres unersättlichen Hungers nach Bandbreite nimmt das Kabelfernsehen eine führende Position als Breitbandlieferant von Informations- und Unterhaltungsangeboten ein. Die Dekoderbox gehört zu den heutigen Kabelprogrammen unbedingt dazu, da nur ein Teil der Fernsehzuschauer über Kabelanschluß verfügt. In Anbetracht der Existenz und der Akzeptanz dieser Box lautet die Idee einfach, ihre Bedeutung mit zusätzlichen Funktionen aufzuwerten.

Was ist falsch an diesem Plan? Die Frage ist einfach zu beantworten: Selbst die konservativsten Fernsehtechniker stimmen darin überein, daß der Unterschied zwischen einem Fernsehgerät und einem Computer, langfristig gesehen, nur noch in der Peripherie und in den Zimmern bestehen wird, in denen sich beide Geräte befinden. Nichtsdestotrotz ist diese Vision durch die monopolistischen Tendenzen der Kabelindustrie sowie durch die zunehmende Fähigkeit der Dekoder gefährdet, 1000 Programme zu kontrollieren, von denen Sie 999 in einem bestimmten Moment (definitiv) nicht sehen können. Damit wurde der Computer bereits in der ersten Runde der lukrativen Disziplin Digitalfernsehen aus dem Ring »geboxt«.

Aber sein Comeback wird triumphal sein.

Das Fernsehen als Computer

Ich frage immer wieder gerne die verschiedensten Leute, ob sie sich an Tracy Kidders Buch *Die Seele einer neuen Maschine* erinnern können. Dann frage ich jemanden, der es gelesen hat, ob er oder sie noch den Namen der fraglichen Computerfirma im Kopf hat. Bisher ist mir noch niemand begegnet, der dazu in der Lage war. Data General (die fragliche Firma), Wang und Prime, alle drei ehrgeizige Unternehmen mit hohen Wachstumsraten, hatten eine totale Abneigung gegen offene Systeme. Ich erinnere mich an Konferenzen, bei denen alle anderen Teilnehmer die Meinung vertraten, daß ein geschlossenes System große Wettbewerbsvorteile mit sich bringe. Wenn man ein beliebtes und zugleich einzigartiges System schaffen könne, werde dies jeden Wettbewerb ausschließen. Diese Argumentation klingt logisch, ist aber völlig falsch, und sie stellt den Grund dar, warum diese drei und mit ihnen viele andere Firmen mehr oder weniger aufgehört haben zu existieren. Und aus dem gleichen Grund hat Apple seine Strategie geändert.

Beim »offenen System« handelt es sich um ein kraftvolles Konzept, das den unternehmerischen Teil unserer Wirtschaft stimuliert und sowohl geschlossene Systeme als auch ausgedehnte Monopole herausfordert. Und es wird sich durchsetzen. In einem offenen System kämpfen wir mit unserer Phantasie, nicht mit einem Schloß oder einem Schlüssel. Das Ergebnis führt nicht nur zu einer großen Zahl erfolgreicher Unternehmen, sondern auch zu einer größeren Auswahl für den Konsumenten und einem immer beweglicheren kommerziellen Sektor, der zu raschem Wachstum und schnellen Veränderungen in der Lage ist. Ein wahrhaft offenes System befindet sich im Besitz der Öffentlichkeit und ist für jedermann zugänglich als eine Basis, auf der er oder sie etwas aufbauen kann.

Die Zunahme von Personalcomputern geschieht so rasch, daß der zukünftige Fernseher mit offener Architektur der PC sein wird, Punkt. Die Dekoderbox existiert dann nur noch in Form einer kleinen Kreditkarte, die Ihren PC in einen elektronischen Knotenpunkt für Kabel, Telefon oder Satellit verwandelt. Mit anderen Worten: In der Zukunft wird es keine Hersteller von Fernsehgeräten mehr geben. Diese Lücke füllt dann die Computerindustrie: Bildschirme mit Tonnen von Speicher- und Rechenkapazität. Wahrscheinlich werden einige dieser Computererzeugnisse nicht mehr bloß 45 Zentimeter, sondern drei Meter Durchmesser aufweisen, und man wird sie häufiger in Gruppen zusammenstellen als einzeln verwenden. Aber wie man es auch betrachtet – es handelt sich immer noch um Computer.

Der Grund für diese Entwicklung liegt darin, daß Computer mehr und mehr videofähig werden – sie lernen, Video als Datentyp zu verarbeiten und darzustellen. Für Videokonferenzen, Multimedia-Publikationen und eine ganze Reihe von Simulationsanwendungen benötigt man Video als festen Bestandteil aller – und nicht nur einiger – Computer. Diese Veränderungen vollziehen sich mit einer solchen Geschwindigkeit, daß das Schneckentempo der Fernsehentwicklung, selbst im digitalen Sektor, neben dem Personalcomputer verblaßt.

Die Entwicklungen im Bereich des HDTV beispielsweise wurden dem Rhythmus der Olympischen Spiele angepaßt – einerseits, um internationales Interesse zu erregen, und andererseits, um sich durch die Übertragung spektakulärer Sportereignisse technischer Weiterentwicklung rühmen zu können. (Bei gewöhnlichen Fernsehübertragungen wäre man vielleicht nicht in der Lage gewesen, den Eishockeypuck zu erkennen.) Aus diesen Gründen nutzte Japan die Olympischen Sommerspiele 1988 in Seoul zur Einführung von Hi-Vision, und die Europäer stellten ihr HD-MAC auf der Winterolympiade 1992 in Albertville vor (nur um es knapp ein Jahr später endgültig einzustellen).

Die amerikanischen HDTV-Vertreter haben den Sommer 1996 (Olympische Sommerspiele in Atlanta) als Zeitpunkt ausgewählt, zu dem sie ihr neues, digitales HDTV-System mit geschlossener Systemarchitektur vorstellen wollen. Aber bis dahin wird es viel zu spät sein, so daß HDTV als totgeborenes Kind auf die Welt kommt. Dies wird jedoch niemandem mehr etwas ausmachen, denn bis dahin werden zwanzig Millionen Amerikaner in der Lage sein, die Sportsendungen auf NBC in einem Fenster in der oberen rechten Ecke ihres Computerbildschirms zu verfolgen Ein solches Angebot wurde bereits im Oktober 1994 als Gemeinschaftsprodukt von Intel und CNN angekündigt.

Das Geschäft mit der Ausstrahlung von Bits

Der Schlüssel zur Zukunft des Fernsehens liegt darin, Fernsehen nicht mehr als Fernsehen zu betrachten. Statt dessen sollte man damit anfangen, Fernsehen vom Standpunkt der Bits aus zu begreifen. Auch Kinofilme sind im Grunde nichts anderes als eine besondere Art der Datenübertragung. Bits sind Bits.

Die Sechsuhrnachrichten lassen sich nicht nur zu jedem für Sie passenden Zeitpunkt aussenden, sie könnten auch speziell für Sie zusammengestellt und von Ihnen nach Wunsch abgerufen werden. Wenn Sie einen alten Humphrey-Bogart-Film genau um 20.17 Uhr sehen wollen, liefert Ihnen die Telefon-gesellschaft die passenden Daten über Ihre Kupferleitungen. Ebenso werden Sie in der Lage sein, ein Baseballspiel von jedem Sitz des Stadions aus sehen zu können, auf Wunsch auch aus der Perspektive des Balls. Es ist diese Art von Ver-änderungen, die die kommende Digitalzeit für uns interessant macht – und nicht die Aussicht darauf, Ihre Lieblingsserie mit der doppelten der heutigen Bildauflösung sehen zu kön-nen.

Das digitale Fernsehen wird eine ganze Reihe von neuen Bits benötigen – Bits, die Ihnen etwas über die anderen Bits mitteilen. Bei diesen Bits kann es sich um einfache Nachrich-tenköpfe handeln, die Informationen über Bildauflösung, Ab-tastrate und Bildseitenverhältnis enthalten, so daß Ihr Fern-sehgerät das Signal verarbeiten und auf bestmögliche Art und Weise darstellen kann. Diese Bits könnten aber auch einen Dekoder-Algorithmus enthalten, der fremdartige oder ver-schlüsselte Zeichen auf Ihrem Bildschirm erscheinen läßt, wenn man ihn mit dem Strichkode einer Schachtel Corn-flakes kombiniert. Es wäre auch denkbar, daß diese Bits eine Tonspur enthalten, die es Ihnen ermöglicht, jeden ausländi-schen Film in Ihrer Muttersprache zu sehen. Ebensogut könn-ten diese Bits als Kontrolldaten für einen Schalter dienen, der Ihren Fernseher von jugendfreien auf jugendgefährdende Filme umstellt (oder umgekehrt). Ihr heutiger Fernsehappa-rat erlaubt Ihnen die Einstellung von Helligkeit und Lautstärke sowie die Wahl der Kanäle. Bei einem Fernsehgerät der Zu-kunft werden Sie zwischen Sex, Gewalt und verschiedenen politischen Tendenzen hin und her schalten können.

Mit Ausnahme von Sportereignissen und Wahlergebnissen müssen die meisten Fernsehprogramme nicht in Echtzeit aus-gestrahlt werden. Dieser häufig übersehene Aspekt ist für das

Digitalfernsehen von entscheidender Bedeutung. Er besagt nämlich, daß man einen Großteil der Programme wie in einen Computer laden kann. Die Bits werden mit einer Geschwindigkeit übertragen, die mit der Zeitdauer der Sendung nichts mehr zu tun hat. Und wenn sie sich einmal im Rechner befinden, spielt es keine Rolle mehr, in welcher Reihenfolge sie später gesendet werden. Über Nacht entwickelt sich das Fernsehen zu einem Medium das wie ein Buch oder eine Zeitung einen zufälligen Zugriff erlaubt. Man kann es durchblättern und verändern und ist nicht länger von bestimmten Tagen, Zeiten oder einer festgelegten Übertragungsdauer abhängig.

Sobald wir damit aufhören, die Zukunft des Fernsehens nur im Bereich von High Definition zu suchen und uns statt dessen auf seine grundlegendste Eigenschaft – die Ausstrahlung von Bits – konzentrieren, entwickelt sich das Fernsehen zu einem völlig neuartigen Medium. An diesem Punkt werden wir Zeugen der Entwicklung vieler kreativer, neuer Anwendungen, mit denen wir über die Datenautobahn rasen können – wenn wir dabei nicht von der Bit-Polizei angehalten werden.

Die Bit-Polizei

Die Lizenz zum Ausstrahlen von Bits

Es gibt fünf Wege, auf denen Informationen und Unterhaltung in den Haushalt gelangen können: Satellit, terrestrische Übertragung, Kabel, Telefon und Paketmedien (Atome wie Kassetten, CDs und Druckerzeugnisse). Die Federal Communications Commission (FCC) [amerik. Bundesbehörde für das Fernmeldewesen, Anm. d. Übers.] regelt im Auftrag der Öffentlichkeit den Verkehr auf einigen dieser Wege und kontrolliert einen Teil der Informationsinhalte, die auf diesen Kanälen übertragen werden. Ihre Aufgabe ist besonders heikel, da die FCC häufig auf dem schmalen Grat zwischen Protektion und Freiheit, Privatsphäre und Öffentlichkeit oder zwischen freiem Wettbewerb und Monopol wandelt.

Ein besonderes Aufgabenfeld der FCC sind die Frequenzen für drahtlose Kommunikation. Das Frequenzspektrum gilt als ein Bereich, der für jedermann zugänglich ist und in einem freien Wettbewerb, fair und ohne Behinderungen genutzt werden darf – also mit all den Anreizen ausgestattet ist, die die Amerikaner so lieben. Dies klingt alles sehr vernünftig, denn ohne eine solche Aufsichtsbehörde könnten zum Beispiel Fernsehsignale mit Zellulartelefonen kollidieren oder Radiowellen den Seefunk behindern. Die Autobahn im Himmel benötigt wirklich eine Reiseverkehrskontrolle.

Aber vor kurzem wurden einige Teile des Frequenzspektrums zu extrem hohen Preisen an die Zellulartelefonie und interaktive Videos verkauft. Andere Teile des Spektrums verschenkte man dagegen mit der Begründung, daß sie dem öffentlichen Wohl dienen. Dies ist der Fall beim kommerziellen Fernsehen, das für den Zuschauer »kostenfrei« zu empfangen ist – aber tatsächlich zahlen Sie in dem Moment dafür, wenn Sie ein Paket Papiertaschentücher oder ein anderes beworbenes Produkt kaufen.

Die FCC hat vorgeschlagen, den bereits vorhandenen Fernsehsendern eine zusätzliche »Fahrspur« zu überlassen, 6 MHz (Megahertz) von freien Frequenzen für HDTV, unter der Bedingung, daß die Sender ihr momentanes Spektrum – ebenfalls 6 MHz – innerhalb von fünfzehn Jahren wieder zurückgeben. Während einer Zeitspanne von fünfzehn Jahren würden die vorhandenen Fernsehgesellschaften damit über 12 MHz Frequenzspektrum verfügen. Die Grundidee (Änderungen sind möglich) lautet, innerhalb einer Übergangszeit dem momentanen Fernsehen die Möglichkeit zur Weiterentwicklung zu geben. Dieses Konzept klang vor sechs Jahren durchaus überzeugend, und man betrachtete es als den geeigneten Weg, um von der analogen in eine andere Welt zu gelangen. Aber plötzlich ist HDTV digital, wir sind in der Lage, 20 Millionen Bps durch einen Kanal von 6 MHz Breite zu schleusen, und alle Spielregeln ändern sich.

Stellen Sie sich vor, Sie besäßen eine Fernsehstation und die FCC hätte Ihnen gerade die Lizenz zur Übertragung von 20 Millionen Bps erteilt. Damit haben Sie die Möglichkeit, sich zu einem lokalen Zentrum des Bit-Ausstrahlungsgeschäfts zu entwickeln. Zwar war die Lizenz für Fernsehübertragungen gedacht, aber was würden Sie wirklich damit anfangen?

Seien Sie ehrlich: Die Übertragung von HDTV wäre so ziemlich das letzte, was Ihnen in den Sinn käme, denn die Programmauswahl ist gering, und die Empfangsgeräte sind selten. Mit ein wenig Überlegung würde Ihnen mit Sicherheit auffallen, daß Sie nun in der Lage wären, vier herkömmliche NTSC-Kanäle (von je 5 Millionen Bps) in digitaler Studioqualität zu senden und damit Ihren potentiellen Zuschauerkreis und Ihre Werbeeinnahmen zu vergrößern. Bei weiterem Nachdenken könnten Sie auch zu der Entscheidung gelangen, nur drei TV-Kanäle zu übertragen und die übrigen 5 Millionen Bps für zwei digitale Radiosignale, ein Funkrufsystem und einen Sender für Börsenkurse zu verwenden.

Nachts, wenn nur wenige Menschen fernsehen, ließe sich ein Großteil Ihrer Lizenz dazu einsetzen, Bits in den Äther zu schicken, mit denen individuell zusammengestellte Zeitungen in die Haushalte übermittelt oder dort ausgedruckt werden könnten. Wenn an manchen Samstagen eine hohe Bildauflösung von entscheidender Bedeutung ist (etwa bei einem Footballspiel), widmen Sie 15 Ihrer 20 Millionen Bits einer Fernsehübertragung in High Definition. Mit anderen Worten: Sie wären für diese 6 MHz oder 20 Millionen Bps Ihre eigene Bundesbehörde und könnten Ihre Bits verteilen, wo und wie es Ihnen gefällt.

Dieses Verhalten entspricht nicht ganz dem, was sich die FCC vorgestellt hatte, als sie sich aus Übergangszwecken für eine Zuweisung des neuen HDTV-Spektrums an die bereits bestehenden Fernsehgesellschaften aussprach. Andere Gruppierungen, die danach drängen, in das Geschäft mit der Ausstrahlung von Bits einzusteigen, werden Zeter und Mordio schreien, wenn ihnen klar wird, daß die heutigen Fernsehstationen für die nächsten fünfzehn Jahre eine Verdopplung ihrer Frequenzen und ein Ansteigen ihrer Sendekapazität um 400 Prozent geschenkt bekommen haben!

Soll das bedeuten, daß wir die Bit-Polizei alarmieren müssen, um dafür zu sorgen, daß dieses neue Frequenzspektrum und all seine 20 Millionen Bps ausschließlich für HDTV verwendet werden? Ich hoffe, nicht.

Neue Bits braucht das Land

In den analogen Zeiten war die Zuteilung von Frequenzen für die FCC wesentlich einfacher. Sie konnte auf verschiedene Teile des Spektrums deuten und sagen: Das ist fürs Fernsehen, das fürs Radio, dies ist für die Zellulartelefonie usw. Jedes Stück vom Spektrum war für ein spezifisches Kommunikations- oder Übertragungsmedium gedacht, das über ganz besondere Eigenschaften und Anomalien verfügte und einem bestimmten Zweck diente. Aber in einer digitalen Welt verschwimmen oder (in manchen Fällen) verschwinden diese Grenzen: Es geht nur noch um Bits. Zwar können sie als Radio-Bits, Fernseh-Bits oder Seefunk-Bits auftreten, aber es handelt sich nichtsdestotrotz um Bits, die alle denselben Verquickungen und Mehrzweckanwendungen unterworfen sind, aus denen Multimedia besteht.

Die Entwicklungen im Bereich des Fernsehens werden im Laufe der nächsten fünf Jahre so einzigartig sein, daß sich nur schwer ein Vergleich finden läßt. Man kann sich kaum vorstellen, daß die FCC die Bits regulieren kann oder will, etwa indem sie Quoten für Bits aufstellt, die für HDTV, gewöhnliches TV, Radio usw. eingesetzt werden müssen. Der Markt wird sich mit Sicherheit als ein besseres Regulativ erweisen. Niemand benutzt seine sämtlichen 20 Millionen Bps für Radioübertragungen, wenn er mit Fernseh- oder Datenübertragungen höhere Gewinne erzielen kann. Eines Tages werden Sie selbst – je nach Wochentag, Tageszeit, Ferien oder zu besonderen Anlässen – die Verteilung Ihrer Bits vornehmen oder verändern. Diese Flexibilität ist von größter Wichtigkeit, denn dem öffentlichen Interesse dienen diejenigen am besten, die sich schneller als andere umstellen und im Gebrauch ihrer Bits besonders kreativ sind.

In naher Zukunft werden die Sender im Moment der Übertragung ihre Bits einem bestimmten Medium (wie Fernsehen oder Radio) zuordnen. Diesen Vorgang bezeichnet man auch als digitale Konvergenz (oder als Ausstrahlen von Bits). Der Sender teilt dem Empfänger mit: Es folgen Fernseh-Bits, es folgen Radio-Bits, es folgen Bits, die das *Wall Street Journal* darstellen.

In etwas fernerer Zukunft werden diese Bits, wenn sie den Sender verlassen haben, nicht mehr auf ein spezielles Medium beschränkt sein.

Nehmen wir zum Beispiel das Wetter. Anstatt den Wettermann und seine sprichwörtlichen Karten und Tabellen zu senden, könnte man einfach ein Computermodell des Wetters übermitteln. Diese Bits werden in Ihr Computer-TV-Gerät übertragen, wonach Sie als Empfänger implizit oder explizit die Intelligenz Ihres Computers dazu benutzen, die empfangenen Daten in eine Sprachausgabe, einen Kartenausdruck oder einen Zeichentrickfilm mit Ihrer Lieblingstrickfigur umzuwandeln. Ihr schlaues Fernsehgerät wird diese Aufgaben in jeder beliebigen Art und Weise bewältigen können, eventuell sogar je nach Ihrer momentanen persönlichen Stimmung. Bei diesem Beispiel weiß der Sender noch nicht einmal, welche Form seine Bits annehmen werden: Video, Audio oder Printmedium. Darüber entscheiden Sie. Die Bits verlassen die Sendestation als Bits, die in einer Vielzahl unterschiedlicher Möglichkeiten genutzt und umgewandelt werden können; darüber hinaus sind sie in der Lage, die verschiedensten Computerprogramme darzustellen, und sie lassen sich auf Wunsch auch archivieren.

Eine solche Vorstellung von frei belegbaren Bits oder Datenströmen geht weit über die regulative Kontrolle hinaus, die wir heute kennen und die darauf beruht, daß schon der Sender weiß, ob ein Signal zur Fernseh-, Radio- oder Datenübertragung verwendet wird.

Viele Leser haben angenommen, daß meine Erwähnung der Bit-Polizei einem Ja zur Zensur gleichkommt. Dem ist nicht so. Der Kunde führt seine eigene Zensur durch, indem er dem Empfangsgerät mitteilt, welche Bits es auswählen soll. Dagegen wird die Bit-Polizei – aus reiner Gewohnheit – versuchen, das Medium selbst zu kontrollieren, eine Maßnahme, die völlig sinnlos sein dürfte. Das Problem ist rein politischer Natur und liegt darin, daß die angekündigte HDTV-Zuteilung wie eine milde Gabe wirkt. Obwohl die FCC gar nicht die Absicht hatte, einen solchen unverhofften Geldsegen auszuschütten, werden die verschiedensten Interessengruppen einen Mordskrach schlagen, weil die Bandbreite-Könige nun noch mehr Bandbreite bekommen.

Ich bin der Ansicht, daß die FCC zu schlau sein dürfte, um Bit-Polizei spielen zu wollen. Aufgabe dieser Behörde ist es, im Sinne der Allgemeinheit darauf zu achten, daß ein qualitativ hochwertiges Informations- und Unterhaltungsangebot besteht und gepflegt wird. Der Versuch, die Freiheit der Bit-Ausstrahlung einzuschränken, dürfte ebenso zum Scheitern verurteilt sein wie die Bemühungen der Römer, die Verbreitung des Christentums aufzuhalten – auch wenn im Verlauf dieses Prozesses einige der frühen, tapferen Datenversender von den Washingtoner Löwen gefressen werden.

Kartellfragen

Betrachten wir einmal eine moderne Zeitung. Der Text wird auf einem Computer vorbereitet; ein Teil der Reporter schickt seine Artikel in Form von elektronischer Post zum Verlag. Die Fotos sind digitalisiert und werden ebenfalls häufig per Kabel übertragen. Das Seitenlayout einer modernen Zeitung wird mit Hilfe rechnerunterstützter Entwurfssysteme erstellt, die die fertigen Daten für den Transfer auf die Druckvorlage Film oder direkt zur Gravur auf die Druckplatten vorbereiten. Mit anderen Worten: Die gesamte Konzeption und Herstellung dieser Zeitung verläuft digital, von Anfang an, bis auf den allerletzten Schritt, bei dem man Tinte auf tote Bäume preßt. Dies ist der Schritt, bei dem aus Bits Atome werden.

Stellen Sie sich einmal vor, daß dieser letzte Schritt nicht in einer Druckerei geschieht, sondern daß die Bits als Bits zu Ihnen kommen. Sie können sich dafür entscheiden, sie aus Gründen der Bequemlichkeit zu Hause auszudrucken (ich empfehle wiederverwendbares Papier – auf diese Weise muß niemand von uns einen großen Stapel leeres Zeitungspapier zu Hause lagern); sie können die Bits aber auch in Ihren Laptop oder Palmtop laden oder – eines Tages – in Ihren hochflexiblen, millimeterdünnen, farbigen, besonders hochauflösenden, großformatigen, wasserfesten Bildschirm (der einem Blatt Papier bis aufs Haar gleicht und auch so riecht – wenn es das ist, was Sie begeistert). Zu den verschiedenen Wegen, auf denen Sie diese Bits erreichen können, wird mit Sicherheit auch die Fernsehübertragung gehören. Ein Fernsehsender kann Ihnen Zeitungs-Bits zusenden.

Oh, Entschuldigung. Die amerikanischen Kartellgesetze besagen, daß es nicht erlaubt ist, an einem Ort eine Zeitung *und* eine Fernsehstation zu besitzen. In den analogen Zeiten bestand die einfachste Möglichkeit, ein Monopol zu verhindern und für Pluralität und Stimmenvielfalt zu sorgen, darin, jeden Eigentümer innerhalb einer Stadt auf ein einziges Medium zu begrenzen. Medienvielfalt bedeutete inhaltliche Vielfalt. Wenn Sie also eine Zeitung besaßen, durften Sie keine Fernsehstation besitzen und umgekehrt.

1987 fügten die Senatoren Edward Kennedy und Ernest Hollings in letzter Minute eine Zusatzklausel zu einem bereits bestehenden Haushaltsbeschluß hinzu, die die FCC an einer Ausdehnung ihres zeitweiligen Verzichts auf die Durchführung der Kartellregelung hinderte. Diese Klausel richtete sich gegen Rupert Murdoch, den australischen Medienzaren, der in Boston eine Zeitung erworben hatte, obwohl er dort gleichzeitig einen Mittelwellensender besaß. Das sogenannte Laserstrahlgesetz gegen Murdoch wurde ein paar Monate später vom Obersten Gerichtshof aufgehoben, aber der Bannstrahl des Kongresses gegen die FCC und ihre Veränderung oder Aufhebung der Kartellgesetze blieb bestehen.

Soll es wirklich ungesetzlich sein, wenn man zur gleichen Zeit ein Zeitungs-Bit und ein Fernseh-Bit besitzt? Was wäre, wenn es sich bei dem Zeitungs-Bit um ein weiterentwickeltes TV-Bit innerhalb eines persönlichen Multimedia-Informationssystems handeln würde? Der Konsument zieht seinen Vorteil aus der Mischung der Bits, und die Berichterstattung erreicht neue Tiefe und Darstellungsqualität. Wenn die heutige Kartellpolitik bestehenbleibt, wird dem amerikanischen Bürger dann nicht eine besonders reichhaltige Informationsumgebung vorenthalten? Wir betrügen uns auf bizarre Weise selbst, wenn wir einigen Bits verbieten, sich mit anderen zu vermischen.

Eine garantierte Vielfalt würde weniger Gesetze erfordern, als viele von uns annehmen, da die monolithischen Massenmediengiganten in eine verwirrende Vielzahl kleiner Heimindustrien zerfallen. Je mehr wir ans Netz gehen und je mehr Bits und je weniger Atome wir versenden, desto geringer wird der Einfluß werden, den der Besitzer etwa einer Druckerei ausüben kann. Sogar ein weltweit vertretener, treu ergebener Reporterstab wird einiges von seiner Bedeutung verlieren, wenn talentierte freie Reporter und Schriftsteller einen direkten elektronischen Zugang in die einzelnen Haushalte finden.

Die Medienmoguln von heute streben danach, ihre zentralisierten Reiche auch in Zukunft zu erhalten. Aber ich bin davon überzeugt, daß die Amerikaner im Jahre 2005 mehr Zeit im Internet (oder wie immer es dann heißt) verbringen werden als vor dem Fernseher. Die vereinten Kräfte von technologischer Entwicklung und menschlicher Natur werden letzten Endes für eine größere Pluralität sorgen als jedes Gesetz des Repräsentantenhauses. Aber für den Fall, daß ich mich auf lange Sicht und für die Übergangszeit auf kurze Sicht irre, sollte die FCC lieber einen phantasievollen Plan entwickeln, mit dessen Hilfe sich die Kartellgesetze des Industriezeitalters aufheben und durch Anreize und Richtlinien für das digitale Zeitalter ersetzen lassen.

Schutz für Bits?

Das Urheberrechtsgesetz ist völlig veraltet. Es wirkt wie ein Relikt aus Gutenbergs Zeiten. Aber da es sich um ein rückwirkendes Verfahren handelt, wird es wahrscheinlich erst völlig zusammenbrechen müssen, bis es geändert werden kann.

Die meisten Menschen denken beim Urheberrecht an den Schutz vor leicht herzustellenden, unberechtigten Kopien. Aber in der digitalen Welt geht es nicht nur um die Einfachheit der Herstellung, sondern auch um die Tatsache, daß eine digitale Kopie ebenso perfekt ausfallen kann wie das Original – und dank hochwertiger Computertechnik sogar noch besser. Kopien lassen sich reinigen, vergrößern und in der Tonqualität verbessern, und zwar mit derselben Leichtigkeit, mit der die Fehler beliebiger Bit-Folgen korrigiert werden. Die Kopie ist perfekt. Diese Tatsache ist der Musikindustrie wohlbekannt; sie bildet die Ursache für die Verzögerung und Behinderung verschiedener Produkte der Unterhaltungselektronik, vor allem des DAT (Digital AudioTape – Digitales Tonband). Dabei ist ein solches Vorgehen relativ sinnlos, da eine illegale Duplizierung auch dann um sich greift, wenn die Kopien nicht annähernd so perfekt sind wie das Original. In manchen Ländern werden nicht weniger als 95 Prozent aller verkauften Videokassetten im Form von Raubpressungen verkauft.

Der Umgang mit Urheberrechten variiert in der heutigen Zeit von Medium zu Medium beträchtlich. Musik erfreut sich allgemeiner weltweiter Beliebtheit, und die kreativen Musiker, Texter und Komponisten erhalten noch jahrzehntelang ihre Rückvergütungen. Die Melodie von »Happy Birthday« ist zwar öffentliches Eigentum, aber wenn Sie den Text in einer Filmszene einsetzen wollen, müssen Sie dem Verlag Warner/Chappell Tantiemen bezahlen. Wenn ein Song auf Tonband aufgenommen wird, erhalten der Komponist und der Künstler Tantiemen für jede verkaufte Kopie. Wenn derselbe Song in einem Film auf Videoband erscheint, sehen beide keinen Pfennig. Das Verfahren ist nicht sehr logisch, aber dennoch Teil eines komplizierten Systems zum Schutz der musikalischen Leistung von Komponisten und Interpreten.

Im Gegensatz dazu verabschiedet sich ein Maler im Moment des Verkaufs mehr oder weniger endgültig von seinem Bild. Zahlen-fürs-Sehen wäre undenkbar. Auf der anderen Seite ist es mancherorts durchaus üblich und legal, ein Gemälde in kleine Stücke zu schneiden und diese Teile einzeln zu verkaufen oder es ohne Erlaubnis des Künstlers als Teppich oder Badehandtuch zu reproduzieren. Es dauerte bis zum Jahre 1990, bevor in den USA ein Visual Artists Rights Act (Gesetz zum Schutz der bildenden Kunst) in Kraft trat, das diese Art der Verstümmelung verhinderte. Also ist selbst in der analogen Welt das momentane System weder besonders alt noch völlig unparteiisch.

In der digitalen Welt geht es aber nicht nur um besonders leicht herzustellende oder originalgetreue Kopien. Wir werden hier mit einer neuen Art von Betrug konfrontiert, die eigentlich gar kein Betrug ist. Wenn ich etwas im Internet lese und, wie bei einem Zeitungsausschnitt, eine Kopie davon einer Person oder einer ausgewählten Gruppe von Personen schicken will, erscheint dieses Vorgehen auf den ersten Blick harmlos. Aber mit weniger als einem Dutzend Tastenberührungen könnte ich dasselbe Material an Tausende von Menschen auf der ganzen Welt versenden (anders als bei einem Zeitungsausschnitt). Das Ausschneiden von Bits unterscheidet sich deutlich vom Ausschneiden von Atomen.

In der irrationalen Wirtschaftswelt des heutigen Internet kostet der oben beschriebene Vorgang exakt null Mark und null Pfennig. Niemand hat eine deutliche Vorstellung davon, wer für was im Internet bezahlt, aber es scheint für die meisten Benutzer frei zu sein. Selbst wenn sich dies in Zukunft ändert und dem Internet ein verständliches ökonomisches System zugrunde gelegt wird, muß man für die Verteilung von Millionen von Bits an Millionen von Menschen höchstwahrscheinlich nicht mehr als ein paar Pfennig bezahlen. Mit Sicherheit werden die Kosten nicht annähernd so hoch sein wie bei der Post oder anderen Kurierdiensten, die ihre Preise nach dem Transport von Atomen berechnen.

Darüber hinaus werden nicht die Menschen, sondern Computerprogramme Materialien wie dieses Buch lesen und zum Beispiel automatische Zusammenfassungen erstellen. Das Urheberrechtsgesetz besagt, daß nach einer Zusammenfassung von Textmaterial diese Zusammenfassung Ihr geistiges Eigentum ist. Ich bezweifle, daß der Gesetzgeber jemals in Erwägung gezogen hat, daß diese Auszüge von leblosen Gebilden oder Robo-Piraten vorgenommen werden könnten.

Im Gegensatz zu Patenten, die in den USA unter die Zuständigkeit eines ganz anderen Regierungsbereichs (Department of Commerce – Handelsministerium, also Exekutive) fallen als Urheberrechte (Library of Congress – Bundespatentamt, also Legislative), schützt das Urheberrecht den Ausdruck und die Form einer Idee anstatt die Idee selbst. Gut und schön.

Was geschieht nun, wenn wir im wahrsten Sinne des Wortes »formlose« Bits übertragen, wie die bereits vorher angesprochenen Wetterdaten? Es würde mir schwerfallen, zu entscheiden, ob ein Computermodell des Wetters als Ausdruck des Wetters gelten kann oder nicht. Im Grunde läßt sich ein vollständiges und stabiles Computermodell des Wetters am ehesten als eine Wettersimulation bezeichnen, die »der Wirklichkeit« so nahe kommt wie nur irgend möglich. Und natürlich ist

»die Wirklichkeit« kein Ausdruck ihrer selbst – sie ist sie selbst.

Ausdruck des Wetters sind: eine Stimme, die mit menschlicher Intonation *spricht*, ein Zeichendiagramm, das das Wetter mit Farben und Bewegungen *zeigt,* sowie ein Ausdruck, der es als illustrierte und kommentierte Wetterkarte *abbildet.* Diese Arten des Ausdrucks befinden sich nicht in den Daten, sondern sind deren Verkörperungen, die von einer quasi- (oder tatsächlich) intelligenten Maschine angefertigt wurden. Darüber hinaus können diese verschiedenen Inkarnationen Ausdruck Ihres persönlichen Geschmacks sein, im Gegensatz zu denen eines lokalen, nationalen oder internationalen Wetterberichts. Auf seiten des Senders gibt es nichts, was sich urheberrechtlich schützen ließe.

Betrachten wir einmal den Aktienmarkt. Die ständigen Fluktuationen der Aktienpreise können auf eine Vielzahl unterschiedlicher Arten gesammelt werden. Dabei unterliegt der Inhalt dieser Daten – wie der Inhalt des Telefonbuchs einer Telefongesellschaft – nicht dem Urheberrecht. Aber eine Beschreibung der Leistungen einer Aktie oder eines Aktienpakets kann mit Sicherheit urheberrechtlich geschützt werden. Der Empfänger – und nicht der Sender – wird seinen Daten immer häufiger diese Art von Form hinzufügen und dadurch das Problem des Urheberrechtsschutzes weiter komplizieren.

Inwieweit kann der Begriff der »formlosen Daten« auch auf weniger nüchternes Material ausgedehnt werden? Fallen auch Zeitungsberichte darunter (möglich) oder sogar Romane (nur schwer vorzustellen)? Wenn Bits Bits sein sollen, stellt sich uns eine Reihe ganz neuer Fragen – und nicht nur die nach möglichen Raubkopien.

Das Medium ist nicht länger die Botschaft.

Vermischte Bits

Neue Ziele für das »Material Girl«

Die Tatsache, daß ein vierunddreißig Jahre alter ehemaliger weiblicher Cheerleader aus Michigan innerhalb eines Jahres Umsätze von über 1,2 Milliarden Dollar erzielte, blieb dem Medienkonzern Time Warner nicht verborgen: Diese Firma schloß 1992 mit dem Popstar Madonna einen »Multimedia«-Vertrag über sechzig Millionen Dollar ab. Beim Lesen mußte ich verblüfft feststellen, daß der Ausdruck »Multimedia« als Beschreibung für eine Sammlung voneinander unabhängiger, traditioneller Print-, Musik- und Filmproduktionen verwendet wurde. Seit dieser Zeit finde ich das Wort beinahe täglich im *Wall Street Journal*, wo es häufig als Adjektiv eingesetzt wird, das von interaktiv über digital bis Breitband alles bedeuten kann. Eine Schlagzeile lautete: »Plattengeschäfte weichen Multimedia-Shops«. Auf den ersten Blick scheint es, daß ein Informations- und Unterhaltungskonzern, der sich nicht im Bereich Multimedia engagieren will, innerhalb kürzester Zeit aus dem Geschäft sein wird. Worum geht es hier überhaupt?

Es geht um neue Inhalte und um alte Inhalte, die neu betrachtet und definiert werden müssen. Es geht um wirklich interaktive Medien, die durch die digitale *lingua franca* von Bits entstanden sind. Und es geht um Kosteneinsparungen, Machtzuwachs und die zunehmende Allgegenwart des Computers.

Dieser technologische Schritt wurde dank der aggressiven Anstrengungen verschiedener Medienkonzerne noch vergrößert, die möglichst viele ihrer alten Bits – natürlich auch Madonnas Bits (die sich so gut verkaufen lassen) – verkaufen bzw. erneut verkaufen wollen. Das bedeutet nicht nur eine erneute Verwertung von Musik- und Filmkatalogen, sondern auch einen verstärkten Zugriff auf Audio und Video, gemischt mit Daten, die für möglichst viele Zwecke, in immer neuen Zusammenstellungen und in diversen Übertragungsmedien genutzt werden sollen. Die Gesellschaften sind fest entschlossen, ihre Bits bei relativ kleinen Nebenkosten wiederzuverwerten, was wahrscheinlich für große Profite sorgen wird.

Wenn eine Comedysendung von dreißig Minuten Länge die CBS oder die Twentieth Century-Fox eine halbe Million Dollar kostet, braucht man nur sehr wenig Intelligenz, um auf den Gedanken zu kommen, daß der bereits existierende Katalog von, sagen wir, zehntausend Stunden Filmmaterial profitabel wiederverwertet werden könnte. Bei zurückhaltender Schätzung dieser alten Bits auf etwa ein Fünfzigstel der Kosten für neue Bits wäre ein solcher Katalog zweihundert Millionen Dollar wert. Nicht schlecht.

Die Wiederverwertung geht mit der Geburt jedes neuen Mediums Hand in Hand. Der Film benutzte Theaterstücke, das

Radio strahlte Auftritte aus, und das Fernsehen bediente sich des Films. Also ist nichts Unnatürliches an Hollywoods sehnlichem Wunsch, seine Videoarchive wiederzuverwerten oder sie mit Musik und Text zu kombinieren. Das Problem liegt einfach darin, daß ursprüngliches Multimedia-Material, das aus dem Medium selbst stammt, in diesen Anfangstagen nur sehr schwer zu finden ist.

Ein Informations- und Unterhaltungsangebot, das das neue Medium wirklich ausnutzen und definieren will, muß sich entwickeln können; es benötigt eine Tragezeit, die lang genug ist, sowohl glückliche Nachkommen als auch Fehlgeburten zu verkraften. Konsequenterweise präsentieren sich die Multimedia-Produkte von heute wie Neugeborene mit guten Genen, die aber noch nicht weit genug entwickelt sind, um einen eigenen Charakter und eine kräftige Konstitution zu besitzen. Die meisten der heutigen Multimedia-Anwendungen wirken ein wenig blutarm und stellen kaum mehr als eine Art von Opportunismus dar. Aber wir lernen schnell.

Wenn man die historischen Beispiele als Maßstab nimmt, kann die Inkubationszeit eines neuen Mediums sehr lange währen. Es dauerte viele Jahre, bis man zum erstenmal auf die Idee kam, die Filmkamera zu bewegen, anstatt die Schauspieler sich vor der Kamera bewegen zu lassen. Zweiunddreißig Jahre waren nötig, bis man einen Stummfilm erstmalig mit Ton versah. Im Laufe der Jahre entstanden Dutzende neuer Ideen, die die Medien Film und Video mit einem völlig neuen Vokabular versahen. Dasselbe wird auch im Multimedia-Bereich geschehen. Aber bis wir einen stabilen Grundstock von Konzepten gefunden haben, müssen wir uns durch einen ansehnlichen Rückstau von Archiv-Bits hindurchsehen. Dies mag bei *Bambi*-Bits vielleicht noch amüsant sein, verliert aber jeden Reiz bei *Terminator 2*.

Multimediale Kindernahrung in Form einer CD-ROM (das heißt in Form von Atomen) funktioniert deshalb so gut, weil ein Kind dazu bereit ist, sich dieselbe Geschichte immer wieder anzusehen. 1978 erwarb ich einen der ersten Pioneer LaserDisc Player [Bildplattenspieler, Anm. d. Übers.] und stellte ihn zu Hause auf. Zu diesem Zeitpunkt gab es nur einen Film auf Laserdisc: *Auf dem Highway ist die Hölle los*. Mein damals acht Jahre alter Sohn war fest entschlossen, sich diesen Film Hunderte von Malen anzusehen; es ging so weit, daß er falsche Schnittfolgen entdeckte (Jackie Gleason im ersten Bild auf einer Seite der Autotür und ein Bild später auf der anderen Seite), die dem Betrachter bei dreißig Bildern pro Sekunde einfach entgehen. Bei einer späteren Veröffentlichung – *Der weiße Hai* – entdeckte mein Sohn das Drahtgestell des Hais: Er ließ den Film in Einzelbildern ablaufen, was ihn viele Stunden beschäftigt hielt.

Während dieser Zeit galt Multimedia als Ausdruck für schicke elektronische Nightclubs, mit Stroboskoplichtern und viel Glitter. Der Begriff hatte den Beiklang von Rockmusik plus Lightshow. Ich wurde ausdrücklich darum gebeten, das Wort »Multimedia« aus einem Konzept für das Verteidigungsministerium zu entfernen. Die Mitarbeiter befürchteten, daß sie sich damit den berüchtigten Golden Fleece Award von Senator William Proxmire einhandeln würden, eine jährlich verliehene Auszeichnung für das überflüssigste, mit Regierungsmitteln geförderte Projekt, und die damit verbundene negative Presse. (Im Dezember 1979 hatte das damalige Erziehungsministerium weniger Glück, als einer seiner Forscher den Preis gewann. Er hatte 212 592 Dollar für die Entwicklung eines »Curriculum-Pakets« ausgegeben, mit dessen Hilfe amerikanische Studenten lernen sollten, wie man fernsieht.)

Aber die Leute schnappten erstaunt nach Luft, als wir eine

durchgehend farbige und illustrierte Textseite auf einem Computerbildschirm präsentierten und sich die Illustration durch einen Fingerdruck in einen synchron vertonten Film verwandelte. Einige der besten heutigen Multimedia-Titel sind qualitativ verbesserte Neuauflagen weniger professionell gemachter, aber zukunftsweisender Experimente aus dieser Zeit.

Die Geburt von Multimedia

In der Nacht des 3. Juli 1976 führten israelische Truppen auf dem Flughafen von Entebbe, Uganda, eine außergewöhnlich erfolgreiche Militäraktion durch, in deren Verlauf sie einhundertdrei Geiseln retteten. Diese waren von einer palästinensischen Terrorgruppe gefangengehalten worden, der Diktator Idi Amin seinen Schutz zugesichert hatte. Die einstündige Operation kostete zwanzig bis vierzig ugandische Soldaten und sämtliche sieben Luftpiraten das Leben. Nur ein israelischer Soldat und drei Geiseln waren ebenfalls getötet worden. Diese Aktion beeindruckte die amerikanische Armee so stark, daß sie die Advanced Research Projects Agency [ARPA, Amt für weiterführende Forschungsprojekte, Forschungsinstitution des US-Verteidigungsministeriums, Anm. d. Übers.] mit der Untersuchung und Entwicklung elektronischer Systeme beauftragte, mit deren Hilfe amerikanische Kommandoeinheiten ein ähnliches Training absolvieren konnten wie die Israelis vor ihrem Erfolg in Entebbe.

Die Israelis hatten zu diesem Zweck in der Wüste ein maßstabsgetreues physisches Modell des Flughafens von Entebbe aufgebaut (was relativ einfach für sie war, da israelische Ingenieure diesen Flughafen zu einer Zeit entworfen hatten, als beide Staaten noch freundschaftliche Beziehungen unterhielten). Neben Starts und Landungen übten die Kommandos dort auch simulierte Angriffe auf diese exakte Nachbildung. Als sie in Uganda einflogen und der »Wirklichkeit« begegneten, besaßen die Männer einen außergewöhnlich genauen räumlichen und auf Erfahrungswerten beruhenden Ortssinn, der es ihnen erlaubte, sich wie Einheimische zu bewegen. Eine einfache, aber großartige Idee.

Aber diese Idee einer naturgetreuen Verkörperung war nicht unbegrenzt erweiterbar. Wir konnten nicht einfach jede mögliche Geiselsituation oder alle potentiellen Terroristenziele wie Flughäfen oder Botschaften nachbauen. Für ein solches Vorhaben benötigten wir den Computer. Wieder einmal ging es um Bits, nicht um Atome. Aber eine reine Computergrafik, wie sie in Flugsimulatoren eingesetzt wird, reichte für den angestrebten Zweck nicht aus. Jedes wie auch immer geartete System dieser Art würde den ganzen Fotorealismus eines Hollywoodstudios benötigen, damit sich ein Ortssinn und ein Gefühl für die unmittelbare Umgebung entwickeln konnten.

Meine Kollegen und ich fanden eine einfache Lösung: Mit Hilfe von Bildplatten konnte der Benutzer Gänge oder Straßen entlangfahren, so als ob sein Fahrzeug sich in diesen Gängen oder auf diesen Straßen bewegen würde. Als Modell entschieden wir uns für Aspen (und riskierten den Golden Fleece), eine Stadt von überschaubarer Größe und gewöhnlichem Straßennetz, deren Einwohner entspannt genug waren, um sich nicht über einen selbstgebastelten Filmtransporter aufzuregen, der zu verschiedenen Jahreszeiten mehrere Wochen lang alle Straßen des Ortes abfuhr.

Die Arbeitsweise unseres Systems war einfach. Wir filmten jede Straße in beiden Richtungen mit einer Geschwindigkeit von einem Bild pro Straßenmeter. Auf die gleiche Weise wurde jede Kurve in beiden Richtungen gefilmt. Da wir die geraden Straßenabschnitte auf eine Bildplatte und alle Kurven auf eine zweite Bildplatte speicherten, konnte der Computer dem späteren Betrachter einen nahtlosen Fahreindruck vermitteln. Während der Fahrer an eine Straßenkreuzung kam und dabei Bilder von Plattenspieler 1 sah, stellte Plattenspieler 2 bereits seine Bilder der Kreuzung zur Verfügung, die er sofort abspielte, wenn der Fahrer sich für ein Abbiegen nach links oder rechts entschied. In diesem Zeitraum konnte Plattenspieler 1 in Ruhe die Abbildungen der geraden Straßenabschnitte suchen, in die sich der Fahrer nun begab; nach dem Ende der Kurve war er also in der Lage, nahtlose Bilder des neuen Straßenabschnitts zu liefern.

Im Jahre 1978 galt das Aspen-Projekt als pure Zauberei. Man konnte aus dem Seitenfenster schauen, vor einem Gebäude wie etwa der Polizeistation anhalten, hineingehen, eine Unterhaltung mit dem Polizeichef führen, sich in verschiedene Jahreszeiten versetzen, Gebäude wie vor vierzig Jahren sehen, an einer Stadtrundfahrt teilnehmen, mit dem Helikopter über die Landkarte fliegen, die Stadt zum Leben erwecken, in eine Bar gehen und bei all dem eine Spur (wie einen Ariadnefaden) hinterlassen, mit dessen Hilfe man zum Ausgangspunkt zurückfand. *Multimedia* war geboren.

Das Projekt war so erfolgreich, daß das Militär Zulieferfirmen damit beauftragte, einsatzfähige Prototypen für die Praxis zu bauen, mit deren Hilfe Flughäfen und Botschaften gegen Terroristen geschützt werden sollten. Ironischerweise gab man Teheran als einen der ersten »Drehorte« in Auftrag – leider nicht früh genug.

Beta der neunziger Jahre

Heute umfaßt das Angebot an Multimedia hauptsächlich Unterhaltungsprodukte in Form von CD-ROM-Titeln, die mittlerweile die Mehrzahl aller Amerikaner zwischen fünf und zehn Jahren und eine steigende Zahl von Erwachsenen kennengelernt haben. 1994 wurden in den USA zum Weihnachtsverkauf über zweitausend CD-ROM-Titel angeboten. Die heutige »Weltbevölkerung« sämtlicher CD-ROM-Anwendungen wird auf mehr als zehntausend Stück geschätzt. Im Jahre 1995 wird nahezu jeder verkaufte Computer ein CD-ROM-Laufwerk besitzen.

Eine ausschließlich als Festspeicher (= Read-Only Memory, abgekürzt ROM) genutzte CD besitzt heute eine Speicherkapazität von 5 Milliarden Bits (wobei man nur eine Seite verwendet, da dies die Herstellung vereinfacht). Diese Kapazität wird sich in den nächsten Jahren auf 50 Milliarden pro Seite erhöhen. Aber selbst 5 Milliarden sind eine ungeheure Zahl, wenn man bedenkt, daß eine Ausgabe des *Wall Street Journal* ungefähr 10 Millionen Bits enthält (also könnte eine CD-ROM etwa zwei Jahrgänge aufnehmen). Anders betrachtet ließen sich auf einer CD etwa hundert Klassiker oder fünf Jahre Lesestoff unterbringen – für diejenigen, die zwei Romane pro Woche lesen.

Aus einer anderen Perspektive sind fünf Milliarden keine allzu große Zahl; umgerechnet ergibt sich eine Stunde komprimierter Videofilm. So gesehen kann man diese Menge geradezu bescheiden nennen. Ein wahrscheinlich kurzfristiges Ergebnis dieses Gedankengangs ist die Tatsache, daß die meisten CD-ROM-Titel eine Menge Text – besonders ökonomisch aus Sicht der Bits –, viele Einzelaufnahmen, wenig Ton und nur Bruchstücke von Videofilmen enthalten. Ironischerweise sind wir daher beim Betrachten einer CD-ROM gezwungen, nicht weniger, sondern mehr zu lesen.

Die langfristigen Perspektiven von Multimedia basieren jedoch nicht auf diesem eine Mark teuren Stück Kunststoff – egal ob 5 Milliarden oder 50 Milliarden Bits –, sondern auf einem ständig anwachsenden Netz rechnerabhängiger Systeme, deren Kapazität letztendlich grenzenlos ist. Louis Rossetto, der Gründer der Zeitschrift *Wired*, bezeichnet die CD-ROM als das »Beta der neunziger Jahre« und bezieht sich damit auf den heute nicht mehr existenten ehemaligen Videostandard Betamax. Er hat sicherlich recht mit der Bemerkung, daß sich Multimedia langfristig zu einem vornehmlich rechnergestützten Phänomen entwickeln wird. Aber selbst wenn die Kosten für einen ans Netz angeschlossenen Rechner anders sind als für eine eigene CD-ROM, bleibt in puncto Breitbandzugriff die Funktionalität bei beiden gleich.

Auf jeden Fall erleben wir grundlegende redaktionelle Veränderungen, da es im Bereich von Tiefe und Breite nicht mehr länger »entweder/oder« heißen muß. Wenn Sie eine gedruckte Enzyklopädie, einen Weltatlas oder ein Buch über das Tierreich kaufen, erwarten Sie relativ oberflächliche, aber breitgefächerte Informationen zu einer Vielzahl von Themen. Kaufen Sie im Gegensatz dazu ein Werk über Wilhelm Tell, die Aleuten oder über Känguruhs, erwarten Sie eine tiefschürfende Abhandlung über die Person, den Ort oder das Tier. In der Welt der Atome verhinderten physikalische Grenzen ein Miteinander von Breite und Tiefe in ein und demselben Werk – ein solches Buch müßte einen Kilometer dick sein!

In der digitalen Welt verschwindet das Tiefe/Breite-Problem, so daß Leser und Autoren sich wesentlich freier zwischen allgemeiner Sach- und spezifischer Fachinformation hin- und herbewegen können. Die Idee des »Erzähl-mirmehr-darüber« ist im Grunde ein wichtiger Bestandteil von Multimedia und der Ursprung von Hypermedia.

Bücher ohne Seiten

Hypermedia ist eine Weiterentwicklung von Hypertext und bezeichnet hochgradig miteinander verbundene, berichtende oder verknüpfte Information. Die Idee wurde von Douglas Englebart bei seinen Experimenten am Stanford Research Institute entwickelt und erhielt ihren Namen um 1965 durch die Arbeiten von Ted Nelson, der sich an der Brown University damit befaßte. Die Sätze, Abschnitte, Seiten und Kapitel eines gedruckten Buches folgen aufeinander in einer Ordnung, die nicht nur vom Autor, sondern auch vom fortlaufenden physischen Aufbau des Buches selbst bestimmt wird. Auch wenn ein Buch einen zufälligen Zugriff ermöglicht und unsere Augen es relativ willkürlich durchblättern können, bleibt es trotzdem für immer auf die Grenzen dieser drei physikalischen Dimensionen beschränkt.

In der digitalen Welt ist dies nicht der Fall: Der Raum für Informationen wird in keiner Weise von drei Dimensionen eingeschränkt. Hier kann sich eine Idee oder ein Gedankengang als multidimensionales Netzwerk präsentieren, mit Verweisen zu weiteren Entwicklungen oder Argumenten, die sich wiederum heranrufen oder ignorieren lassen. Die Struktur eines digitalen Textes sollte man sich wie ein kompliziertes Atommodell vorstellen: Teile von Informationen können zurückgerufen, Sätze beliebig erweitert und unbekannte Worte sofort mit Definitionen versehen werden. (Ich hoffe, daß Sie bei der Lektüre dieses Buches noch nicht allzuoft auf eine solche Funktion zurückgreifen mußten.) Verknüpfungen die-

ser Art ließen sich entweder zum Zeitpunkt der »Veröffentlichung« vom Autor einbauen oder im Laufe der Zeit von den
Lesern.

Man könnte Hypermedia als eine Sammlung »elastischer«
Botschaften begreifen, die sich je nach der Handlungsweise
des Lesers ausdehnen oder zusammenpressen lassen. Ideen
können entfaltet und auf vielfachen Detailebenen betrachtet
werden. Das beste Äquivalent aus Papier, das mir dazu einfällt,
ist der Adventskalender. Aber wenn Sie eines der kleinen
elektronischen (im Gegensatz zu papiernen) Türchen öffnen,
könnte dahinter – abhängig von der Situation – ein neuer
Handlungsstrang beginnen oder, wie bei den Spiegeln eines
Friseurladens, ein Bild in einem Bild in einem Bild…

Interaktion ist die Voraussetzung für alle Arten von Multimedia. Wenn die voraussichtliche Erfahrung nur eine passive
wäre, würden auch Fernsehprogramme mit Überschriften
oder Filme mit Untertiteln dieser Definition einer Kombination aus Video, Audio und Daten entsprechen.

Zu den Multimedia-Produkten gehören sowohl interaktives
Fernsehen als auch videofähige Computer. Wie bereits gesagt,
wird der Abstand zwischen diesen beiden Systemen immer
geringer, bis er eines Tages überhaupt nicht mehr vorhanden
ist. Viele Menschen (vor allem Eltern) denken beim Ausdruck
»interaktives Video« an Nintendo, Sega und andere Hersteller
von »Ruck-zuck«-Spielen. Einige dieser elektronischen Spiele
können körperlich so anstrengend sein, daß man sich einen
Jogginganzug überstreifen sollte, wenn man mitmachen will.
Aber das Fernsehen der Zukunft wird von seinen Zuschauern
nicht notwendigerweise die Hyperaktivität von RoadRunner
oder die Ausdauer von Jane Fonda verlangen.

Heute ist Multimedia ein Arbeitsplatz- oder Wohnzimmer-
erlebnis – vor allem weil die Maschinen so klobig sind. Selbst

das Muschelschalendesign eines Laptops eignet sich nicht für individuelle, persönliche Informationsanwendungen. Dies wird sich erst mit Hilfe von kleinen, schlauen, dünnen, flexiblen und hochauflösenden Bildschirmen (oder Displays) radikal verändern. Damit entwickelt sich Multimedia zu einer Art von Buch, mit dem man sich ins Bett kuschelt, um sich zu unterhalten oder eine Geschichte zu hören. Eines Tages wird Multimedia so zart, delikat duftend und kostbar sein wie feines Papier und edles Leder.

Aber Multimedia beinhaltet mehr als nur eine private Weltausstellung oder ein *son et lumière* der Informationen, zusammengesetzt aus festen Bestandteilen von Audio, Video und Daten. In Wirklichkeit bewegt sich dieser Bereich immer mehr in Richtung eines ungehinderten Austauschs zwischen den Anwendungen.

Medienlosigkeit

In einer digitalen Welt ist das Medium nicht die Botschaft – es ist nur ein mögliches Ausdrucksmittel. Eine Botschaft kann verschiedene Verkörperungen annehmen, die alle von denselben Daten ausgehen. In der Zukunft werden Sendestationen einen Strom von Daten verschicken, die der Empfänger – wie beim Beispiel des Wetters – auf unterschiedliche Art und Weise umsetzen kann. Der Zuschauer ist dann in der Lage, dieselben Bits aus mehreren Perspektiven zu betrachten. Nehmen wir als Beispiel ein Sportereignis.

Die empfangenen Fußball-Bits können durch ein Computer-TV-Gerät umgesetzt werden, so daß Sie das Spiel als Video sehen, es durch die Stimme eines Kommentators hören oder in Form von Spieldiagrammen durchschauen können. In jedem Fall handelt es sich um dasselbe Spiel und denselben Pool von Bits. Wenn diese Bits in einen reinen Audiomodus umgesetzt werden, ist man durch das akustische Medium gezwungen, sich den Spielablauf vorzustellen (kann dabei aber gleichzeitig Auto fahren). Wenn die Bits als Video ausgegeben werden, bleibt der Phantasie weniger Spielraum, aber die Spieltaktiken sind nur schwer nachzuvollziehen (aufgrund des Durcheinanders auf dem Feld oder der übereinanderliegenden Menschenhaufen). Wenn die Bits in Form von Spieldiagrammen digitalisiert werden, sind die Angriffs- und Verteidigungszüge auch für den Zuschauer deutlich. Natürlich ist ein Wechsel zwischen den drei Wiedergabemöglichkeiten am ehesten anzunehmen.

Nehmen wir als weiteres Beispiel eine CD-ROM über Insektenkunde. Ihre Struktur wird eher einem Erlebnispark ähneln als einem Buch, so daß verschiedene Menschen sie auf unterschiedliche Art und Weise erforschen können. Die Darstellung eines Moskitos ließe sich am besten mit Hilfe einer Zeichnung wiedergeben, sein Flug durch einen Film und sein Geräusch (offensichtlich) durch ein Klangbeispiel. Aber diese drei Verkörperungen benötigen keine unterschiedliche Datenbasis oder einzeln angefertigte Multimedia-Anwendungen. Sie könnten alle aus einer einzigen Grundform stammen oder aus einem Medium in ein anderes übertragen werden.

Der Begriff »Multimedia« sollte auch die Vorstellung von fließenden Übergängen von einem Medium zum nächsten beinhalten. Auf diese Weise kann die gleiche Sache auf unterschiedliche Weise betrachtet werden und sich an verschiedene Sinne des Menschen wenden. Wenn Sie etwas nicht beim ersten Mal verstanden haben, vermag ich (die Maschine) es Ihnen auch mit Hilfe eines Zeichentrickfilms oder eines 3-D-Diagramms zu erklären. Dieser Wechsel der Ausdrucksmöglichkeiten kann von Filmen, die sich selbst mit einem kleinen Text erklären, bis hin zu Büchern reichen, deren sanfte Vorlesestimme immer dann lauter wird, wenn Sie einzunicken drohen.

Ein Durchbruch im Bereich des automatischen fließenden Übergangs von einem Medium zum anderen wurde kürzlich von Walter Bender und seinen Studenten am Media Lab mit der Entwicklung der sogenannten *salient stills* (hervorragende Standfotos) erzielt. Ihre Ausgangsfrage lautete: Wie kann man einige Sekunden Videofilm zusammenfassen und als einzelnes Standfoto ausdrucken, so daß die Bildauflösung des Standfotos deutlich besser ist als die des einzelnen Videobilds? Ein Einzelbild eines 8-mm-Videofilms (über zweihundert Zeilen) besitzt eine sehr niedrige Auflösung im Vergleich zu einem 35-mm-Dia (mehrere tausend Zeilen). Die Antwort lag darin, der Bildauflösung die zeitliche Komponente zu nehmen und gleichzeitig mehrere Bilder darzustellen, die zeitlich vor und nach dem Einzelbild zu sehen waren.

Die Forschungen führten zu einem Herstellungsverfahren, mit dessen Hilfe sich aus miserablen 8-mm-Aufnahmen Videofotos von höchster Qualität (das heißt ein Kodacolorabzug von 90 × 120 cm) anfertigen lassen. Diese Einzelaufnahmen besitzen eine Bildauflösung von über fünftausend Zeilen. Das bedeutet, daß sich Milliarden von Stunden 8-mm-Amateurvideos, die in den Schuhkartons sämtlicher amerikanischer Häuser lagern, in Porträtaufnahmen, Weihnachtskarten oder Abzüge für ein Fotoalbum verwandeln lassen, und zwar mit einer wesentlich höheren Auflösung als ein gewöhnlicher 35-mm-Schnappschuß. Sie können Schlagzeilen direkt aus den Filmmetern von CNN kopieren und auf die Titelseite Ihrer eigenen Zeitung oder auf das Cover von *Time* drucken, ohne dabei zu den groben Bildern greifen zu müssen, die wir dort manchmal sehen und die die Welt so verschwommen erscheinen lassen wie der Blick durch einen Ventilatorkasten.

Tatsächlich zeigt der fertige Abzug ein Foto, das nie existiert hat. Er repräsentiert ein Standbild aus vielen Sekunden Film. Während dieser Zeit können sich sowohl die Kamera als auch das Objekt bewegt oder verändert haben. Aber das fertige Bild ist scharf, ohne verschwommene Konturen, und es besitzt eine hervorragende Bildauflösung. Der Inhalt eines solchen Standfotos reflektiert in einem gewissen Grad die Absichten des Filmmachers, da hier eine höhere Bildauflösung an Stellen erreicht wird, an die sich die Kamera herangezoomt hat, und aufgrund von Kameraschwenks auch ein erweiterter Sichtbereich festgehalten ist. Bei Benders Verfahren entfallen bewegliche Bildelemente – zum Beispiel ein Mensch, der über eine Bühne läuft – zugunsten von zeitweilig unbeweglichen Bildkomponenten.

Dieses Beispiel von Multimedia beinhaltet die Übersetzung von einer Dimension (Zeit) in eine andere (Raum). Ein weiteres einfaches Beispiel für eine solche Übersetzung wäre eine Rede (die akustische Dimension), die für einen späteren Abdruck (die textliche Dimension) niedergeschrieben wird: Hier deutet die Zeichensetzung den ungefähren Tonfall der Rede an. Ähnlich verhält es sich auch mit dem Manuskript für ein Theaterstück, bei dem die gesprochenen Zeilen von vielen Bühnenanweisungen begleitet werden, mit deren Hilfe eine ganz bestimmte Atmosphäre erzeugt werden soll. Diese Formen von Multimedia bleiben häufig unbeachtet; aber auch sie sind Teil eines sehr großen Spektrums.

Das Bit-Busineß

Eine kleine Bit-Musik

Ich betrachte mich selbst als Extremisten, wenn es um die Vorhersage und den Beginn von Veränderungen geht. Aber bei technologischen Neuerungen oder neuen Durchführungsbestimmungen und Dienstleistungsangeboten bewegen sich die Dinge schneller, als sogar ich es mir vorstellen kann – offensichtlich gibt es keine Geschwindigkeitsbeschränkungen auf der Datenautobahn. Es ist wie eine Fahrt auf der Autobahn bei zweihundert Stundenkilometern: Wenn man sich gerade wie der schnellste Mensch der Welt vorkommt, *wwwuuusch*, zischen erst ein, dann zwei, dann drei Mercedes an einem vorbei, die mindestens zweihundertfünfzig Sachen schnell sind. So ist das Leben auf der Überholspur der Datenautobahn.

Obwohl Veränderungen heute schneller als jemals zuvor geschehen, wird die Entwicklung weniger durch wissenschaftliche Durchbrüche wie den Transistor, den Mikroprozessor oder die Glasfaser vorangetrieben als durch neue Anwendungsmöglichkeiten wie den tragbaren Computer, weltweite Netzwerke und Multimedia. Dies liegt zum Teil an den unglaublichen Kosten der Produktionsanlagen für moderne Computerchips, die ständig nach neuen Anwendungen für ihre immer besseren Computer und Speichermöglichkeiten verlangen. Ein anderer Grund ist aber auch, daß wir in vielen Bereichen der Hardware die physikalischen Grenzen beinahe erreicht haben.

Ein Lichtstrahl benötigt für eine Strecke von dreißig Zentimetern etwa ein Milliardstel einer Sekunde – ein Wert, der sich in absehbarer Zeit nicht verändern wird. Durch den Bau immer kleinerer Computerchips läßt sich deren Geschwindigkeit geringfügig erhöhen; wenn wir allerdings bei der Gesamtrechenleistung unserer Computer einen entscheidenden Durchbruch erzielen wollen, müssen wir neue Lösungen finden und dafür zum Beispiel viele Computer gleichzeitig rechnen lassen. Die entscheidenden Veränderungen im Bereich Computer und Telekommunikation finden momentan bei den Anwendungen statt und entspringen eher grundlegenden menschlichen Bedürfnissen als neuartigen Werkstoffen – eine Entwicklung, die auch in der Wall Street (dem amerikanischen Finanzzentrum) nicht unbemerkt geblieben ist.

Bob Lucky, ein vielgepriesener Autor, Ingenieur und Direktor für angewandte Forschungen bei Bellcore (dem ehemaligen Forschungszweig der sieben regionalen Bell-Telefongesellschaften), bemerkte vor kurzem, daß er sich über die neuesten technischen Entwicklungen nicht mehr mit Hilfe wissenschaftlicher Publikationen auf dem laufenden hält, sondern bei solchen Fragen lieber das *Wall Street Journal* zu Rate zieht. Wenn man sich über die Zukunft der »Bit-Industrie«

genau informieren will, sollte man das Dreibeinstativ seines Teleskops, mit dem man die unternehmerische, geschäftliche und rechtliche Landschaft der Vereinigten Staaten betrachtet, mit je einem Fuß in die New York Stock Exchange, in die American Stock Exchange [die beiden größten Wertpapierbörsen des Landes, Anm. d. Übers.] und in den Börseninformationsdienst NASDAQ stellen.

Nachdem der Kampf von QVC und Viacom um die Paramount-Filmgesellschaft beendet war, erklärten die Wirtschaftsanalytiker den Sieger zum eigentlichen Verlierer. Der Umsatz der Paramount ging nach dem Beginn des wechselseitigen Werbens weiter zurück; dennoch bleibt es ein hervorragender Fang für Viacom, da diese Firma nun über ein noch breiteres Angebot von Bits verfügt. Sowohl Sumner Redstone als auch Barry Diller wissen, daß eine Firma, die nur eine Art von Bits herstellt, für die Zukunft nicht sehr gut gerüstet ist. Die Paramount-Verhandlungen gingen um Bits, nicht um Egos.

Der Wert eines Bits wird zu einem Großteil von der Frage, ob sich dieses Bit mehrfach verwenden läßt, bestimmt. In dieser Hinsicht ist ein Mickymaus-Bit wahrscheinlich sehr viel wertvoller als ein Forrest-Gump-Bit; Micky-Bits werden sogar in Form von Dauerlutschern angeboten (eßbare Atome). Darüber hinaus erneuert sich Disneys fester Kundenstamm mit einer Geschwindigkeit, die eine Rate von 12 500 Geburten pro Stunde übersteigt. Im Jahre 1994 war der Marktwert der Disney Corporation um zwei Millarden größer als der der Telefongesellschaft Bell Atlantic – und dies, obwohl Bell 50 Prozent mehr Umsatz und doppelt so hohe Gewinne verzeichnete.

Der Transport von Bits

Der Transport von Bits ist eine noch härtere Branche als das Fluggeschäft mit seinen ständigen Preiskämpfen. Das Telekommunikationsbusineß wird so stark reglementiert, daß die regionale New Yorker Telefongesellschaft NYNEX gezwungen ist, ihre Telefonzellen in den dunkelsten Ecken von Brooklyn aufzustellen (wo sie keine achtundvierzig Stunden überleben), während ihre Konkurrenten auf dem freien Markt Telefonzellen ausschließlich auf der Fifth oder der Park Avenue und in den VIP-Lounges der Flughäfen unterhalten.

Problematischer scheint aber, daß die gesamte Preisgestaltung im Bereich der Telekommunikation auseinanderzufallen droht. Die heutigen Tarife, die pro Minute, pro Kilometer oder pro Bit abgerechnet werden, entwickeln sich mehr und mehr zu Scheinrechnungen. Das jetzige System wird auseinandergerissen von immer extremeren Zeiteinheiten (eine Mikrosekunde bis zu einem Tag), Entfernungen (ein paar Meter bis zu achtzigtausend Kilometern) und Bit-Mengen (ein bis zwanzig Millionen). Als diese Unterschiede noch nicht so ausgeprägt waren, ließ sich mit dem alten Modell relativ gut arbeiten. Wenn man ein 9 600 Baud schnelles Modem benutzte, zahlte man 75 Prozent weniger Verbindungszeit als mit einem 2 400-Baud-Modem. Wen interessierte das?

Heute ist die Spanne riesig, und es interessiert jeden. Von der Übertragungsgeschwindigkeit und der Anzahl der Bits einmal abgesehen – werde ich wirklich denselben Preis für einen zweistündigen Film zahlen wie für dreißig Vierminutengespräche? Wenn ich ein Fax mit 1,2 Millionen Bps übertragen kann, werde ich wirklich nur $\frac{1}{125}$ der heutigen Kosten bezahlen? Wenn ich eine 16 000-Bps-Stimmübertragung an einen im ADSL-Verfahren übertragenen Film anhängen kann, werde ich wirklich nur zehn Pfennig für eine zweistündige Unterhaltung bezahlen müssen? Wenn meine Schwiegermutter aus dem Krankenhaus entlassen wird und einen Herzschrittmacher mit Fernüberwachung eingepflanzt bekommen hat, der eine offene Leitung zum Krankenhaus benötigt, damit die dort eintreffenden, zufällig verteilten 6 Bits pro Stunde überwacht werden können, werden diese Bits ebenso abgerechnet wie die 12 Milliarden Bits in *Vom Winde verweht*? Stellen Sie sich dieses Wirtschaftsmodell einmal vor!

Aus diesen Gründen müssen wir ein etwas intelligenteres Modell entwickeln, dessen Kontrollvariablen und Berechnungsgrundlagen nicht Zeit, Entfernung oder die Anzahl der Bits sein dürfen. Vielleicht sollte die Bandbreite frei sein, damit wir Filme, in beschränktem Maß Gesundheit oder Dokumente entsprechend ihres Eigenwertes (und nicht dem des Kanals) kaufen können. Alles andere wäre ebenso unzumutbar, wie ein Spielzeug nach der Anzahl seiner Atome kaufen zu müssen. Es ist an der Zeit zu begreifen, was Bits und Atome bedeuten.

Wenn das Management einer Firma für Telekommunikation seine langfristige Verkaufsstrategie ausschließlich auf den Transport von Bits ausrichtet, handelt es nicht zum Vorteil seiner Anteilseigner. Der Besitz von Bits, der Rechte an den Bits oder eine deutliche Wertsteigerung der Bits muß ebenfalls Teil der Strategie sein; andernfalls bleibt keine Rechtfertigung für eigene Preisaufschläge. Die Telefongesellschaften würden auf einer Dienstleistung festsitzen, die sich sehr schnell zu einem Gebrauchsgegenstand entwickelt, wobei der Preis aufgrund des konkurrierenden Angebots und einer immer größeren Bandbreite ins Bodenlose fällt. Aber es gibt einen Haken.

Als ich ein Kind war, haßte jedermann die Telefongesellschaft (als Erwachsener habe ich die Versicherungsgesellschaften an die Spitze dieser Liste gesetzt). Jedes schlaue Fünfzigerjahrekind hatte seinen eigenen Trick oder seine Masche, und es galt fast schon als sportlich, die Telefongesellschaft übers Ohr zu hauen. Heutzutage nehmen die Kabelgesellschaften diesen Ehrenplatz ein, denn viele Kabelbetreiber bieten schlechten Service, während sie gleichzeitig die Preise erhöhen. Darüber hinaus gehören die Kabelgesellschaften nicht zu den »öffentlichen Transportmitteln«; sie kontrollieren alles, was durch ihre Kabel fließt.

Die Kabelindustrie hat von den vielen Vorteilen eines freien Marktes profitiert, der ursprünglich nur aus einem Flickmuster von lokalen Anbietern bestehen sollte. Erst als die einzelnen Franchisenehmer zu fusionieren begannen und sich nationale Kabelgesellschaften bildeten, fiel den Leuten auf, daß diese Gesellschaften nicht nur die Telekommunikationskanäle, sondern auch deren Inhalte kontrollierten. Im Gegensatz zur Telefongesellschaft waren sie – außer für spezielle lokale und kommunale Zwecke – nicht dazu verpflichtet, ein freies Durchgangsrecht einzuräumen.

Die rechtliche Ordnung der Telefonindustrie beruht auf einem einfachen Prinzip: Jeder darf das Telefonnetz benutzen. Aber es ist nicht klar, was in einem Breitbandsystem geschehen würde, wenn dieses mehr den heutigen Kabelnetzen als dem Telefonnetz gleicht. Der Kongreß fragt sich besorgt, ob ein Kanalbesitzer alle Besitzer von Inhalten gleich objektiv behandeln würde, wenn man ihm freie Hand gibt. Aber wenn Sie sowohl Inhalte als auch Kanäle besäßen, könnten Sie dann neutral und unparteiisch bleiben?

Anders ausgedrückt: Wenn AT & T und Disney fusionieren, was würde die neue Firma den Kindern leichter zugänglich machen – Bugs Bunny oder Mickymaus?

Grünere Bits

Als Bell Atlantic im Herbst 1993 bekanntgab, daß man für 21,4 Milliarden Dollar den Kabelgiganten Tele-Communications Inc. (TCI) kaufen wolle, nahmen die weisen Männer der Datenautobahn dies als Zeichen, daß die Digitalzeit nun endlich begonnen hatte. Die Autobahn war für den Verkehr freigegeben.

Aber diese Fusion war ein Schlag ins Gesicht des gesunden Menschenverstands und spottete jeder rechtlichen Logik. Telefon- und Kabelgesellschaften hatten sich seit jeher als Erzrivalen geriert, die Gesetzgebung verbot die meisten dieser Mitinhaberschaften, und Ringe und Sterne ließen sich angeblich so schlecht mischen wie Öl und Wasser. Selbst der reine Umfang der Investition ließ allerorts die Kinnladen herunterklappen.

Als die Verhandlungen zwischen Bell Atlantic und TCI vier Monate später scheiterten, schlug das Pendel weit zur anderen Seite aus, und Kommentare über einen »Baustopp« oder eine »Stillegung« der Datenautobahn wurden laut. Plötzlich war das digitale Zeitalter wieder verschoben worden, TCIs Aktien fielen um mehr als 30 Prozent, und einige angegliederte Gesellschaften erlebten ebenfalls einen Kurssturz. Der Champagner mußte wieder in die Flaschen zurückgegossen werden.

Meines Erachtens sollte man diesem Unfall keine allzu große Bedeutung beimessen. Letzten Endes hätte das Abkommen zwischen Bell Atlantic und TCI nur eine weitere uninteressante Firmenfusion ergeben. Es war so, als ob zwei Geschäfte für Installationsbedarf, die zuvor völlig unterschiedliche Rohrgrößen führten, sich dazu entschlossen hätten, ihre Lagerbestände zusammenzulegen. Eigentlich hatten diese Gespräche nichts mit der grundlegenden Wechselbeziehung von

Kanälen und Inhalten zu tun oder mit einem Zusammengehen von Bit-Herstellern und Bit-Vertreibern. Aber daß Disney und der Hollywood-Tycoon Michael Ovitz im Jahre 1994 jeweils Partnerschaften mit drei regionalen Telefongesellschaften eingegangen sind – *das* ist eine interessante Nachricht.

Ähnliche Zusammenschlüsse haben auch die Firmen der Unterhaltungselektronik und die Unterhaltungsindustrie angestrebt. Ein solches Konzept ist im Prinzip äußerst wirkungsvoll, hat aufgrund kultureller Unterschiede aber bisher wenig synergetische Wirkung gezeigt. Als Sony zunächst CBS Records und danach Columbia Pictures kaufte, schrie die amerikanische Nation auf. Wie schon beim Verkauf des Rockefeller Center erhob sich auch bei diesen Transaktionen die Frage nach der symbolischen oder realen Kontrolle ausländischer Firmen über ein nationales Kulturgut. Als Matsushita wenig später MCA kaufte, war man noch mehr verblüfft, da der Präsident von MCA, Lew Wasserman, von vielen Beobachtern für den amerikanischsten aller Vorstandsvorsitzenden gehalten worden war. Ich erinnere mich, daß ich kurz nach der ersten Ölkrise die MCA-Zentrale besuchte und dort Aufkleber auf den Fahrstuhlknöpfen entdeckte (eine Botschaft von Lew), auf denen zu lesen war: »Wenn Sie ein Stockwerk hinauf- oder zwei Stockwerke hinuntergehen, helfen Sie Ihrer Gesundheit und Ihrem Land.« Durch diese Verkäufe tritt eine tiefe kulturelle Kluft zutage, nicht nur zwischen japanischen und amerikanischen Auffassungen, sondern auch zwischen Technik und Kunst. Die Auswirkungen sind noch nicht zu spüren, aber ich befürchte, daß es nicht mehr lange dauern wird.

Kulturelle Annäherung

Es existiert ein spürbarer Gegensatz (wenn auch künstlich genährt) zwischen technischen und geisteswissenschaftlichen Fächern, zwischen Wissenschaft und Kunst, zwischen rechter und linker Gehirnhälfte. Der aufblühende Multimedia-Bereich könnte sich allerdings zu einer der Disziplinen entwikkeln, die – wie die Architektur – in der Lage sind, diese Kluft zu überbrücken.

Die Erfindung des Fernsehens war ein rein technisches Gebot der Stunde. Als Pioniere wie Philo Farnsworth und Wladimir Zworkin im Jahre 1929 die ersten elektronischen Bilder in der Größe einer Briefmarke betrachteten, gingen sie daran, diese Technik nur um ihrer selbst willen zu perfektionieren. Zworkin hatte anfangs einige naive Ideen über die Verwendung des Fernsehens, wurde von den späteren Entwicklungen aber schwer enttäuscht.

Jerome Wiesner, der ehemalige Präsident des MIT, erzählte einmal, daß Zworkin ihn eines Samstags im Weißen Haus besucht habe, als Wiesner dort als John F. Kennedys wissenschaftlicher Berater (und enger Freund) fungierte. Wiesner fragte Zworkin, ob er schon einmal den Präsidenten kennengelernt habe. Als Zworkin verneinte, ging Wiesner mit ihm in den anderen Gebäudeflügel, um Kennedy aufzusuchen. Er stellte dem Präsidenten seinen Besucher vor als »der Mann, mit dessen Hilfe Sie gewählt wurden«. Als Kennedy verblüfft fragte: »Wie meinen Sie das?«, erklärte Wiesner: »Dies ist der Mann, der das Fernsehen erfunden hat.« Kennedy wandte sich an Zworkin und sagte, daß es eine großartige und bedeutende Erfindung gewesen sei. Daraufhin antwortete Zworkin trokken: »Haben Sie in letzter Zeit mal ferngesehen?«

Technologische Notwendigkeit – und ausschließlich technologische Notwendigkeit – bildete die Triebfeder bei der Entwicklung des Fernsehens. Das fertige Produkt wurde einer Gruppe von kreativen Talenten mit anderen Wertvorstellungen und einem völlig anderen intellektuellen Hintergrund weitergereicht.

Im Gegensatz dazu wurde die Fotografie von den Fotografen erfunden. Die Menschen, die sich um die Perfektionierung der fotografischen Techniken bemühten, taten dies aus Gründen des künstlerischen Ausdrucks, um die Technik besser auf die Bedürfnisse ihrer Kunstform abstimmen zu können. Bei ihnen waren Mittel und Botschaft eng miteinander verflochten, ähnlich wie bei Liebesromanen, Essays oder Comics, deren Figuren von den Autoren selbst erdacht werden.

Durch den Personalcomputer hat sich die Computerwissenschaft von rein technischen Notwendigkeiten gelöst, und ihre Entwicklung ähnelt nun mehr der der Fotografie. Computer gehören nicht mehr länger in das exklusive Reich von Militär, Regierung und Großindustrie. Der Umgang mit diesen Rechnern liegt heute direkt in den Händen besonders kreativer Individuen aus allen Bereichen der Gesellschaft, so daß sich der Computer immer stärker zu einem schöpferischen Ausdrucksmittel entwickelt – sowohl in seinem Gebrauch als auch in seiner Nutzbarkeit. Auch die Ausdrucksformen von Multimedia werden letztendlich aus einer Mischung von technischen und künstlerischen Errungenschaften bestehen. Die treibende Kraft auf diesem Weg sind die Verbraucherprodukte.

Das Geschäft mit Computerspielen (15 Milliarden Dollar weltweit) ist ein gutes Beispiel für diese These. Computerspiele repräsentieren eine Industrie, die größer ist und schnellere Wachstumsraten besitzt als die amerikanische Filmindustrie. Die Spielefirmen treiben die Entwicklung der

Displaytechnologie so schnell voran, daß binnen kurzer Zeit virtuelle Welten zu einem kleinen Preis »Wirklichkeit« werden, obwohl selbst die NASA für ein (mit mäßigem Erfolg durchgeführtes) Experiment mehr als 200 000 Dollar investierte. Für den 15. November 1994 hat Nintendo ein Virtual-Reality-Spiel namens Virtual Boy angekündigt.

Der schnellste Intel-Prozessor ist heute in der Lage, rund 100 Millionen Instruktionen pro Sekunde (MIPS) auszuführen. Im Vergleich dazu hat Sony vor kurzem eine 200 Dollar teure »Playstation« mit einer Rechengeschwindigkeit von 1 000 MIPS auf den Markt gebracht. Was geht hier vor? Die Antwort ist einfach: Unser Durst nach immer neuen Formen der Unterhaltung ist anscheinend unstillbar, und für die neuen 3-D-Spiele in Echtzeit, auf die die Spieleindustrie setzt, benötigt man diese Art von Prozessor und die neuen Displays. Die Anwendung erzeugt die Notwendigkeit.

Ziehen statt schieben

Die größte Leistung von Medienmultis wie Viacom, News Corporation oder dem Herausgeber dieses Buches besteht nicht im Informations- und Unterhaltungsgehalt ihres Angebots, sondern im Vertrieb. Wie bereits gesagt, ist der Vertrieb von Atomen sehr viel komplizierter als der von Bits, und man benötigt dafür die Möglichkeiten einer großen Firma. Dagegen ist die Verteilung von Bits relativ einfach und macht – im Prinzip – riesige Aktiengesellschaften eigentlich überflüssig. Eigentlich.

Dank der *New York Times* habe ich die Artikel des Computerjournalisten und Telekommunikationsfachmannes John Markoff kennen- und schätzengelernt. Ohne die *New York*

Times hätte ich nie etwas von seinen Arbeiten gelesen. Allerdings wäre es jetzt, wo ich Markoff kenne, wesentlich einfacher, wenn ich mit Hilfe eines automatischen Programms jede neuveröffentlichte Markoff-Story sammeln und sie entweder in meiner persönlichen Zeitung ausdrucken oder sie in meine »Unbedingt-lesen«-Datei legen könnte. Vielleicht wäre ich sogar bereit, Markoff die sprichwörtlichen »zwei Cents« für jeden seiner Artikel zu zahlen.

Wenn ein Zweihundertstel der Internet-Bevölkerung des Jahres 1995 diese Idee unterstützen würde, und John 100 Artikel pro Jahr schreibt (tatsächlich veröffentlicht er zwischen 120 und 140), könnte er damit 1 000 000 Dollar pro Jahr verdienen – eine Summe, von der ich annehmen darf, daß sie über seinem Gehalt bei der *New York Times* liegt. Wenn Sie der Ansicht sind, daß ein Zweihundertstel einen zu großen Anteil darstellt, dann warten wir eben noch einen Augenblick. Die Zahlen treffen zu. Sobald jemand in der digitalen Welt einen gewissen Bekanntheitsgrad erreicht hat, wird der Wert eines großen Vertriebssystems immer geringer.

Darüber hinaus müßten der Vertrieb und die Bewegung von Bits mit einem Filter- oder Auswahlverfahren kombiniert werden. Eine Mediengesellschaft fungiert neben anderen Aufgaben auch als Talentscout, und ihre Verteilerkanäle dienen als Prüfstand für die öffentliche Meinung. Ab einem gewissen Punkt allerdings benötigt ein Autor dieses Forum nicht mehr. In der Digitalzeit kann Michael Crichton mit Sicherheit mehr Geld verdienen, wenn er seine Bücher direkt verkauft. Tut uns leid, Knaur.

Die Digitalzeit wird das Wesen der Massenmedien insofern verändern, daß sie die Bits nicht mehr zu den Menschen schieben, sondern den Menschen (oder deren Computern) erlauben, die Bits zu sich herüberzuziehen. Dies ist in der Tat eine radikale Veränderung, da unser gesamtes Medienkonzept auf einer fortlaufenden Reihe von Filtern beruht, die sämtliche Informationen und Unterhaltungsangebote auf eine Sammlung von »schönsten Geschichten« oder »Bestsellern« reduzieren, mit denen man sich an bestimmte »Leserschaften« wendet. Da die Mediengesellschaften, ähnlich wie auf dem Zeitschriftenmarkt, immer mehr zum Narrowcasting (Nahbereichsrundfunk) übergehen, schieben sie ihre Bits speziellen Interessengruppen wie Autoliebhabern, Skiläufern oder Weinkennern zu. Letztens hörte ich sogar von der Idee eines Magazins für Menschen, die an Schlaflosigkeit leiden. (Für eine solche Zeitung wirbt man am besten im Mitternachtsfernsehen, wenn die Preise niedrig sind.)

Die Informationsindustrie entwickelt sich mehr und mehr zu einer Reihe von Einzelhandelsgeschäften. Ihr Marktplatz ist die weltumfassende Datenautobahn. Der Mensch ist der Kunde, und sein Computer tritt als Vermittler auf. Wird der digitale Marktplatz Wirklichkeit? Ja, aber nur, wenn man die Schnittstelle zwischen Mensch und Computer so weit verbessert, daß ein Gespräch mit dem eigenen Computer so einfach ist wie eine Unterhaltung mit einem anderen Menschen.

Teil II: Interface

Wo sich Menschen und Bits begegnen

Tödliche Reaktion

Seit vielen Jahren verbringe ich mindestens drei Stunden pro Tag vor dem Computer, und trotzdem kommt es immer noch zu sehr frustrierenden Augenblicken. Einen Computer zu verstehen ist etwa so einfach, wie seinen eigenen Kontoauszug zu durchblicken. Warum müssen Computer (und Kontoauszüge) so unnötig kompliziert sein? Warum ist es so schwer, digital zu leben?

Sie müssen keineswegs, und es muß auch nicht schwer sein. Die Entwicklung der Computer ist so schnell fortgeschritten, daß wir erst seit kurzem über genügend preiswerte Rechenkapazität verfügen, mit der sich die Interaktion zwischen Ihnen und Ihrem Computer einfacher gestalten läßt. Es galt lange als verschwenderisch, Zeit und Geld in eine Benutzeroberfläche zu investieren: Rechenzyklen waren kostbar und mußten auf das Problem, nicht auf die Person verwendet werden.

Die Wissenschaft versuchte, diese stoischen Oberflächen zu rechtfertigen. Anfang der siebziger Jahre beispielsweise wurde eine Handvoll »wissenschaftlicher« Berichte veröffentlicht, die alle zu der Erkenntnis kamen, daß Schwarzweißbildschirme »besser« seien als Farbmonitore. Farbe ist nicht schlecht. Die Forschergemeinde wollte sich nur gegen den Vorwurf verwehren, keine gute Benutzeroberfläche zu einem angemessenen Preis – oder zynischer: mit Hilfe von etwas Phantasie – herstellen zu können.

Diejenigen von uns, die in den späten sechziger und während der siebziger Jahre an einer Mensch-Computer-Schnittstelle arbeiteten, wurden als Computer-Weichlinge betrachtet und mit offener Verachtung gestraft. Unsere Arbeit hatte nichts mit der »richtigen« Arbeit zu tun, auch wenn dieser Bereich im Laufe der Zeit an Akzeptanz gewann. Um sich vor Augen zu führen, wie wichtig Wahrnehmung, Wirkung und Reaktion sein können, versuchen Sie sich einfach an das letzte Mal zu erinnern, als bei einem von Ihnen gedrückten Fahrstuhlknopf das Licht nicht aufleuchtete (weil wahrscheinlich die Birne durchgebrannt war). Die Frustration ist enorm: Hat er mich gehört? Das Oberflächen- (oder Interface-)Design und seine Funktionen sind von großer Wichtigkeit.

1972 gab es nur 150 000 Computer weltweit, während der Prozessorhersteller Intel in fünf Jahren nach eigenen Schätzungen etwa 100 Millionen Stück pro Jahr verkaufen wird (wobei ich der Meinung bin, daß man dort maßlos untertreibt). Vor dreißig Jahren konnte die Arbeit an einem Computer mit dem Steuern eines Mondlandefahrzeugs verglichen werden: Man betrat das Reich einiger Auserwählter, die speziell in dem ganzen Hokuspokus ausgebildet worden waren, den man für die Bedienung dieser Maschinen benötigte, manchmal mit Hilfe primitiver Sprachen, manchmal auch ohne (nur Kippschalter und blinkende Lichter). Meiner Meinung nach handelte es sich um einen unterbewußten Versuch, diese Dinge weiter mit dem Schleier des Geheimnisvollen zu umgeben; das Ganze erinnerte an das Bildungsmonopol der Mönche oder an seltsame religiöse Rituale des Mittelalters.

Wir zahlen heute noch den Preis dafür

Wenn Menschen über »Look and Feel« eines Computers sprechen, beziehen sie sich meist auf die grafische Benutzeroberfläche, von Eingeweihten auch GUI (Graphical User Interface) genannt. Die Arbeit an einer GUI begann 1971 bei Xerox, kurz danach am MIT und in einigen anderen Firmen, und sie erreichte ihren Höhepunkt ein Jahrzehnt später mit der Präsentation eines vollwertigen Produkts – als Steve Jobs die Klugheit und die Beharrlichkeit besaß, den Macintosh zur Marktreife zu entwickeln. Der Mac war ein bedeutender Schritt vorwärts in Richtung Marktplatz, und im Vergleich dazu ist seit dieser Zeit fast nichts mehr geschehen. Alle anderen Computerfirmen benötigten mehr als fünf Jahre, um Apple zu kopieren, und in manchen Fällen sind ihre Ergebnisse selbst heute noch eher minderwertig.

Die Geschichte der menschlichen Bestrebungen, sich diese Maschine brauchbarer zu gestalten, ist beinahe ausschließlich dem Versuch gewidmet, sensorische Berührungspunkte zu vergrößern und natürlichere Designs zu entwickeln. Dabei galt die Benutzeroberfläche traditionell als Problem des Industriedesigns. Die Entwerfer von Teekannen und Gartenrechen sollten den Handgriff unter Berücksichtigung von Form, Wärmeaustausch und Vermeidung von Blasen überdenken.

Der Entwurf eines Cockpits ist eine schwierige Herausforderung – nicht nur, weil es so viele Schalter, Knöpfe, Skalen und Anzeigen gibt, sondern auch, weil es sehr leicht geschehen kann, daß zwei oder drei Berührungseingaben ähnlicher Art einander behindern. Als sich das Fahrgestell einer Luftverkehrsmaschine nicht ausfuhr, kam es zum Absturz, weil die Stimme des Fluglotsen, die Warntöne der Bordcomputer und die dadurch entstehende Unruhe dazu führten, daß die Crew die entscheidende Warnung überhörte. Tödliches Interface-Design.

Bei mir zu Hause hatte ich lange Zeit einen sehr intelligenten Videorecorder mit nahezu fehlerfreier Stimmerfassung, der mich auch persönlich erkannte. Er konnte Programme nach ihren Titeln aufzeichnen und arbeitete in manchen Fällen sogar automatisch, ohne vorherige Befehle meinerseits. Dann kam der Moment, als mein Sohn aufs College ging …

Ich habe seit mehr als sechs Jahren keine Fernsehsendung mehr aufgezeichnet. Nicht, weil ich es nicht kann. Es ist nur so, daß der Aufwand die Mühe nicht lohnt. Die Prozedur ist unnötig schwierig. Verschärfend kommt hinzu, daß die Bedienung von Videorecordern und die Handhabung von Fernbedienungen bisher nur als Problem des richtigen Knöpfedrückens gesehen worden ist. Auf die gleiche Weise hat man die Mehrzweckoberfläche bei Personalcomputern immer als rein ergonomisches Designproblem betrachtet. Aber eine Oberfläche hat nicht nur etwas mit dem »Look and Feel« eines Computers zu tun. Es geht hierbei ebenso um die Schaffung einer Persönlichkeit, den Entwurf von Intelligenz und den Bau von Maschinen, die in der Lage sind, menschliche Empfindungen wahrzunehmen.

Ein Hund erkennt Sie an Ihrem Gang, wenn Sie noch mehr als hundert Meter weit entfernt sind; ein Computer weiß noch nicht einmal, daß es Sie gibt. Fast jedes Haustier weiß genau, wann Sie zornig sind, aber ein Computer hat davon keine Ahnung. Sogar Welpen wissen, wann sie etwas falsch gemacht haben – Computer nicht.

Die große Herausforderung für das nächste Jahrzehnt besteht nicht in der Entwicklung größerer Bildschirme, besserer Klangqualität oder besonders einfacher grafischer Eingabegeräte, sondern im Bau von Computern, die den Menschen erkennen, auf seine Bedürfnisse eingehen und zu verbaler und nonverbaler Kommunikation fähig sind. Ein Computer sollte in der Lage sein, den Unterschied in Ihrer Aussprache von »Bauer« und »Bauherr« zu erkennen – nicht weil er den kleinen akustischen Unterschied bemerkt, sondern weil er die Bedeutung der Worte kennt. Das halte ich für gutes Interface-Design.

Die Last der Interaktion liegt heute immer noch völlig auf den Schultern des menschlichen Benutzers. Selbst so etwas Banales wie der Ausdruck einer Computerdatei kann in eine kraftraubende Übung ausarten, die eher an Voodoo erinnert als an normales menschliches Verhalten. Aus diesen Gründen verlieren viele Erwachsene die Lust und behaupten von sich, hoffnungslose Computer-Analphabeten zu sein.

Aber das wird sich ändern.

Odysseen

1968 erhielt Arthur C. Clarke gemeinsam mit Stanley Kubrick eine Oscar-Nominierung für den Film *2001: Odyssee im Weltraum*. Seltsamerweise kam der Film vor dem Buch heraus. Auf diese Weise war Clarke in der Lage, sein Manuskript noch einmal umzuschreiben, nachdem er die Schnellkopien (basierend auf einer früheren Version der Geschichte) gesehen hatte. Clarke verfügte also im wahrsten Sinne über die Möglichkeit, eine Simulation seiner Handlung zu sehen, anhand derer er sein Buch überprüfen und verfeinern konnte. Er war in der Lage, seine Ideen zu hören und zu sehen, bevor er sie in Druck gab.

Dies erklärt vielleicht auch, warum der im Film eine zentrale Rolle spielende Computer HAL eine so brillante (wenn auch tödliche) Vision einer zukünftigen Mensch-Computer-Schnittstelle darstellt. HAL (der Name entstand aus den drei Buchstaben, die der Abkürzung IBM im Alphabet vorausgehen) verfügt über ein perfektes Sprachvermögen (Aussprache und Verständnis), exzellentes Vorstellungsvermögen und Humor – einer der höchsten Prüfsteine für Intelligenz.

Es dauerte fast ein Vierteljahrhundert, bevor ein weiteres Beispiel für ein intelligentes Interface auftauchte: *The Knowledge Navigator.* [dt. etwa »Wissenslotse«, Anm. d. Übers.] Dieses Videoband – ebenfalls eine Filmproduktion, ein sogenannter Videoprototyp – wurde von John Sculley, dem damaligen Geschäftsführer von Apple, in Auftrag gegeben. Sculley hatte ebenfalls ein Buch mit dem Titel *Odyssey* geschrieben und darin die Idee für den Knowledge Navigator entwickelt. Dieses Konzept setzte er später in einem Video um, mit dem er eine Benutzeroberfläche der Zukunft erläutern wollte, die weit über Maus und Menüs hinausging. Sculley lieferte ausgezeichnete Arbeit.

The Knowledge Navigator zeigt einen flachen, buchähnlichen Gegenstand, der offen auf dem Tisch eines typischen Professors liegt. In einer Ecke seines Bildschirms ist ein Mann mit Fliege zu sehen, der sich als die Persönlichkeit in der Maschine entpuppt. Der Professor bittet diesen »Vermittler«, ihm bei der Vorbereitung eines Vortrags zu helfen; er beauftragt ihn mit einer Reihe von Arbeiten und wird von ihm bei einigen Gelegenheiten an andere Themen erinnert. Dieser Vermittler kann sehen, hören und intelligent antworten wie jeder menschliche Assistent.

Sowohl HAL als auch der Knowledge Navigator zeigen einen so hohen Grad an Intelligenz, daß die eigentliche Benutzeroberfläche beinahe zurückzutreten scheint. Darin liegt das Geheimnis des Interface-Designs: Die Oberfläche muß verschwinden. Wenn Sie jemanden zum erstenmal treffen, achten Sie besonders auf sein Aussehen, seine Redeweise und seine Gestik. Aber sehr schnell tritt der Inhalt ihrer Kommunikation in den Vordergrund, selbst wenn diese größtenteils durch den Tonfall, die Sprache oder das Mienenspiel bestimmt wird. Ein gutes Computer-Interface sollte ein ähnliches Verhalten hervorrufen. Das Problem ist, daß hier weniger ein Armaturenbrett als ein Mensch geschaffen werden muß.

Auf der anderen Seite versuchen die meisten Interface-Designer hartnäckig, dumme Maschinen für intelligente Menschen einfacher bedienbar zu machen. Sie haben sich an die Spitze einer Bewegung gesetzt, die in den USA *human factors* und in Europa Ergonomie genannt wird und die sich damit beschäftigt, auf welche Weise der menschliche Körper seine Sinne und Nervenendorgane einsetzt, um mit Werkzeugen in seiner unmittelbaren Umgebung zu arbeiten.

Das Handtelefon ist wahrscheinlich das am häufigsten umgestaltete Gerät auf Erden – und es bleibt immer noch ausgesprochen unbefriedigend. Die Benutzeroberflächen von Zellulartelefonen sind so unbrauchbar, daß sie sogar einen Videorecorder gut aussehen lassen. Ein typischer Entwurf von Bang & Olufsen erinnert eher an eine Skulptur als an ein Telefon und läßt sich dabei schwieriger bedienen als ein alter schwarzer Apparat mit Wählscheibe.

Am schlimmsten aber ist die Tatsache, daß man die meisten

dieser Telefone zu Tode »sonderausstattet«: Nummernspeicher, Wahlwiederholung, Kreditkartenmanagement, Warteschaltung, Rufweiterschaltung, automatische Antwort, Rufnummernschutz und vieles andere mehr werden nach und nach auf die kleine Oberfläche eines dünnen, handflächengroßen Gerätes gequetscht – bis es praktisch unbrauchbar geworden ist.

Ich kann nicht nur die wenigsten dieser Ausstattungsmerkmale gebrauchen – ich will eigentlich überhaupt nicht mehr wählen. Warum können die Telefondesigner nicht begreifen, daß niemand mehr beim Telefonieren wählen will? *Wir wollen nicht umständlich wählen, sondern andere Menschen erreichen!*

Bei der ersten Gelegenheit würden wir diese Aufgabe delegieren – was den Gedanken aufkommen läßt, daß die Lösung des Problems nicht im Entwurf eines geeigneten Handapparats liegt, sondern in der Entwicklung eines Robot-Sekretärs, der in unsere Jackentasche paßt.

Jenseits von »Punkt, Punkt, Komma, Strich«

Die Geburtsstunde der ersten Benutzeroberfläche schlug im März 1960, als J. C. R. Licklider seinen Aufsatz »Man-Computer Symbiosis« (Mensch-Computer-Symbiose) veröffentlichte. Lick (wie ihn seine Freunde nannten) war ein experimenteller Psychologe und ausgebildeter Akustiker, der zum Computer bekehrt wurde und dann bei den ersten Computerversuchen der ARPA eine messianische Rolle spielte. Mitte der sechziger Jahre bat man ihn, einen Anhang für den Bericht der Carnegie Commission über die Zukunft des Fernsehens zu schreiben. In diesem Appendix prägte Lick zum erstenmal den Begriff

»Narrowcasting« (Nahbereichsrundfunk). Er konnte zu dieser Zeit noch nicht ahnen, daß beide Begriffe – Mensch-Computer-Symbiose und Narrowcasting – in den neunziger Jahren zusammenwachsen würden.

Als zu Beginn der sechziger Jahre die ersten Untersuchungen zur Entwicklung einer Benutzeroberfläche stattfanden, teilte sich die Forschung in zwei Wege, die erst zwanzig Jahre später wieder zusammenführen sollten. Eine Richtung widmete sich der Dialogfähigkeit, während sich die andere der sensorischen Fülle zuwandte.

Das Problem der Dialogfähigkeit wurde angegangen, indem man versuchte, einen Computer – damals eine sehr kostspielige und monolithische Hilfsquelle – mit mehreren Benutzern zu teilen. In den fünfziger und den frühen sechziger Jahren waren Computer so wertvoll, daß man mit allen Mitteln versuchen mußte, die Geräte rund um die Uhr laufen zu lassen. Damals galt es als undenkbar, einfach eine Tastatur anzuschließen und den Computer zum Beispiel eine Frage ausdrucken zu lassen, so daß er untätig herumstand, während der Mensch die Frage las, darüber nachdachte und darauf antwortete. Beim sogenannten Time-Sharing (Zeitanteilsverfahren) handelte es sich um eine Methode, mit deren Hilfe mehrere Benutzer von verschiedenen Orten aus auf einen einzelnen Computer zugreifen konnten. Aber wenn man diese Hilfsquelle auf zum Beispiel zehn Teilnehmer verteilte, erhielt nicht jeder Benutzer ein Zehntel der Maschine; statt dessen nutzte man die Zeit, die ein Benutzer zum Nachdenken und Antworten brauchte, um einen anderen Teilnehmer am Computer arbeiten zu lassen.

Ein solches Zerschneiden des digitalen Kuchens funktionierte nur unter der Bedingung, daß keiner der Teilnehmer ein Vielfraß war und riesige Mengen an Rechenzeit oder Bandbreite für sich beanspruchte. Die ersten Terminals arbeiteten mit 110 Baud. Ich erinnere mich noch genau, als diese Geschwindigkeit auf 300 Baud erhöht werden konnte – es erschien uns unglaublich schnell.

Die sensorische Fülle wurde dagegen durch grafische Interaktion und eine sehr hohe Bandbreite erreicht. Bei den ersten Computergrafiken benötigte man für die Erstellung eines Einzelbilds das Potential des gesamten Rechners. Diese Maschine unterschied sich im Prinzip nicht vom heutigen Personalcomputer, aber sie füllte einen großen Raum und kostete Millionen von Dollar. Computergrafik entstand als ein linienschreibendes Medium, bei dem der größte Teil der Rechenzeit auf den Strahl der Kathodenstrahlröhre verwandt werden mußte.

Bereits zehn Jahre später begann die Computergrafik, sich von den »Punkt, Punkt, Komma, Strich«-Bildern der Frühzeit hin zu den ersten fernsehähnlichen Bildern zu entwickeln. Die neuen sogenannten Rasterbildschirme benötigten eine Menge Speicherplatz, da sie ein Bild Punkt für Punkt abspeichern mußten. Heute sind diese Bildschirme so weit verbreitet, daß die wenigsten Menschen wissen, daß sie ursprünglich als ketzerisch galten. (1970 hielt man es für völlig unmöglich, daß Speicherplatz jemals so billig werden könnte, um für grafische Darstellungen eingesetzt zu werden.)

In den kommenden zwei Jahrzehnten erwiesen sich Zeitanteilsverfahren und Computergrafik als schlechte Verbündete. Grafisch ärmliche Teilnehmersysteme entwickelten sich zu allgemein anerkannten Werkzeugen im Bereich der Wirtschaft und Wissenschaft; sie begründeten das Electronic Banking und die Flugbuchung per Computer, beides Dinge, die heute für uns selbstverständlich sind. Kommerzielle Teilnehmersysteme gingen Hand in Hand mit bestenfalls kärglichen

Benutzeroberflächen – meist in Schreibmaschinenqualität – und waren anscheinend absichtlich besonders langsam, damit jeder einzelne Benutzer genügend Zeit zugeteilt bekam.

Dagegen entwickelte sich die Computergrafik größtenteils auf Einzelrechnern. Um 1968 kamen die ersten der sogenannten »Minicomputer« zu einem Preis von etwa zwanzigtausend Dollar auf den Markt. Sie wurden hauptsächlich deshalb entwickelt, weil die Automation von Fabriken und Maschinen sehr genaue Echtzeit-Kontrollorgane erforderte. Das gleiche galt auch für die Computergrafik. Diese automatischen Computergrafiksysteme wurden mit Anzeigeeinheiten gekoppelt und waren Vorgänger der heutigen Workstations, die im Grunde nichts anderes sind als erwachsene Personalcomputer.

Das multimodale Interface

Redundanz gilt im allgemeinen als negativ, da sie auf überflüssigen Wortreichtum oder unbedachte Wiederholung schließen läßt. Für die ersten Benutzeroberflächen erforschte man verschiedene Interaktionstechniken und versuchte, für eine Reihe vorgegebener Situationen nach vernünftigen Gesichtspunkten die jeweils beste Lösung auszuwählen. War der Lichtstift besser geeignet als das Datentablett? Diese »Entweder/oder«-Mentalität wurde von dem falschen Glauben genährt, daß es für jede Situation eine universelle »beste« Lösung gäbe; leider ist dieser Ansatz falsch, weil die Menschen unterschiedlich sind, Situationen sich ändern und die Beweggründe für eine bestimmte Handlung durchaus von den zur Verfügung stehenden Möglichkeiten beeinflußt werden können. Es gibt keine perfekte Benutzeroberfläche.

In der Mitte der siebziger Jahre besuchte ich einen Admiral, der über eines der am höchsten entwickelten Befehlssteuerungssysteme verfügte, das ich je gesehen hatte: Er bellte seine Befehle einem Matrosen zu, der gehorsam dem Computer die richtigen Befehle eingab. Genaugenommen besaß das »System« also eine phantastischen Schnittstelle, die nicht nur mit einer Spracherkennung, sondern auch mit Geduld ausgestattet war. Der Admiral konnte sich frei im Raum bewegen, sprechen, gestikulieren – und wichtig sein.

Natürlich hätte der Admiral seine Angriffe niemals mit Hilfe dieser indirekten Schnittstelle geplant. Er war sich der Tatsache bewußt, daß der Matrose die Gesamtsituation nur durch ein Schlüsselloch in Form eines kleinen Computerbildschirms erblickte. Statt dessen griff der Admiral lieber auf die große Wandkarte des Schauplatzes zurück, auf der er mit Reißzwecken kleine blaue und rote Schiffe von passender Größe umsteckte. (Damals fragten wir uns immer, ob die Russen wohl dieselben Farben benutzen würden.)

Der Admiral arbeitete am liebsten mit seiner Landkarte – nicht weil sie so schön altmodisch war und eine hohe Bildauflösung besaß, sondern weil er hierbei seinen ganzen Körper einsetzen konnte. Wenn er Schiffe verschob, unterstützten seine Gesten und seine motorischen Aktionen sein Gedächtnis – und er vertiefte sich bis zu den Nackenmuskeln in seine Landkarte. Für ihn war die Karte keine »Entweder/oder«-, sondern eine »Sowohl/als auch«-Oberfläche.

»Sowohl/als auch« führte zu einem Durchbruch im Denken. Mit einfachen Worten gesagt, bedeutete es: Redundanz ist etwas Gutes. Tatsächlich müßte die perfekte Oberfläche aus einer Vielzahl konkurrierender Kommunikationskanäle bestehen, durch die der Benutzer mit Hilfe einer Reihe unterschiedlicher Sensoren (seiner eigenen und der der Maschine) seine Absichten artikulieren oder auswählen kann. Ein weiterer Vorteil dieses Systems läge darin, daß sich mit Hilfe der anderen Kommunikationskanäle Informationen beibringen lassen, die im ersten Kanal fehlen.

Wenn wir uns beispielsweise mit einer Gruppe von Menschen in einem Raum aufhalten und ich frage jemanden: »Wie heißen Sie?«, hat diese Frage so lange keine Bedeutung, bis Sie sehen können, wen ich beim Sprechen angeblickt habe. Die Anrede »Sie« erhält ihre Bedeutung durch die Richtung meines Blicks.

Dies wurde besonders deutlich bei einem Programm namens »Put-That-There« (Stell-das-dorthin), das Dick Bolt und Chris Schmandt am MIT entwickelten. 1980 war der Prototyp fertiggestellt: Der Benutzer konnte mit Worten und Gesten einfache Objekte (später Schiffe) verschieben, die sich auf einem wandgroßen, leeren (später mit einer Darstellung der Karibik versehenen) Bildschirm befanden. Bei einer filmisch festgehaltenen Demonstration deutete das Programm einen Befehl falsch. Schmandts spontanes »Oh, Mist« ging in die Filmarchive ein und erinnerte viele spätere Zuschauergruppen daran, daß es noch eine ganze Menge zu verbessern gab.

Die Idee war einfach: Sprechen, Zeigen und Sehen sollten zusammenwirken als Teil eines multimodalen Interface, das weniger auf der Basis wechselseitiger Botschaften aufgebaut war (wie beim Zeitanteilsverfahren) als auf einer persönlichen, einer Mensch-zu-Mensch-Konversation.

Damals wirkten dieses Beispiel und andere frühe Versuche eines »Sowohl/als auch«-Konzepts für Benutzeroberflächen wie dahingeschludert. Aber wenn es um die Entwicklung solcher Oberflächen geht, lege ich nur wenig Wert auf lange Tests und Bewertungen. Mein – vielleicht arrogant klingendes – Gegenargument lautet: Wenn etwas erst sorgfältig getestet werden muß, damit man einen Unterschied feststellen kann, dann ist der Unterschied nicht groß genug.

Der sichtbare Unterschied

Als ich ein kleiner Junge war, besaß meine Mutter einen Wäscheschrank, an dessen Rückseite es eine »Geheimwand« gab. Das Geheimnis war kein besonders großes: Es handelte sich um eine Reihe von Bleistiftstrichen, die in regelmäßigen Abständen entstanden und mein Wachstum genau protokollierten. Sämtliche Linien wurden sorgfältig mit einem Datum versehen; einige standen dichter (aufgrund des häufigen Messens) und andere weniger dicht zusammen (zum Beispiel weil wir den Sommer über in Ferien waren). Natürlich wäre es uns nicht in den Sinn gekommen, unterschiedliche Schränke zu benutzen.

Bei dieser Skala handelte es sich um eine sehr persönliche Angelegenheit, und ich denke, daß sie in gewisser Weise auch die Mengen von Milch, Spinat und anderen guten Dingen protokollierte, die ich in diesen Jahren zu mir nahm.

Das Wachstum konnte aber auch aufsehenerregendere Formen annehmen. Der typische Satz eines lange nicht zu Besuch erschienenen Onkels lautete: »Was bist du groß geworden, Nicky!« (Weil er mich zwei Jahre lang nicht gesehen hatte, nehme ich an.) Aber ich konnte diese Veränderung nicht wirklich erfassen. Alles, was ich sah, waren die kleinen Striche am Wandschrank.

Der »kaum sichtbare Unterschied« oder KSU ist eine Maßeinheit der Psychophysik. Diese Abkürzung hat auch die Entwicklung von Benutzeroberflächen beeinflußt: Wenn es ein KSU ist, wen kümmert's? Wenn wir sorgfältig nachmessen

müssen, um überhaupt einen Unterschied entdecken zu können, beschäftigen wir uns vielleicht gerade mit Problemen, die
im Grunde völlig unwichtig sind.

So haben einige wissenschaftliche Studien die These aufge-
stellt, daß das Sprechen und die menschliche Sprache für die
meisten Anwendungen zwischen Mensch und Computer kein
geeignetes Kommunikationsmittel darstellen. Diese technischen Berichte sind voller Tabellen, Kontrollgruppen und
ähnlichem und weisen nach, daß die menschliche Sprache bei
der Kommunikation zwischen Mensch und Maschine zu Ver-
wirrungen führen kann.

Auch wenn ich keineswegs erwarte, daß der Pilot einer
Boeing 747 sein Flugzeug auf die Startbahn und in die Luft
bringt, indem er »Up, Up and Away« singt, fällt mir beim
besten Willen kein Grund ein, warum man nicht sogar im
Cockpit vom Reichtum der Sprache und der Gestik Gebrauch
machen sollte. Wo immer sich ein Computer auch befindet –
die besten Benutzeroberflächen entstehen aus einer Kombination von sensorischer Fülle und maschineller Intelligenz.

Wenn dieser Punkt erreicht ist, werden wir einen sichtbaren
Unterschied erkennen. Wir werden sehen, was mein Onkel
gesehen hat – und nicht nur kleine Striche am Schrank.

Intelligente Oberflächen

Meine Traumvorstellung von einer Benutzeroberfläche ist ein
menschenähnlicher Computer. Diese Idee ist anfällig für Kritik: Sie gilt als zu romantisch, zu vage oder als undurchführbar.
Der einzige Kritikpunkt, den ich gelten lassen würde, ist, daß
diese Vorstellung nicht weit genug geht. Es ist nicht auszu-
schließen, daß es viele unbekannte Kommunikationskanäle

gibt, von deren Existenz wir noch nicht einmal etwas ahnen. (Als jemand, der mit einem eineiigen Zwilling verheiratet ist und dessen jüngere Brüder eineiige Zwillinge sind, bin ich aus eigener Erfahrung bereit anzunehmen, daß eine übersinnliche Kommunikation durchaus im Bereich des Möglichen liegt.)

Dieses Ziel steckte ich mir in der Mitte der sechziger Jahre, als ich die zwischenmenschliche Kommunikation mitsamt ihrer Gebärdensprache, dem Mienenspiel und den motorischen Bewegungen unseres Körpers und seiner Gliedmaßen genau studierte. Der Admiral war dabei mein Versuchskaninchen.

Um 1976 wurde ein wegweisendes Forschungsprojekt namens Spatial Data Management System (Räumliches Datenverwaltungssystem) ins Leben gerufen. Ziel war die Entwicklung einer Benutzeroberfläche, die »den Computer Generälen, Generaldirektoren und sechsjährigen Kindern direkt zugänglich macht«. Diese Oberfläche sollte in dreißig Sekunden erlernbar sein. Dabei setzten die Entwickler die Vertrautheit mit Schreibtischoberflächen und Bücherregalen voraus und nutzten diese Kenntnisse als Werkzeug, mit dessen Hilfe der Benutzer die komplexe Mischung aus Audio, Video und Daten durchsuchen und bedienen konnte.

Für die späten siebziger Jahre war dies ein radikaler Schritt, aber er ging immer noch nicht so weit, die Kommunikation zwischen Mensch und Maschine wie eine Konversation zwischen Admiral und Matrose aufzufassen. Die Mensch-Computer-Schnittstellen der Zukunft werden nach dem Delegationsprinzip konzipiert sein: Statt der Fachsprache der direkten Manipulation (Pull-Down-Menüs, Pop-Up-Menüs) arbeitet man dann mit Anklicken und Maussteuerung. Benutzerfreundlichkeit ist ein so unwiderstehliches Ziel, daß wir manchmal vergessen, daß viele Menschen den Computer überhaupt nicht benutzen wollen – sie möchten, daß etwas erledigt wird.

Was wir heute als Vermittler bezeichnen – intelligente Softwareprogramme zur Steuerung einer Oberfläche –, wird sich in der Zukunft zum wichtigsten Hilfsmittel für die Kommunikation zwischen Computern und Menschen entwickeln. Es wird bestimmte Punkte in Raum und Zeit geben, an denen Bits in Atome umgewandelt werden und umgekehrt. Egal, ob es sich dabei um die Übersendung eines Flüssigkristalls oder um die Rückstrahlung eines Sprachgenerators handelt – ein Interface wird nach wie vor Größe, Form, Farbe, Tonfall und alle anderen sensorischen Informationen benötigen.

Der grafische Mensch

Der grafische Urknall

Im Jahre 1963 stellte Ivan Sutherland am MIT seine Doktorarbeit vor – ein Programm namens Sketchpad – und präsentierte damit der Welt die erste interaktive Computergrafik. Sketchpad war ein linienschreibendes Grafiksystem, das in Echtzeit arbeitete und dem Benutzer mit Hilfe eines sogenannten Lichtgriffels die direkte Interaktion mit dem Computerbildschirm ermöglichte. Diese Entwicklung war so bedeutend und weitreichend, daß einige von uns ein Jahrzehnt benötigten, um ihre Ausmaße zu erfassen und zu verstehen. Sketchpad führte eine ganze Reihe neuer Begriffe ein: dynamische Grafik, visuelle Simulation, beschränkte Auflösung, Stiftnachführung, ein praktisch unendliches Koordinatensystem und einiges andere mehr. Sketchpad war der Urknall der Computergrafik.

Im Laufe der nächsten zehn Jahre schienen viele Forscher

das Interesse an der Echtzeit und den interaktiven Möglichkeiten der Computergrafik zu verlieren. Statt dessen investierten sie einen Großteil ihrer kreativen Energie in die künstliche Erzeugung realistischer Bilder, die rechnerunabhängig und nicht in Echtzeit erstellt wurden. Auch Sutherland ging diesen Umweg und beschäftigte sich mit dem Problem der visuellen Wahrscheinlichkeit, das heißt, er versuchte herauszufinden, wie fotorealistisch und detailliert er ein Computerbild gestalten konnte. Dabei bildeten Fragen wie Schattenwurf, Schraffierung, Reflexion, Lichtbrechung und verdeckte Flächen den Gegenstand seiner Forschungen. Wunderhübsch wiedergegebene Schachfiguren und Teekannen entwickelten sich zu Ikonen der Nach-Sketchpad-Ära.

Während dieser Zeit gelangte ich zu der Überzeugung, daß es für den Menschen wichtiger sei, seine grafischen Ideen komfortabel und mühelos umsetzen zu können, als eine Maschine zu bauen, die diese Ideen als synthetische Fotografien wiedergeben konnte. Ein gutes Benutzeroberflächen-Design schloß meiner Ansicht nach auch einen Computer mit ein, der in der Lage war, unvollständige, mehrdeutige Gedanken zu erfassen, die für das frühe Stadium jedes Entwurfsprozesses typisch sind, anstatt eine vollständige, konsistente Darstellung komplexer, abgeschlossener Vollbilder zu liefern. Das rechnerabhängige Nachführen einer handgezeichneten Skizze in Echtzeit bot mir ein exzellentes Forschungsgebiet für das tiefere Verständnis und die Entwicklung der Computergrafik als ein dynamisches, interaktives und expressives Medium.

Der Schlüssel für meine Arbeit lag darin, die grafische »Intention« einer Person verstehen zu lernen. Wenn ein Benutzer langsam einen sanften und scheinbar zielgerichteten Bogen zeichnete, nahm der Computer an, daß er oder sie diese Rundung auch so gedacht hatte. Eine schnell gezeichnete gebogene Linie hätte aber auch als gerade Linie gedacht sein können. Wenn man nun beide Bögen nicht während des Zeichenvorgangs, sondern erst nach ihrer Fertigstellung betrachtete, konnten sie durchaus gleich aussehen. Aber das Zeichenverhalten des Benutzers deutete ursprünglich auf zwei völlig verschiedene Intentionen hin. Darüber hinaus variierte das Zeichenverhalten von Person zu Person, da jeder Mensch einen anderen Zeichenstil besitzt. Aus diesen Gründen mußte der Computer den Zeichenstil jedes Benutzers kennenlernen. Dasselbe Konzept findet sich dreißig Jahre später beim Apple Newton und seiner (nicht immer deutlichen) Fähigkeit, die Handschrift eines Benutzers anhand dessen Stiftführung wiederzuerkennen. (Benutzer, die in diesen Prozeß mehr Zeit investieren, scheinen bessere Ergebnisse zu erzielen.)

Die Wiedererkennung skizzierter Formen und Objekte führte mich in meinem Denken von den Linien zu den Punkten. Für das Verständnis einer Skizze sind nicht die Linien von entscheidender Bedeutung, sondern das, was sich zwischen ihnen befindet oder von ihnen umgeben wird.

Zur gleichen Zeit arbeiteten die Forscher im PARC, dem Palo Alto Research Center der Xerox Corporation, ebenfalls an einem formorientierten Ansatz der Computergrafik. Sie erfaßten und strukturierten amorphe Bereiche, indem sie fertige Bilder als eine komplexe Sammlung von einzelnen Bildpunkten speicherten und darstellten. Einige von uns gelangten während dieser Zeit zu der Erkenntnis, daß die Zukunft der interaktiven Computergrafik nicht in linienzeichnenden Maschinen wie Sketchpad bestand, sondern in fernsehähnlichen Rasterpunktsystemen, die in der Lage waren, im Computer gespeicherte Bilder auf einer Anzeigeeinheit abzubilden – im Gegensatz zu den horizontal und vertikal abgelenkten Elektronenstrahlen einer Kathodenstrahlröhre. Das Grundelement der Computergrafik war nicht mehr länger die Linie, sondern der Bildpunkt oder Pixel.

Die Macht der Pixel

Wenn man ein Bit als Atomteilchen der Information bezeichnet, ist ein Pixel das Molekül der Grafik. (Ich kann es nicht als Atom bezeichnen, da ein Pixel im allgemeinen aus mehr als einem Bit besteht.) Die Gemeinschaft der Computergrafiker erfand den Ausdruck »Pixel« als Abkürzung der Wörter *picture* (Bild) und *element* (Element).

Stellen Sie sich ein Bild als eine Ansammlung von Reihen und Spalten von Pixeln vor, ähnlich einem Kreuzworträtsel ohne Einträge. Für jedes beliebige monochrome Bild können Sie entscheiden, wie viele Reihen und Spalten Sie verwenden wollen. Je mehr Reihen und Spalten, desto kleiner die Felder, desto feiner die Auflösung und desto besser das Resultat. Nun legen Sie in Gedanken ein solches Raster über ein Foto und teilen jedem Feld einen Wert für seine Lichtstärke zu. Ihr gelöstes Kreuzworträtsel wird also aus einer Unmenge von Zahlen bestehen.

Bei farbigen Bildern müssen Sie drei Zahlen pro Pixel vergeben, im allgemeinen je eine für Rot, Grün und Blau oder je eine für Lichtstärke, Farbton und Farbsättigung. Denn obwohl man es uns schon in der Grundschule so beigebracht hat, sind Rot, Gelb und Blau *nicht* die drei Primärfarben. Die drei additiven Primärfarben (das heißt beim Fernsehen) sind Rot, Grün und Blau. Die drei subtraktiven Primärfarben (wie beim Drucken) sind Magenta, Cyan und Gelb. Nicht Rot, Gelb und Blau. (Man hat mir erzählt, daß Kinder diese Begriffe nicht lernen dürfen, weil das Wort »Magenta« zu lang sei. Viele

Erwachsene haben noch nie etwas von Cyan gehört. Wie auch immer.)

Bei einem bewegten Bild wird zunächst die Zeit abgetastet – wie bei den Bildern eines Films. Jeder Abtastwert ergibt ein Einzelbild, ein neues Kreuzworträtsel, und wenn diese Werte übereinandergeschichtet und in genügend schneller Aufeinanderfolge abgespielt werden, entsteht der optische Eindruck einer fließenden Bewegung. Einer der Gründe, warum Sie so wenig dynamische Grafiken sehen und warum Videofilmsequenzen immer in kleinen Fenstern auf dem Computer ablaufen, liegt darin, daß es sehr schwierig ist, eine ausreichende Zahl von Bits schnell genug aus dem Speicher auf den Bildschirm zu bekommen (und damit die sechzig bis neunzig Bilder pro Sekunde zu erzeugen, die man für eine flimmerfreie, fließende Bewegung benötigt). Aber fast täglich werden neue Produkte und Techniken auf den Markt gebracht, die diesen Prozeß beschleunigen.

Das wahre Potential des Pixels liegt in seiner molekularen Natur: Ein Pixel kann ein Teil von allem sein, von Text über Linien bis hin zu Fotografien. *Pixel sind Pixel*, das trifft ebenso zu wie: *Bits sind Bits*. Mit genügend Pixeln und genügend Bits pro Pixel (bei Grautönen oder Farbe) läßt sich die exzellente Darstellungsqualität der heutigen Personalcomputer und Workstations erreichen. Aber wie seine guten Eigenschaften resultieren auch die schlechten Eigenschaften des Pixels aus den Beschränkungen der zugrundeliegenden Rasterstruktur.

Pixel verbrauchen eine Menge Speicherplatz. Je mehr Pixel und je mehr Bits pro Pixel Sie verwenden, desto mehr Gedächtnis benötigt Ihr Computer, um sie zu speichern. Ein typisches Raster von 1 000 mal 1 000 Pixel erfordert als Farbdarstellung eine Speicherkapazität von 24 Millionen Bits. Als ich 1961 in meinem ersten Semester am MIT war, kostete

Speicherplatz etwa einen Dollar pro Bit. Heute kosten 24 Millionen Bits 60 Dollar, was bedeutet, daß wir den Speicherhunger pixelorientierter Computergrafiken mehr oder weniger vernachlässigen können.

Noch vor fünf Jahren war das nicht der Fall, und die Programmierer mußten sparen, indem sie weniger Pixel für eine Bildschirmdarstellung und wesentlich weniger Bits pro Pixel verwandten – tatsächlich gebrauchten die ersten Rasterbildschirme meist nur ein Bit pro Pixel. Aus dieser Zeit haben wir ein spezielles Problem geerbt: die Treppenkurven.

Unerwünschte Treppenkurven

Haben Sie sich jemals gefragt, warum Ihr Monitor Treppenkurven zeigt? Warum müssen Darstellungen von Pyramiden wie Zikkurats aussehen? Warum erscheint ein großes E, L oder T auf dem Bildschirm sauber und ordentlich, während S, W und O eher an schlecht gebastelten Tannenbaumschmuck erinnern? Warum wirkt eine gekrümmte Linie auf dem Computer, als ob der Zeichner an Schüttellähmung leidet?

Der Grund dafür ist, daß bei der Darstellung im Computer nur ein Bit pro Pixel verwendet wurde. Das Ergebnis ist der sogenannte Treppenkurveneffekt, auch Aliasing genannt, der absolut unnötig wäre, wenn die Hard- und Softwarehersteller das Problem mit etwas mehr Rechenkapazität angehen und einfach mehr Bits pro Pixel benutzen würden.

Aber warum sind nicht alle Computerbildschirme vor diesem Aliasing geschützt? Als Entschuldigung geben die Hersteller an, daß dies zuviel Rechenzeit kostet. Vor zehn Jahren hätte man das Argument, daß die Rechenkapazität an anderer Stelle dringender gebraucht wird, (vielleicht) noch gelten lassen können; darüber hinaus waren die für das Anti-Aliasing benötigten Graustufen noch nicht so üblich wie heute.

Leider haben die Kunden gelernt, diesen Treppeneffekt als gegeben hinzunehmen. Es scheint sogar so zu sein, daß sich dieses Relikt aus früheren Zeiten zu einer Art Maskottchen entwickelt – ähnlich wie die komische magnetisch lesbare Schrift MICR, die die Grafikdesigner in den sechziger und siebziger Jahren benutzten, um damit einen »elektronischen« Eindruck zu erzeugen. Auf die gleiche Art und Weise setzen die Designer der achtziger und neunziger Jahre ein mit übertriebenen Treppenlinien versehenes Druckbild ein, mit dem ein »Computerlook« suggeriert werden soll. Aber es gibt heute keinen triftigen Grund mehr, warum Linien und Schriftzeichen nicht Druckqualität und perfekte Übergänge aufweisen sollen. Lassen Sie sich von niemandem etwas anderes erzählen.

Ikonographie

Im Jahre 1976 gab Craig Fields, Programmdirektor im Cybernetics Technology Office [Amt für Regelungstechnik, Anm. d. Übers.] der ARPA (und deren späterer Direktor), einer New Yorker Firma für Computeranimation den Auftrag, einen Film über eine fiktive Wüstenstadt namens Dar El Marar zu erstellen. Dieser Trickfilm zeigte den Blick aus dem Cockpit eines imaginären Hubschraubers, der über Dar El Marar schwebte, sich in die Straßen der Stadt hinabstürzte oder so weit in die Höhe ging, daß er die Stadtansicht überblicken konnte. Dieser Hubschrauber überflog die Umgebung der Stadt, schwebte aber auch ganz nah an einige Gebäude heran. Der Film imitierte Peter Pan – nicht um die Stadtansicht und eine Vielzahl von Gebäuden zu zeigen, sondern um eine neue Welt der Information zu erforschen. Das Grundkonzept nahm an, daß der Betrachter selbst die Stadt entworfen und deren Umgebung aufgebaut hatte, indem er bestimmte Datenmengen an Informationen in einzelne Gebäude steckte, so wie ein Eichhörnchen Nüsse sammelt. Wenn er diese Informationen wieder abrufen wollte, konnte er mit Hilfe seines fliegenden Teppichs dorthin zurückkehren, wo er sie versteckt hatte.

Der griechische Dichter Simonides von Keos (556–468 v. Chr.) war bekannt für sein sagenhaftes Gedächtnis. Nach dem Einsturz eines großen Festsaales stellte Simonides fest, daß er in der Lage war, die entstellten toten Gäste aufgrund ihrer ehemaligen Sitzordnung im Saal zu identifizieren – er selbst war kurz vor dem Einsturz des Daches aus dem Raum gerufen worden. Aus dieser Erkenntnis folgerte er, daß das Verknüpfen von Gedanken mit bestimmten Orten innerhalb eines mentalen Raumes die Erinnerung unterstützt. Mit Hilfe dieser Technik war Simonides in der Lage, auch lange Reden im Gedächtnis zu behalten. Er verknüpfte in seinem Geist Teile seiner Ansprache mit Gegenständen und Orten in einem Tempel. Während er seine Rede hielt, besuchte Simonides diesen Tempel in seinen Gedanken und führte sich dadurch auf geordnete und umfassende Weise seine Ideen erneut vor Augen. Die ersten Jesuiten in China nannten diesen Prozeß »Bau von Palästen des Geistes«.

Diese Beispiele beschreiben eine Bewegung in einem dreidimensionalen Raum mit dem Ziel, Informationen zu speichern und wieder abzurufen. Einige Menschen beherrschen diese Technik perfekt; andere sind dazu nicht in der Lage.

Wenn es um zwei Dimensionen geht, sind wir alle sofort leistungsfähiger. Nehmen Sie die zweidimensionale Fassade Ihres eigenen Bücherregals. Wahrscheinlich können Sie ein

Buch dort leichter finden, wenn Sie sich einfach vor das Regal stellen. Vielleicht erinnern Sie sich an seine Größe, Farbe, Dicke oder an die Art der Bindung. Mit Sicherheit können Sie sich diese Informationen viel besser ins Gedächtnis zurückrufen, wenn sie es an denselben Platz zurückstellen. Ein noch so unordentlicher Schreibtisch ist seinem Benutzer genau bekannt, weil dieser Benutzer diese Unordnung selbst geschaffen hat. Nichts könnte schlimmer sein, als wenn ein Bibliothekar hereinkäme, um Ihre Bücher streng nach Deweys Dezimalklassifikation neu zu ordnen, oder ein Hausmädchen Ihren Schreibtisch saubermachen würde. Sie wären plötzlich verloren.

Beobachtungen dieser Art führten zur Entwicklung des sogenannten Spatial Data Management System (Räumliches Datenverwaltungs-System). Das SDMS wurde als Raum konzipiert mit einem Farbbildschirm, der eine ganze Wand einnahm, zwei zusätzlichen Tischbildschirmgeräten, oktophonischem Klang, einem mit Bedienungsinstrumenten versehenen Ohrensessel und anderem Zubehör. SDMS bot seinem Benutzer eine wohnzimmerähnliche Bedienungsoberfläche und einen Lehnstuhl, von dem aus er die vorhandenen Daten durchblättern und aus seinem fenstergroßen Display hinausschauen konnte. Der Benutzer konnte frei hin und her schwenken oder zoomen und sich so durch eine fiktive zweidimensionale Landschaft namens Dataland bewegen. Dort befanden sich persönliche Unterlagen, Korrespondenz, elektronische Bücher, Satellitenkarten und eine ganze Reihe völlig neuartiger Datentypen (wie zum Beispiel ein Videoclip von Peter Falk als »Columbo« oder eine Sammlung von 54 000 Einzelbildern aus Kunst und Architektur).

Dataland selbst bestand aus einer Landschaft von kleinen Bildern, die die jeweiligen Funktionen oder Daten erläuterten, die hinter ihnen versteckt waren. Hinter dem Bild eines Schreibtischkalenders befand sich beispielsweise das Notizbuch des Benutzers. Und wenn der Benutzer das System auf das Bild eines Telefons bewegte, startete SDMS ein Telefonprogramm mit angeschlossenem persönlichem Telefonregister. Dies war die Geburtsstunde der sogenannten Piktogramme oder Icons. Ursprünglich erwogen wir, das Wort »Glyphs« zu verwenden, weil die Wörterbuchdefinition von Icons uns nicht genau passend erschien, aber der Ausdruck blieb haften.

Diese kleinen Bildsymbole von der Größe einer Briefmarke erläuterten nicht nur Daten oder Funktionen, sie besaßen auch alle ihren eigenen »Platz«. Wie bei den Büchern in einem Regal konnte man etwas abfragen, indem man sich einfach dorthin bewegte und dabei den Ort, die Farbe, die Größe wiedererkannte oder die Klänge, die es erzeugte.

SDMS war seiner Zeit so weit voraus, daß ein Jahrzehnt vergehen und die ersten Personalcomputer entstehen mußten, bevor einige seiner Konzepte in die Praxis ungesetzt werden konnten. Heute sind Icons integraler Bestandteil jedes Computers, und die Bildsprache der Mülltonnen, Taschenrechner und Telefonapparate ist für die meisten Menschen alltäglich geworden. Tatsächlich bezeichnen einige Systeme ihren Bildschirm als Schreibtisch. Allerdings nimmt das heutige Dataland nicht mehr eine ganze Wand ein; es wird statt dessen in Fenster zusammengefaltet – in Windows.

Der Blick in das Fenster

Ich bin immer wieder davon beeindruckt, wie durch eine clevere Namensgebung der Markt von hinten aufgerollt werden kann, wobei der Kunde mit seinen falschen Vorstellungen auf der Strecke bleibt..Die Entscheidung der Firma IBM, ihren Personalcomputer als PC zu bezeichnen, erwies sich als wahrer Geniestreich. Obwohl Apple diesen Markt mehr als vier Jahre früher betreten hatte, ist der Ausdruck PC seitdem zum Synonym für alle Personalcomputer geworden. Etwas ähnliches geschah auch, als Microsoft seinem Betriebssystem der zweiten Generation den Namen Windows (Fenster) gab: Es belegte diesen Ausdruck für alle Zeiten mit Beschlag, obwohl Apple bereits fünf Jahre früher über (bessere) Fenster verfügte und viele Hersteller von Workstations bereits ausgiebig mit dieser Technik arbeiteten.

Fenster existieren, weil die Computerbildschirme so klein sind. Durch diese Technik kann auf einer relativ kleinen Arbeitsfläche eine Reihe verschiedener Arbeitsprozesse gleichzeitig ablaufen. Dieses Buch ist vollständig auf einem 9-Zoll-Monitor und ohne jedes Papier entstanden, mit Ausnahme der Korrespondenz mit dem Verlag. Für die meisten Menschen ähnelt die Benutzung von Fenstern dem Fahrradfahren: Man erinnert sich kaum noch daran, wie man es gelernt hat – man macht es einfach.

Fenster werden auch bei der Zukunft des Fernsehens eine wichtige Rolle spielen. In der Vergangenheit hat man gerade in den Vereinigten Staaten immer darauf bestanden, daß ein Fernsehbild einen Bildschirm völlig ausfüllen muß. Aber dieses Ausfüllen des Bildschirms hat einen Nachteil, der sich aus der Tatsache ergibt, daß nicht alle Filme und Fernsehprogramme für dasselbe rechteckige Format geschaffen wurden.

In den frühen fünfziger Jahren ging die Filmindustrie nämlich ganz bewußt zu einer Reihe von Breitwandverfahren über (wie etwa Cinerama, Super Panavision, Super Technirama, 35-mm-Panavision und dem heute noch gebräuchlichen Cinemascope), um damit die weitere Verbreitung des Fernsehens aufzuhalten. Das 4:3-Bildseitenverhältnis des heutigen Fernsehens wurde vor dem Zweiten Weltkrieg den damaligen Filmen angepaßt und eignet sich daher nicht für Cinemascope oder die rechteckigen Filmformate der letzten vierzig Jahre.

Die europäischen Fernsehsender lösten das Problem der unterschiedlichen Seitenverhältnisse durch das sogenannte Breitbildformat. Sie versehen den oberen und unteren Rand des Bildschirms mit einem schwarzen Streifen, so daß der übrige aktive Bildschirmbereich das korrekte Seitenverhältnis aufweist. Der Zuschauer opfert also einige Pixel, kann aber dafür den Film in einer originalgetreuen Wiedergabe der Formen jedes Bildes sehen. Meiner Ansicht nach besitzt das Breitbildformat noch einen zusätzlichen Vorteil: Es erzeugt einen sehr scharfen oberen und unteren Bildrand, der andernfalls von der geschwungenen Kunststoffkante des Fernsehgeräts wesentlich weniger deutlich begrenzt würde.

In den Vereinigten Staaten ist diese Technik nahezu unbekannt. Um einen Film auf Videoformat zu übertragen, nehmen wir einen Breitwandfilm, zerlegen ihn mit Hilfe des »Pan-and-Scan«-Verfahrens [dt. etwa »Schwenken und Zerlegen«, Anm. d. Übers.] und klappen ihn auf ein 4:3-Bildseitenverhältnis zusammen. Bei diesem Verfahren wird nicht einfach das Bild zusammengepreßt (dies geschieht nur mit den Titeln und dem Abspann), sondern während des Übertragungsprozesses, wenn der Film durch die Maschine (meist ein Lichtpunktabtaster) läuft, wird von Hand ein 4:3-Fenster

139

über das wesentlich breitere Filmfenster gelegt und je nach Bedarf verschoben, um die wichtigsten Bestandteile jeder Filmszene einzufangen.

Einige Filmemacher, allen voran Woody Allen, erlauben dies nicht, aber den meisten scheint es nichts auszumachen. Eines der schönsten Beispiele für ein hoffnungslos mißlungenes Pan-and-Scan-Verfahren findet sich in dem Film *Die Reifeprüfung*. In der Szene, in der Dustin Hoffman und Anne Bancroft an den entgegengesetzten äußeren Bildrändern stehen und jeweils ihre Kleidungsstücke ablegen, gab es für den Bearbeiter keine Möglichkeit, sie beide gleichzeitig auf dasselbe Bild zu bekommen.

In Japan und Europa hat man mit großem Einsatz die Einführung des neuen, breiteren 16:9-Bildseitenverhältnisses propagiert, und die HDTV-Vertreter in den USA scheinen dieser Entwicklung wie eine Schafherde folgen zu wollen. Dabei könnte sich 16:9 als noch schlimmer erweisen als 4:3, da sämtliches existierendes Videomaterial (das mittlerweile auf 4:3 umgesetzt wurde) bei einer 16:9-Darstellung mit senkrechten Streifen auf jeder Seite des Bildschirms ausgestrahlt werden müßte, den sogenannten Vorhängen. Im Gegensatz zum Breitbildformat dienen diese Vorhänge keinem optischen Zweck; darüber hinaus ist bei einer 16:9-Darstellung kein Pan-und-Scan-Verfahren mehr möglich – selbst wenn man es wollte.

Das Bildseitenverhältnis sollte eine veränderliche Größe sein. Wenn Fernsehgeräte über genügend Pixel verfügen, wäre Fernsehen im Fensterstil eine sehr vernünftige Lösung. Die 3-m-Erfahrung und die 45-cm-Erfahrung fielen dann zusammen. Wenn Sie dann eines Tages über extrem hohe Bildauflösung und einen wandgroßen Bildschirm verfügen – von der Decke bis zum Boden und von Wand zu Wand –, können

Sie Ihr Fernsehbild auf dem Schirm so verlegen, daß die Pflanzen in Ihrem Zimmer nicht zur Seite gerückt werden müssen. Ihnen steht die ganze Wand zur Verfügung.

Konsumentengrafik

Es ist gerade einmal fünf Jahre her, daß die Computerhersteller, darunter auch Apple, nur äußerst unwillig dazu bereit waren, den häuslichen Privatbereich als einen wichtigen Absatzmarkt zu betrachten. Kaum zu glauben. Einige Jahre zuvor war der Aktienkurs der Firma Texas Instruments in die Höhe gegangen, als man dort ankündigte, sich aus dem Heimcomputerbereich zurückziehen zu wollen.

Im Jahre 1977 verkündete Frank Cary, Präsident von IBM, vor den Aktionären, daß IBM in die Unterhaltungselektronik einsteigen wolle. In typischer IBM-Manier stellte man eine Spezialeinheit zusammen, die eine Auswahl möglicher Kandidaten überprüfte, darunter auch Armbanduhren. Schließlich entschied sich IBM für den Heimcomputer. Unter dem Kodenamen Castle wurde eine streng geheime Projektgruppe ins Leben gerufen, der ich einmal in der Woche als Berater angehörte. Dort entwickelte man einen sehr ehrgeizigen Personalcomputer, der auch einen eingebauten Bildplattenspieler besaß.

Der berühmte Industriedesigner Elliott Noyes entwarf einen Heimcomputer-Prototyp, den jeder von uns auch zwanzig Jahre später noch voller Stolz in seiner Wohnung präsentiert hätte. Aber der Traum begann, sich langsam aber sicher aufzulösen. Dem IBM-Labor in Poughkeepsie, New York, gelang es nicht, die durchlässige (der Laser fuhr durch eine transparente Bildplatte, anstatt von einer glänzenden Oberfläche reflektiert zu werden), flexible, digitale Bildplatte mit einer Spielzeit von zehn Stunden fehlerfrei arbeiten zu lassen, woraufhin der Personalcomputer und der Bildplattenspieler voneinander getrennt wurden. Castle war geteilt.

Der Personalcomputerteil des Projekts wurde in ein anderes IBM-Labor geschickt, zunächst nach Burlington in Vermont und später nach Boca Raton (der Rest ist Geschichte). Den Bildplattenspieler gab IBM schließlich zugunsten eines Joint-venture mit MCA auf (eine Entscheidung, die beide Firmen bereits kurz danach bereuten). Castle war ein totgeborenes Kind, und der Personalcomputer mußte noch ein paar Jahre auf Steve Jobs Garage warten.

Etwa zur gleichen Zeit zeigten sich mit dem Aufkommen der ersten elektronischen Spiele Computer und Grafik von einer ganz neuen Seite. Aufgrund ihrer inneren Interaktivität besaßen diese Unterhaltungsprodukte eine hochgradige Dynamik. Darüber hinaus verbanden sich bei ihnen Hardware und Inhalt auf eine besonders natürliche Weise – Spielehersteller verdienen kein Geld an der Hardware, sondern an den Spielen. Diese Kombination erinnerte wirklich an einen Rasierer und Klingen.

Aber wie die mittlerweile ausgestorbenen protektionistischen Computerfirmen früherer Jahre haben es auch die Spielehersteller bis heute versäumt, ihre geschlossenen Systeme zu öffnen und nur auf kreativem Gebiet gegeneinander anzutreten. Sega und Nintendo sind ebenfalls vom Aussterben bedroht, wenn sie sich nicht der Tatsache stellen, daß der PC sie eines Tages zum Frühstück verspeisen wird.

Die heutigen freiberuflichen Spieleentwerfer sind sich darüber im klaren, daß ihre Spiele am ehesten zu Bestsellern werden, wenn sie sie für eine Allzweck-Hardwarebasis konzipieren, von der Intel allein hundert Millionen Stück pro Jahr zu verkaufen gedenkt. Aus diesem Grund wird sich die Computergrafik auf dem PC in kürzester Zeit auf einen Stand entwickeln, der den besten der heutigen Spielekonsolen entspricht. Computerspiele auf dem PC werden die reinrassigen Spielsysteme der heutigen Zeit schlucken. Der einzige Ort, an dem eine für einen besonderen Zweck konzipierte Hardware noch eine kurzfristige Rolle spielen könnte, ist die Virtuelle Realität.

20/20 VR

Oxymoron oder Pleonasmus

Mike Hammer (nicht der Detektiv, sondern der Welt bester Firmendoktor oder sogenannter Re-Konstrukteur) bezeichnet den Ausdruck »kollektive Veränderung« als ein Oxymoron, das auf dem besten Wege ist, ein Pleonasmus zu werden. Bei einem Pleonasmus handelt es sich um eine Häufung sinngleicher Wörter wie »weißer Schimmel«. Ein Oxymoron ist das Gegenteil dieses Begriffs – ein offensichtlicher Widerspruch wie »Künstliche Intelligenz« oder »Flugzeugmahlzeit«. Wenn Preise für die besten Oxymora vergeben würden, wäre »Virtuelle Realität« unter den Gewinnern.

Wenn man die Komponenten »virtuell« und »Realität« als gleichwertig betrachtet, ergibt »Virtuelle Realität« als pleonastischer Begriff durchaus einen Sinn. VR kann das Künstliche ebenso realistisch und sogar noch realistischer als die Realität darstellen.

So ist beispielsweise der Flugsimulator, der am weitesten entwickelte und älteste Anwendungsbereich der Virtuellen Realität, realistischer als ein Flug in einem echten Flugzeug. Junge Piloten, die frisch aus der Ausbildung kommen, übernehmen auf ihrem Jungfernflug die Kontrollhebel einer voll besetzten, »echten« Passagiermaschine vom Typ Boeing 747, weil sie auf dem Flugsimulator mehr gelernt haben, als sie es jemals in einem wirklichen Flugzeug könnten. Im Simulator wird ein Pilot den verschiedensten außergewöhnlichen Situationen ausgesetzt, die in der wahren Welt entweder unmöglich wären, einen Beinahezusammenstoß erforderten oder ein echtes Flugzeug sofort zerreißen würden.

Ein weiterer sozial verträglicher Anwendungsbereich der Virtuellen Realität wäre ihr obligatorischer Einsatz in den Fahrschulen. Wenn auf einer rutschigen Straße ein Kind zwischen zwei Autos hervorspringt – keiner von uns könnte sagen, wie er reagieren würde. VR ermöglicht uns, eine Situation »am eigenen Leib« zu erfahren.

Grundidee der Virtuellen Realität ist es, ein Gefühl des »Dabeiseins« zu erzeugen, indem man zumindest den Augen den Eindruck vermittelt, alles genau miterlebt zu haben. Dazu gehört vor allem eine sofortige Veränderung des Blickfeldes, wenn der Betrachter seinen Blickwinkel wechselt. Unsere Wahrnehmung einer räumlichen Realität wird beeinflußt von verschiedenen optischen Anhaltspunkten wie relative Größe, Helligkeit und kreisförmige Bewegung. Zu den stärksten Einflüssen zählt die Perspektive, deren binokulare Form bei Objekten im Nahbereich besonders stark zutage tritt, weil das linke und das rechte Auge dadurch jeweils verschiedene Bilder sehen. Die Verschmelzung beider Bilder zu einer dreidimensionalen Wahrnehmung ist die Basis der Stereovision.

Eine Tiefenwahrnehmung entsteht dadurch, daß jedes Auge

ein etwas anderes Bild sieht. Diese Augenparallaxe tritt besonders bei Objekten im Nahbereich (bis zu etwa zwei Metern)
auf. Weiter entfernte Gegenstände werden im wesentlichen
von beiden Augen gleich wahrgenommen. Haben Sie sich
jemals gefragt, warum ein 3-D-Film im Nahbereich soviel Vor-
wärts- und Rückwärtsbewegungen bietet und die Gegenstände immer in Richtung Publikum fliegen? Es liegt einfach
daran, daß bei einer solchen Art der Darstellung stereoskopi-
sche Bilder am besten zur Geltung kommen.

Die typische Bekleidungsvorschrift für die Virtuelle Realität
ist ein Helm mit schutzbrillenähnlichen Bildschirmen für jedes Auge. Jeder dieser Bildschirme zeigt eine leicht veränderte perspektivische Darstellung dessen, was Sie sehen würden, wenn sie an diesem imaginären Ort wären. Wenn Sie
Ihren Kopf bewegen, werden diese Bilder – im Prinzip – so
schnell auf den neuesten Stand gebracht, daß für Sie der
Eindruck entsteht, als ob Sie selbst, mit Ihrer Kopfbewegung,
diese Veränderungen bewirkt haben (und nicht der Computer
Ihren Bewegungen gefolgt ist – was aber tatsächlich passiert).
Sie fühlen sich, als ob Sie die Ursache und nicht die Wirkung
sind.

Das Maß für den »Echtheitsgrad« dieser visuellen Erfahrung
ergibt sich aus einer Kombination von zwei Faktoren. Das eine
ist die Bildqualität: die Anzahl der dargestellten Kanten und
die dazwischenliegenden Strukturen. Der andere Faktor ist
die Reaktionszeit, die Geschwindigkeit, mit der die dargestellten Szenen auf den neuesten Stand gebracht werden. Beide
Variablen erfordern so hohe Rechenkapazitäten, daß die passende Hardware bis vor kurzem für die meisten Produktent-
wickler unerschwinglich war.

VR begann bereits im Jahre 1968, als niemand Geringerer
als Ivan Sutherland das erste Bildschirmhelm-System entwarf.

Spätere Projekte der NASA und des amerikanischen Verteidigungsministeriums führten zur Entwicklung einiger kostspieliger Prototypen für militärische und Raumfahrtzwecke. VR eignete sich vor allem für Panzer- und U-Boot-Simulatoren, da man dort auch im »wirklichen« Leben durch Doppelfernrohre oder ein Periskop schauen muß.

Erst seit kurzer Zeit verfügen wir über ausreichend schnelle und preiswerte Computer, um diese Technologie als Medium der Unterhaltungselektronik einsetzen zu können. In diesem neuen Kontext wird sie furchteinflößend sein.

Das Couchkommando

Jurassic Park würde eine phantastische Virtuelle Realität ergeben – und im Gegensatz zum gleichnamigen Buch oder zum Film benötigte man keine Handlung. Michael Crichton könnte dann die Aufgabe eines Bühnenbildners oder Freizeitparkgestalters übernehmen, der jeden Dinosaurier mit dem passenden Äußeren, Verhalten, Zielbewußtsein und der entsprechenden Persönlichkeit versieht. Schalten Sie die Simulation an, und treten Sie ein. Dies ist kein Fernsehen, und es muß auch nicht so antiseptisch wirken wie Disneyland. Es gibt keine Massen, keine Warteschlangen, keinen Popcorngeruch (nur Dinosaurierdung). Es ist wie das Leben in einem prähistorischen Dschungel, und es kann so entworfen werden, daß es noch gefährlicher wirkt als jeder echte Urwald.

Zukünftige Generationen von Erwachsenen und Kindern werden sich auf diese Weise unterhalten lassen. Da die Bilderwelt vom Rechner erzeugt und nicht real ist, gibt es keinen Grund, sich selbst auf Lebensgröße oder reale Orte zu beschränken. VR ermöglicht uns, die Milchstraße zu umarmen, im menschlichen Blutstrom zu schwimmen oder Alice im Wunderland zu besuchen.

Die heutigen VR-Systeme besitzen Nachteile und technische Schwächen, die verbessert werden müssen, damit diese Technik an allgemeiner Popularität gewinnen kann. Preiswerte VR-Systeme werden beispielsweise von Treppenlinien heimgesucht. Bei einer Kopfbewegung wirken diese Treppenkurven sogar noch beunruhigender, da sie sich ebenfalls zu bewegen scheinen – und zwar nicht unbedingt in derselben Richtung wie die Szene. Stellen Sie sich einen perfekt waagerechten Horizont vor. Dann neigen Sie sich zur Seite, aber nur so wenig, daß in der Mitte der Linie eine Treppenstufe entsteht. Nun neigen Sie sich ein wenig weiter. Zwei Stufen entstehen, dann drei, dann mehr; dann sieht es so aus, als ob sich die Stufen bewegen. Wenn Sie einen Winkel von 45 Grad erreicht haben, besteht die Linie von Rand zu Rand aus einem perfekten Treppenhaus von einzelnen Pixeln. Häßlich.

Besonders nachteilig: VR ist noch nicht schnell genug. Sämtliche kommerziellen Systeme – und vor allem diejenigen, die demnächst von den großen Videospielherstellern auf den Markt gebracht werden – arbeiten mit Verzögerung. Wenn Sie Ihren Kopf bewegen, wechselt das Bild schnell, aber nicht schnell genug. Es kommt nicht mit.

In der Frühzeit der 3-D-Computergrafik benutzte man eine Vielzahl von stereoskopischen Brillen, um diesen Effekt zu erzielen. Manche Brillen besaßen preiswerte polarisierte Linsen, andere waren mit teureren elektronischen Blenden ausgestattet, die abwechselnd jedem Auge ein unterschiedliches Bild boten.

Als ich zum erstenmal mit diesen Systemen arbeitete, drehte jede Versuchsperson – nicht die meisten, sondern wirklich jede – den Kopf, nachdem sie diese Brille aufgesetzt hatte und 3-D auf dem Bildschirm sah (um zu überprüfen, ob sich die Bilder verändern würden). Genau wie bei einem 3-D-Film war das natürlich nicht der Fall; die Kopfbewegungen zeigten keine Wirkung.

Diese menschliche Reaktion, eine Art Nackenreflex, sagt alles. VR muß eng mit Bewegungs- und Positionsabfragen gekoppelt sein, damit der Benutzer, und nicht nur die Maschine, in der Lage ist, Veränderungen zu verursachen. In der Virtuellen Realität muß die Maschine in der Lage sein, dem Kopf zu folgen, denn eine schnelle Reaktion auf jede Veränderung ist beinahe das einzige, was zählt. Die Geschwindigkeit, mit der das Bild auf den neuesten Stand gebracht werden kann (die Frequenzreaktion), ist letztendlich wichtiger als die Bildauflösung – ein Beispiel dafür, daß unsere sensomotorischen Systeme so fein sind, daß selbst die kleinste Verzögerung den Gesamteindruck zerstört.

Höchstwahrscheinlich werden die meisten Hersteller dieses Ziel völlig verfehlen und VR-Systeme mit einer möglichst hohen Bildauflösung auf den Markt bringen, die auf Kosten der Reaktionszeit arbeitet. Dabei würden sie eine wesentlich befriedigendere VR-Erfahrung erreichen, wenn sie weniger aufwendige Grafiken verwenden, dafür aber die Treppenlinien bekämpfen und eine möglichst hohe Reaktionszeit anstreben.

Die Alternative wäre ein völliger Verzicht auf die Bildschirmhelme, die jedem Auge separate perspektivische Bilder liefern, zugunsten sogenannter autostereoskopischer Technologien, bei denen ein reales Objekt oder ein holografisches Bild im Raum schwebt, das von beiden Augen gleichzeitig gesehen werden kann.

Sprechende Köpfe

Mitte der siebziger Jahre begann die ARPA mit einer großen Forschungsreihe zum Thema Telekonferenzen und wandte sich damit einem wichtigen Aspekt der nationalen Sicherheit zu. Ziel der Forschungen war die elektronische Übermittlung der größtmöglichen menschlichen Präsenz von fünf Menschen an fünf verschiedenen Orten. Jeder dieser fünf Personen, die räumlich voneinander getrennt waren, sollte der Eindruck vermittelt werden, daß die anderen vier körperlich anwesend seien.

Diese außergewöhnliche Forderung an die Telekommunikation erwuchs aus den Sicherheitsmaßnahmen der amerikanischen Regierung für den Fall eines nuklearen Angriffs. In den siebziger Jahren waren folgende Maßnahmen geplant: Der Präsident der Vereinigten Staaten, sein Vizepräsident, der Außenminister, der Chef des Generalstabs und der Sprecher des Repräsentantenhauses sollten sich sofort an einen allgemein bekannten Ort unter einem Berg in Virginia begeben. Von der dort befindlichen hochmodernen Befehlszentrale aus (die der im Film *War Games – Kriegsspiele* ähnelte) würden sie unsere Nation verteidigen, angeblich immun gegen Angriffe und atomaren Fallout.

Aber wie sicher war es, alle fünf Personen an einem einzigen, bekannten Ort unterzubringen? Wäre es nicht wesentlich sicherer, wenn sie sich an fünf verschiedenen Plätzen (einer in der Luft, einer in einem U-Boot, einer unter einem Berg usw.) aufhalten könnten und dabei trotzdem das Gefühl hätten, zusammen in einem Raum zu sein? Die Antwort war ein deutliches Ja. Aus diesem Grund finanzierte die ARPA weitergehende Forschungen auf dem Gebiet der Telekonferenzen, wodurch meine Kollegen und ich den Auftrag erhielten, auf digitalem Wege und in Echtzeit eine menschliche »Teleprä-senz« zu entwickeln.

Unsere Lösung sah vor, den Kopf jeder Person viermal zu reproduzieren, und zwar in Form einer lichtdurchlässigen Maske mit den exakten Gesichtszügen der fraglichen Person. Jede Maske wurde auf Kardanringe montiert, die zwei Stufen der Bewegungsfreiheit ermöglichten, so daß der Kopf nicken und sich zur Seite drehen konnte. Dann sollte ein genau mit der Maske deckungsgleiches Videobild in den Kopf projiziert werden.

An jedem der fünf Aufenthaltsorte befanden sich eine reale Person und vier wabbelnde Plastikköpfe, die in der gleichen Reihenfolge rund um einen Tisch saßen. Das Videobild und die Kopfhaltung jedes der Teilnehmer wurden aufgezeichnet und übertragen. Wenn der Präsident sprach und sich dem Vizepräsidenten zuwandte, würden am Aufenthaltsort des Au-ßenministers die jeweiligen Plastikköpfe dieselbe Bewegung vollziehen. Zugegebenermaßen äußerst bizarr.

Diese Videoprojektionen wirkten so lebensecht, daß ein Admiral mir einmal erzählte, daß die »sprechenden Köpfe« ihm Alpträume bereiten würden. Er habe lieber ein Tele-gramm, wo auf gelbem Papier der Präsidentenbefehl »Feuer frei!« stehe, vor sich als den wackelnden Kopf des Oberbe-fehlshabers auf der Kommandobrücke seines Flugzeugträ-gers. Eigentlich seltsam, vor allem angesichts des paranoiden Verhaltens bezüglich der Frage, ob das Videobild und die Stimme des Präsidenten wirklich echt wären (und nicht von jemandem stammten, der nur vorgab, der Präsident zu sein). Ein Telegramm ist wesentlich einfacher zu fälschen.

Wir werden höchstwahrscheinlich noch ein bis zwei Jahr-tausende benötigen, um zu entdecken, wie man Menschen (oder Cheeseburger oder Kaschmirpullover) in ihre Einzelteile zerlegt, übermittelt und wieder zusammensetzt. Aber in der Zwischenzeit werden wir viele Darstellungstechniken entwickeln, die stark von den heutigen flachen oder nahezu flachen Bildschirmen abweichen, an die wir uns so gewöhnt haben. Die Umrandung des Bildschirms, der sogenannte Ringkasten, wird immer weniger eine Grenze für große und kleine Bilder darstellen, und einige der einfallsreichsten digitalen Apparate der Zukunft werden überhaupt keinen Rand mehr besitzen.

R2D2 und 3-D

Irgendwann im nächsten Jahrtausend werden unsere Enkel oder Urenkel sich ein Footballspiel ansehen (wenn sie es dann noch so nennen), indem sie den Couchtisch auf die Seite schieben (wenn sie ihn dann noch so nennen) und zwanzig Zentimeter große Spieler in ihrem Wohnzimmer herumlaufen lassen (wenn sie es dann noch so nennen), die sich einen ein Zentimeter großen Ball zuwerfen. Dieses Modell ist das genaue Gegenteil der früheren Vorstellung von Virtueller Realität: Die Bildauflösung ist überall vorhanden und für jeden Blickwinkel gleich. Wohin man auch blickt, erkennt man 3-D-Pixel (manchmal auch als Voxel oder Boxel bezeichnet), die frei im Raum schweben.

In *Krieg der Sterne* beamte der Roboter R2D2 auf diese Weise Prinzessin Leia direkt auf Obi-Wan Kenobis Fußboden. Die wunderschöne Prinzessin war eine geisterhafte Erscheinung, in den Raum projiziert und im Prinzip aus jedem Blickwinkel sichtbar. Dieser Spezialeffekt hat, zusammen mit vielen anderen aus *Raumschiff Enterprise* oder anderen Science-fiction-Filmen, unabsichtlich dazu geführt, daß in der heuti-

gen Zeit Technologien wie die Holografie als alltäglich emp-
funden werden. Wir haben es so oft im Film gesehen, daß es
uns leichter erscheint, als es tatsächlich ist.

Tatsächlich benötigte der am MIT tätige Professor Stephen
Benton, der Erfinder des Weißlichthologramms (das man
heute auf Kreditkarten findet), mehr als zwanzig Jahre, um ein
ähnliches Resultat zu erzielen, wobei er auf die Rechenkünste
eines Millionen Dollar teuren Supercomputers, nahezu unbe-
zahlbare Spezialoptiken und die unerschöpfliche Energie
eines Dutzends brillanter Doktoranden zurückgreifen konnte.

Die Holografie wurde im Jahre 1949 von dem ungarischen
Wissenschaftler Dennis Gabor erfunden. Mit einfachen Worten ausgedrückt, ist ein Hologramm die Aufnahme eines Objekts, die auf einer Ebene in jedem Punkt die Richtung, Ampli-
tude und Phase des vom Objekt ausgehenden Lichtes festhält.
Wenn ein Licht gleicher Wellenlänge durch diese Aufnahme
durchgestrahlt oder von ihr reflektiert wird, entsteht eine
Rekonstruktion des Objekts im Raum.

Die Holografie ist eine unbekannte Größe bei der Suche
nach immer besseren Darstellungsmöglichkeiten. Einer der
Gründe für diese Tatsache liegt darin, daß Holografie eine
extrem hohe Bildauflösung benötigt. Ihr Fernsehgerät sollte
Ihnen 480 sichtbare Abtastzeilen bieten (vielleicht erzeugt es
sogar ein paar weniger). Wenn Sie einen Fernsehbildschirm
mit einer bescheidenen Höhe von 25 Zentimetern besitzen,
bedeutet das, daß er bestenfalls mit 20 Zeilen pro Zentimeter
abtastet. Für die Holografie sind etwa 20 000 Zeilen pro Zentimeter notwendig, oder eintausendmal mehr horizontale Abtastzeilen. Außerdem muß diese Auflösung sowohl horizontal
als auch vertikal geschehen, so daß man eintausend Zeilen
zum Quadrat benötigt oder einmillionmal die Auflösung eines
heutigen Fernsehgeräts. Einer der Gründe, warum man heute

Hologramme auf Kreditkarten und in einigen Ländern sogar auf den Banknoten findet, liegt darin, daß diese Auflösung eine hochkomplizierte, nur schwer zu fälschende Drucktechnik erfordert.

Benton und seine Kollegen konnten nur deshalb Fortschritte verzeichnen, weil sie schlauerweise herausfanden, bis zu welchem Maß das menschliche Auge und das menschliche Wahrnehmungssystem überhaupt in der Lage sind, ein echtes Hologramm zu erkennen. Da das Hologramm für ein menschliches Auge gedacht ist, wäre es unklug, die Aufnahmen mit größerer Detailgenauigkeit auszustatten, als das Auge auflösen kann. Darüber hinaus fanden die Forscher heraus, daß der Mensch eine räumliche Darstellung (räumliches Abtasten) auf ähnliche Art und Weise wahrnimmt wie die einzelnen Bilder eines Films (zeitliches Abtasten). Ab etwa dreißig Bildern (sechzig Felder) pro Sekunde erscheint uns ein Video als fließende Bewegung. Anstatt also ein Hologramm herzustellen, das *jeden* Blickwinkel darstellt, warum nicht winzig kleine Lücken zwischen den verschiedenen Blickwinkeln auslassen, so daß die dort eigentlich anfallenden Daten nicht berechnet werden müssen? Es funktionierte.

Außerdem bemerkten Benton und seine Kollegen, daß unser Räumlichkeitsempfinden größtenteils horizontal ausgerichtet ist. Aufgrund unserer nebeneinanderliegenden Augen und weil wir uns in den meisten Fällen über horizontale Ebenen bewegen, ist die horizontale Parallaxe für uns ein wesentlich wichtigerer räumlicher Anhaltspunkt als die vertikale Parallaxe (Veränderungen von oben nach unten). Wenn unsere Augen übereinanderliegen würden oder wir häufig in Bäumen herumkletterten, wäre dies nicht der Fall. Aber das tun wir nicht. Statt dessen ist die horizontale Ausrichtung unserer Wahrnehmung so stark, daß Benton daraus den

Schluß zog, ganz auf die vertikale Parallaxe verzichten zu können.

Aus diesem Grund besitzen nur die wenigsten der im Media Lab ausgestellten Hologramme eine vertikale Parallaxe. Wenn ich Besuchern die kleine Ausstellung von Beispielen zeige, die vor Bentons Arbeitsräumen hängen, fällt ihnen dieser Effekt nicht auf. Erst wenn man es ihnen sagt, gehen sie in die Knie oder steigen ein paarmal auf die Zehenspitzen, bis sie es wirklich glauben.

Dank der räumlichen Abtastung und der Verwendung einer ausschließlich horizontalen Parallaxe benötigte Bentons Forschungsgruppe nur ein Zehntausendstel der Rechnerkapazität, die für ein vollständig aufgelöstes Hologramm notwendig gewesen wäre. Dadurch gelang es ihnen, das weltweit erste holografische Video in Farbe und Echtzeit herzustellen – schattierte Bilder, die frei im Raum schweben. Es besitzt etwa die Größe und Form einer Teetasse oder einer untersetzten Prinzessin Leia.

Auf den zweiten Blick

Die Qualität eines Bildschirms ist tatsächlich besser, als auf den ersten Blick ersichtlich. Es handelt sich um eine visuelle Erfahrung, die normalerweise auch die Aufmerksamkeit der anderen Sinne auf sich zieht. Diese kollektive Empfindung ist, als Ganzes betrachtet, stärker als die Summe ihrer Einzelteile.

In der Frühzeit des HDTV führte der am Media Lab arbeitende Sozialwissenschaftler Russ Neuman ein bahnbrechendes Experiment durch, mit dem er die Publikumsreaktion auf unterschiedliche Bildschirmqualitäten überprüfen wollte. Neuman stellte zwei absolut identische hochwertige Fernsehgeräte samt zweier erstklassiger Videorecorder auf, auf denen er zwei gleichwertige Videokassetten (ebenfalls von exzellenter Qualität) abspielen ließ. Allerdings benutzte er bei Anordnung A die normale Klangqualität des Videogeräts und die winzigen Lautsprecher des Fernsehers, während bei Anordnung B der Ton besser als von einer CD war und über exzellente Lautsprecherboxen abgespielt wurde.

Das Resultat war verblüffend: Die meisten Versuchspersonen gaben an, daß das Bild bei Anordnung B wesentlich besser gewesen sei. Dabei besaßen beide Anordnungen exakt die gleiche Bildqualität. Aber die visuelle Erfahrung war bei B bedeutend besser. Wir neigen also anscheinend dazu, unsere Wahrnehmungen als einen sinnlichen Gesamteindruck und nicht in einzelnen Teilen zu bewerten. Diese wesentliche Beobachtung wird beim Design neuer VR-Systeme manchmal übersehen.

Beim Entwurf von Panzersimulatoren beispielsweise wurden größte Anstrengungen unternommen und fast keine Kosten gescheut, um eine bestmögliche Bildschirmdarstellung zu erzielen, so daß der Blick auf den Bildschirm dem Blick aus dem kleinen Fenster eines Panzers so nahe wie möglich kam. Ausgezeichnet. Nachdem sie sich mit allen Mitteln um eine höhere Zahl von Abtastzeilen bemüht hatten, entschieden sich die Designer allerdings dafür, den Simulator auf eine billige Bewegungsplattform zu stellen, die ein wenig vibrierte. Erst durch die zusätzliche Integration einiger sensorischer Effekte – Panzermotor- und Kettengeräusche – wurde ein so viel höherer »Echtheitsgrad« erzielt, daß die Entwickler in der Lage waren, die Zahl der Abtastzeilen zu reduzieren, wobei sie dennoch die vorher definierten Systemanforderungen übertrafen.

Ich werde immer wieder gefragt, warum ich meine Lesebrille auch beim Essen trage, obwohl ich offensichtlich keine Brille benötige, um meinen Teller oder meine Gabel zu sehen. Meine Antwort lautet einfach, daß das Essen mit Brille besser schmeckt. Die Qualität einer Mahlzeit erhöht sich, wenn man die Nahrungsmittel sehen kann. Sehen und Fühlen ergänzen einander.

Sehen und fühlen

Der Blick in den Spiegel

Ein Personalcomputer ist weniger in der Lage, die Gegenwart eines Menschen wahrzunehmen als eine moderne Toilette oder ein Außenstrahler, die beide über einfache Bewegungsmelder verfügen. Selbst Ihre preiswerte Autofokuskamera weiß besser als jedes Terminal oder Computersystem, was direkt vor ihr geschieht. Wenn Sie Ihre Hände von der Computertastatur nehmen, weiß das Gerät nicht, ob es sich bei dieser Pause um einen Moment des Nachdenkens, ein natürliches Bedürfnis oder eine Mittagspause handelt. Der Computer sieht nicht, ob er mit Ihnen allein oder mit sechs weiteren Personen spricht. Er weiß nicht, ob Sie Ihren Schlafanzug, eine Abendgarderobe oder gar nichts anhaben. Sie kehren ihm vielleicht den Rücken zu, während er Ihnen etwas Interessantes zeigen will, oder befinden sich außerhalb seiner Hörweite, während er gerade mit Ihnen spricht.

Wir beschäftigen uns heutzutage ausschließlich mit der Frage, wie man die Benutzung eines Computers für den Menschen einfacher machen kann. Dabei wäre es an der Zeit, darüber nachzudenken, wie man es dem Computer leichter macht, mit Menschen umzugehen. Wie soll er beispielsweise eine Unterhaltung mit Leuten führen, von denen er noch nicht einmal weiß, daß sie da sind? Er kann sie nicht sehen und weiß nicht, wie viele vor ihm stehen. Lächeln sie? Hören sie überhaupt zu? Wir sprechen voller Sehnsucht über Mensch-Computer-Interaktion und Dialogsysteme, während wir gleichzeitig ganz bewußt einen der beiden Teilnehmer an diesem Dialog völlig im dunkeln lassen. Es ist an der Zeit, dem Computer Hören und Sehen beizubringen.

Die Forschungen über Computervision und ihre Anwendungsbereiche haben sich bisher fast ausschließlich auf die Szenenanalyse für militärische Zwecke beschränkt, wie etwa bei selbststeuernden Fahrzeugen und intelligenten Bomben. Auch die Anwendungsmöglichkeiten im Weltall waren seit jeher von großem Interesse für die Forschung, so daß der Stand der Technik immer weiter vorangetrieben wurde. Ein Roboter, der auf dem Mond herumfährt, kann nicht einfach das Bild dessen, was er sieht, zu seinem Operator auf der Erde zurückfunken, da die Übertragung des Signals selbst bei Lichtgeschwindigkeit zu lange dauern würde. Wenn der Roboter plötzlich vor einem jähen Abgrund steht, ist er längst über den Rand gefallen, bis das Bedienungspersonal auf der Erde das Videobild der Klippen gesehen und dem Roboter den Befehl geschickt hat, die Vorwärtsbewegung sofort zu stoppen. In solchen Fällen muß der Roboter in der Lage sein, aufgrund seiner Wahrnehmungen eine eigene Entscheidung zu treffen.

Im Bereich der visuellen Intelligenz hat die Wissenschaft stetige Fortschritte gemacht und Techniken entwickelt, um beispielsweise aus Schattenwürfen oder Hintergründen bestimmte Formen oder einzelne Objekte ableiten zu können. Erst vor kurzem wurden Untersuchungen zur Computererkennung von Menschen begonnen, mit deren Hilfe man die Mensch-Computer-Schnittstelle verbessern will. Ihr Gesicht ist letztendlich nichts anderes als Ihre Anzeigeeinheit, und Ihr Computer sollte in der Lage sein, sie zu lesen, das heißt, Ihr Gesicht und dessen einzigartige Ausdrucksmöglichkeiten zu erkennen und zu deuten.

Unsere Gesichtszüge sind eng mit dem Ausdruck unserer Absichten verknüpft. Wenn wir am Telefon sprechen, bleibt unser Gesichtsausdruck nicht völlig regungslos, nur weil wir die Person am anderen Ende der Leitung nicht sehen können. Tatsächlich verziehen wir in solchen Fällen das Gesicht und gestikulieren noch mehr als gewöhnlich, so als ob wir unserer Sprache größere Betonung und Prosodie verleihen wollten. Durch die Wiedererkennung bestimmter Gesichtsausdrücke erhält der Computer ein zusätzliches, konkurrierendes Signal, mit dessen Hilfe sich sowohl gesprochene als auch geschriebene Botschaften präzisieren oder erweitern lassen.

Die technische Herausforderung einer Wiedererkennung von Gesichtern und Gesichtszügen ist gewaltig, ließe sich aber in bestimmten Bereichen durchaus verwirklichen. Darunter fallen Anwendungen, die Sie und Ihren Computer betreffen und bei denen der Computer nur erkennen muß, ob Sie es sind und nicht irgendein anderer Mensch auf diesem Planeten. Darüber hinaus sind auch die Hintergründe leicht voneinander trennbar.

Früher oder später wird Ihr Computer wahrscheinlich in der Lage sein, Ihnen ins Gesicht zu schauen. Als 1990 während des Golfkriegs ein Großteil der Geschäftsreisen verboten wurde, stellten wir als Reaktion darauf ein außergewöhnliches

160

Anwachsen der Telekonferenzen fest. Seitdem werden immer mehr Personalcomputer mit preiswerter Hardware für Telekonferenzen ausgerüstet.

Eine solche Telekonferenzanlage besteht aus einer Fernsehkamera, die in der Mitte über dem Bildschirm angebracht wird, sowie aus der Hardware oder Software, die man benötigt, um ein Echtzeitvideo zu kodieren, zu dekodieren und auf dem gesamten oder einem Teil des Computerbildschirms darzustellen. Immer mehr Personalcomputer werden auf diese Weise künftig »sehfähig«. Dennoch haben die Entwickler der Telekonferenzsysteme nicht daran gedacht, die Kamera auf dem Personalcomputer auch für eine persönliche Kommunikation mit dem Computer einzusetzen – warum eigentlich nicht?

Von Mäusen und Menschen

Neil Gershenfeld vom Media Lab vergleicht eine Maus im Wert von dreißig Dollar, deren Handhabung man in ein paar Minuten erlernen kann, mit einem Cellobogen im Wert von dreißigtausend Dollar, mit dem man ein Leben lang üben muß. Dabei stellt er die sechzehn Bogentechniken dem Klick, Doppelklick und Ziehen der Maus gegenüber. Der Bogen ist für den Virtuosen gedacht, die Maus für den Rest der Menschheit.

Eine Maus ist ein simples, aber unhandliches Medium für die grafische Eingabe. Ihre Bedienung verläuft in vier Schritten. Erstens: mit der Hand tastend nach der Maus suchen und sie finden; zweitens: an der Maus wackeln, um den Cursor zu finden; drittens: den Cursor an den gewünschten Ort bewegen; viertens: den Mausknopf klicken oder doppelklicken. Apples innovatives Design des PowerBook reduziert diese

Arbeitsgänge zumindest um einen Schritt: Es verfügt über eine sogenannte tote Maus oder Trackball (bzw. seit neuestem über ein Track-Pad, eine Berührungsplatte) an der Stelle, an der die Daumen ohnehin aufliegen, so daß die Schreibunterbrechungen minimiert werden.

Gänzlich nutzlos erweisen sich Maus und Trackball beim Zeichnen. Versuchen Sie einmal, mit einem Trackball Ihren Namen zu schreiben. Für solche Zwecke ist das Daten- oder Grafiktablett, eine glatte Oberfläche mit einem kugelschreiberähnlichen Stift, die weitaus bessere Lösung.

Nur die wenigsten Computer verfügen über ein Datentablett zum Zeichnen. Wenn dennoch eines vorhanden sein sollte, stellt sich dem Benutzer das schizophren anmutende Problem, sowohl das Tablett als auch die Tastatur arbeitsgerecht auf dem Schreibtisch zu plazieren, da beide Eingabehilfen eine zentrale Lage direkt vor und unter dem Bildschirm benötigen. Häufig wird der Konflikt dadurch gelöst, daß man die Tastatur unter den Monitor legt, da die meisten Benutzer (wie auch ich) keine Lust haben, Buchstaben einzeln mit dem Stift anzutippen.

Da auf diese Weise sowohl Datentablett als auch Maus außerhalb der gedachten Mittelachse liegen, müssen wir eine eher unnatürliche Hand-Augen-Koordination erlernen. Man zieht oder deutet an einem Ort und blickt dabei auf einen anderen: zeichnen aus zweiter Hand, sozusagen.

Douglas Englebart ist der Mann, der im Jahre 1964 die Maus erfand, und er entwickelte sie für die Arbeit mit Texten, nicht zum Zeichnen. Aber seine Erfindung setzte sich durch und ist heute allgegenwärtig. Vor kurzem erklärte Jane Alexander, die Vorsitzende der National Endowment of the Arts (Nationale Kunststiftung), daß nur ein Mann auf die Idee kommen konnte, dieses Gerät als Maus zu bezeichnen.

Ein Jahr zuvor perfektionierte Ivan Sutherland das Konzept eines Lichtgriffels, mit dem man direkt auf dem Bildschirm zeichnen konnte (bereits in den fünfziger Jahren besaß das SAGE-Verteidigungssystem einige einfache Lichtgriffel). Sutherlands Griffel folgte ein kreuzförmiger Cursor, der aus fünf Lichtpunkten zusammengesetzt war. Um eine Zeichnung abzuschließen, mußte man blitzschnell das Handgelenk drehen und das Nachführen bewußt unterbrechen – eine hübsche, aber nicht allzu akkurate Möglichkeit, um eine Linie zu Ende zu bringen.

Lichtgriffel sind heutzutage praktisch völlig verschwunden. Es ist eine Sache, seine Hand an den Bildschirm zu halten (was über einen längeren Zeitraum schwer genug fällt, wenn das Blut aus der Hand weicht), aber dabei ständig einen fünfzig Gramm schweren, an einer Schnur befestigten Stift führen zu müssen führt zu extremen Ermüdungserscheinungen in Hand und Arm. Einige Lichtgriffel besaßen einen Durchmesser von 1,5 Zentimetern – was sich anfühlte, als ob man mit einer Zigarre eine Postkarte schreiben wollte.

Datentabletts eignen sich vor allem zum Zeichnen, wobei der Stift durch Verbesserungen in der Technik durchaus die Textur und Vielfalt eines Künstlerpinsels erreichen könnte. Aber bis auf den heutigen Tag fühlen sich solche Griffel eher wie Kugelschreiber an, und ihre glatte und harte Unterlage benötigt ihren eigenen Raum auf dem Schreibtisch, möglichst in direkter Nähe Ihres Arms und Ihres Bildschirms. Da unsere Schreibtische bereits schon jetzt vollgestopft sind, gibt es nur eine Möglichkeit, den Datentabletts zu neuer Popularität zu verhelfen: Die Möbelhersteller müßten die Tabletts direkt in den Schreibtisch integrieren, und zwar nicht in Form einer zusätzlichen Erweiterung, sondern in die Schreibtischplatte selbst.

Hochsensible Hardware

Die große Unbekannte bei der grafischen Eingabe ist der menschliche Finger. Vollautomatische Geldzählmaschinen und Informationsstände benutzen berührungsempfindliche Bildschirme bereits mit einigem Erfolg. Aber bei einem Personalcomputer berührt man mit seinem Finger so gut wie nie den Bildschirm – was relativ verblüffend erscheint, wenn man bedenkt, daß der menschliche Finger ein Zeigegerät ist, das man nicht extra in die Hand nehmen muß und von dem jeder Mensch bereits zehn Stück besitzt. Man könnte elegant vom Tippen zum Zeigen, von der horizontalen zur vertikalen Ebene überwechseln. Dennoch hat sich dieser Gedanke bisher nicht durchsetzen können. Im folgenden finden Sie drei Einwände gegen dieses Konzept, von denen ich aber keinen auch nur einen Moment akzeptiere:

Wenn man mit dem Finger auf etwas zeigt, verdeckt man es damit. Richtig, aber das gleiche geschieht auch bei Papier und Stift, und wir schreiben nach wie vor mit der Hand oder zeigen auf einem Blatt Papier mit dem Finger auf bestimmte Textstellen.

Ein Finger besitzt eine zu niedrige Auflösung. Falsch. Selbst Wurstfinger besitzen eine hervorragende Auflösung. Wenn man nach dem Berühren der Oberfläche einen zweiten Arbeitsschritt einfügt und den Finger leicht abrollt, läßt sich ein Cursor mit größter Genauigkeit positionieren.

Finger verschmutzen den Bildschirm. Aber sie reinigen ihn auch gleichzeitig! Wenn man davon ausgeht, daß sich berührungsempfindliche Bildschirme in einem ständigen Zustand mehr oder weniger unsichtbarer Verschmutzung befinden, werden sie von sauberen Händen gesäubert und von schmutzigen verschmutzt (sozusagen).

Der wahre Grund, warum wir unsere Finger noch nicht benutzen, liegt darin, daß wir bis heute noch keine gute Technik entwickelt haben, mit der sich der Nahbereich eines Fingers abtasten läßt (der Finger befindet sich direkt am Bildschirm, berührt aber die Oberfläche noch nicht). Mit nur zwei Zuständen – berührt oder nicht berührt – sind viele Anwendungen fürchterlich schwer zu bedienen. Wenn dagegen ein Cursor erscheinen würde, sobald sich Ihr Finger in etwa einem halben Zentimeter Abstand zum Bildschirm befindet, könnte man das Berühren der Oberfläche wie einen Mausklick nutzen.

Ein weiterer Vorteil der Finger liegt darin, daß die Papillarlinien, die den Fingerabdruck ausmachen, wie das Profil eines Winterreifens wirken, so daß bei einer Berührung der Haut mit der gläsernen Oberfläche Reibung entsteht. Diese Adhäsion macht es möglich, den Bildschirm tatsächlich »anzudrücken« und Kraft auf die Oberfläche auszuüben.

Vor zwanzig Jahren entwickelten wir am MIT ein Gerät, bei dem der Druck eines Fingers nicht das Gerät selbst bewegte, sondern genügend Reibung auslöste, um Objekte in Bewegung zu versetzen, sie zu verschieben und sogar Rotationskräfte auszulösen. Bei einer Demonstration waren Knöpfe auf dem Bildschirm zu sehen, die man mit zwei oder drei Fingern berühren und mit Hilfe der Haftung seiner Finger auf der Bildschirmoberfläche drehen konnte. Diese Knöpfe ließen sich nicht nur drehen, sondern gaben auch ein Klicken von sich, was den realistischen Eindruck erhöhte. Als mögliche Anwendungsbereiche kam von Kinderspielen bis hin zur vereinfachten Bedienung eines Flugzeugcockpits alles in Frage.

Das Interface schlägt zurück

Ferngesteuerte Manipulatoren werden in vielen, für den Menschen giftigen Umgebungen eingesetzt, darunter auch in Atomreaktoren. Dabei reicht ein Robotarm in den Reaktor hinein, den ein menschlicher Operator von außerhalb des Reaktorraums steuert. Im allgemeinen sind der Steuerstand und der Robotarm räumlich weit voneinander getrennt, so daß der Operator die Steuerung nur mit Hilfe von Fernsehbildern durchführen kann. Der Robotarm endet zumeist in einer Art Griffklaue, die der Operator im Steuerstand mit seinem Daumen und Zeigefinger steuert. Auf diese Weise kann er Gegenstände ergreifen und anheben und erhält indirekt einen Eindruck vom Gewicht und der Elastizität zum Beispiel eines Stücks Uran.

Fred Brooks und seine Kollegen an der University of North Carolina hatten eine großartige Idee: Was wäre, wenn der Robotarm überhaupt nicht existieren würde, aber die zu ihm führenden Drähte statt dessen an einen Computer angeschlossen wären, der einen solchen Arm simulieren könnte? Die Gegenstände, die man dabei auf dem Bildschirm erkennt, sind nicht real, sondern vom Computer erzeugt und dargestellt, und sie weisen das gleiche Gewichts- und Elastizitätsverhalten auf wie reale Objekte.

Bisher hat man die taktilen Fähigkeiten eines Computers ausschließlich danach bewertet, ob und inwieweit der Mensch die Maschine berühren kann – und nicht umgekehrt.

Ich war an der Entwicklung des frühen Prototyps einer Maschine beteiligt, die auf menschlichen Druck Gegendruck ausüben konnte. Bei diesem Druck-Gegendruck-Gerät ließ sich der vom Benutzer aufgewendete Druck als Auslöser für jede denkbare Funktion einsetzen. Mit Hilfe eines Computers konnte man das Gerät so einstellen, daß die Spanne von völliger Bewegungsfreiheit bis zu einem Gefühl reichte, als ob man etwas durch Sirup schieben wollte. In einer Versuchsanordnung koppelten wir eine Karte von Massachusetts mit einer demografischen Datenbank. Mit Hilfe dieses Druck-Gegendruck-Digitalumsetzers konnte die Versuchsperson auf der Karte die Pläne für den Bau eines neuen Highway abstekken. Dabei erhöhte sich die Menge der aufzuwendenden Kraft proportional zu der Anzahl der Familien, die im betreffenden Gebiet umgesiedelt werden mußten. Auf diese Weise konnte man die Augen schließen und dem neuen Highway im wahrsten Sinne des Wortes den Weg des geringsten Widerstands bahnen.

Als IBM einen kleinen roten Joystick – eine Art Mausersatz – in die Mitte ihrer ThinkPad-Tastaturen einbaute, wurde damit auch die Arbeit mit Druck-Gegendruck-Applikationen möglich (der Joystick arbeitet durch die Wahrnehmung von Kraft, nicht durch die Wahrnehmung einer räumlichen Veränderung). Hoffentlich werden bald mehr berührungsempfindliche Computersysteme auf den Markt kommen – wenn die Programmierer genügend Anwendungen entwickeln, bei denen der ThinkPad-Joystick den Eindruck erzeugt, daß er Gegendruck ausübt.

Alan Kay (der Mann, der im allgemeinen als Vater des Personalcomputers gilt) stellte bei Apple ein weiteres Beispiel einer solchen Technik vor: Einer seiner Mitarbeiter hatte eine »widerspenstige« Maus entworfen, bei der ein variables Magnetfeld dafür sorgte, daß sie je nach Wunsch mehr oder weniger schwer zu bewegen war. Bei voller Magnetkraft rührte sich die Maus keinen Zentimeter mehr von der Stelle und hielt auf diese Weise den Cursor von verbotenen Bereichen des Bildschirms fern.

Sehen Sie sich Ihren Computer genau an

Stellen Sie sich vor, Sie würden etwas auf Ihrem Computerbildschirm lesen und könnten fragen: Was bedeutet das? Wer
ist sie? Wie bin ich hierher gekommen? »Das«, »sie« und
»hierher« werden durch Ihre Blickrichtung im bewußten Moment definiert, und Ihre Fragen betreffen den Kontaktpunkt
zwischen Ihren Augen und dem Text. Zwar werden Augen im
allgemeinen nicht als Ausgabegeräte betrachtet, aber wir benutzen sie ständig zu diesem Zweck.

Die Art und Weise, wie ein Mensch die Blickrichtung eines
anderen Menschen erfassen und einen Augenkontakt herstellen kann, läßt sich am besten mit dem Wort »Magie« beschreiben. Stellen Sie sich vor, Sie stehen fünf Meter von einer
anderen Person entfernt, die Ihnen teilweise direkt in die
Augen schaut und teilweise über Ihre Schulter hinweg blickt.
Sie sind sofort in der Lage, den Unterschied zu erkennen,
obwohl die Blickrichtung der anderen Person im Grunde
immer nur um wenige Grade von ihrer vorherigen Blickrichtung abweicht. Wie ist das möglich?

Es läßt sich mit Sicherheit nicht mit Hilfe der Trigonometrie
beantworten, wo Sie den Winkel einer Senkrechten zur Ebene
der Augäpfel der anderen Person berechnen, um danach zu
bestimmen, ob diese Senkrechte sich mit Ihrer eigenen Blick-
linie überschneidet. Nein. Hier geschieht etwas anderes –
zwischen Ihren Augen und denen der anderen Person wird
eine Botschaft hin- und hergesandt. Wir haben nicht die leise-
ste Ahnung, wie dieser Austausch funktioniert.

Wir zeigen mit unseren Augen ständig auf alle möglichen
Gegenstände. Wenn Sie gefragt werden, wo jemand anders
hingegangen ist, könnte Ihre Antwort einfach in einem Blick
auf eine offene Tür bestehen. Wenn man Sie fragt, was Sie

tragen wollen, können Sie einfach den einen oder den anderen Koffer anblicken. Zusammen mit einigen Gesten des Kopfes stellt diese Art des Zeigens ein sehr wirksames Kommunikationsmittel dar.

Heute existieren verschiedene Technologien zur Blickverfolgung der Augen. Eine der ersten Demonstrationen, die ich je miterlebt habe, war ein Verfolger in Helmform, der einen Text auf dem Bildschirm während des Lesens vom Englischen ins Französische veränderte. Wenn sich der eigene Blickmittelpunkt von Wort zu Wort fortbewegte, sah man nur französische Wörter, und der Bildschirm schien zu 100 Prozent mit Französisch gefüllt zu sein. Als Zuschauer, dessen Augen nicht nachverfolgt wurden, sah man dagegen einen Bildschirm mit etwa 99 Prozent englischem Text – nämlich sämtlichen Wörtern außer dem einen Wort, das die Versuchsperson mit dem Helm gerade las.

Die meisten der heutigen Verfolgersysteme setzen externe TV-Kameras ein, so daß der Anwender keinen Helm mehr tragen muß. Ein videofähiges Telekonferenzsystem eignet sich besonders gut zum Nachverfolgen der Augen, weil der Benutzer hierbei meist in einem festgelegten Abstand relativ gerade vor dem Bildschirm sitzt. Außerdem blickt man in einer solchen Situation direkt in die Augen der anderen Person, so daß der Computer immer weiß, wo sich Ihre Augen befinden.

Je mehr der Computer über Ihre Position vor dem Bildschirm, Ihre Körperhaltung und das Aussehen Ihrer Augen weiß, desto einfacher ist es für ihn herauszufinden, wohin Sie gerade schauen. Ironischerweise werden die ersten Anwendungen für dieses etwas exotisch wirkende Medium der Augeneingabe für eine besonders alltägliche Situation entwickelt werden – ein Mensch, der vor einem Tischcomputer sitzt.

Die Augeneingabe wird noch effektiver nutzbar sein, wenn man sie konkurrierend mit einem anderen Eingabemedium benutzt – der Sprache.

Können wir darüber reden?

Über das Wort hinaus

Für die meisten Menschen ist die Eingabe mit den Fingern keine ideale Schnittstelle. Wenn wir mit Computern sprechen könnten, würde selbst ein fanatischer Maschinenstürmer sie mit mehr Enthusiasmus benutzen. Nichtsdestotrotz bleiben unsere Computer weitgehend taub und stumm. Warum?

Der Hauptgrund für die geringen Fortschritte auf dem Gebiet der Spracherkennung ist nicht die fehlende Technologie, sondern die fehlende Perspektive. Wenn ich Demonstrationen oder Werbeveranstaltungen für ein Spracherkennungssystem besuche und dabei sehe, wie der Vorführer sich ein Mikrofon vors Gesicht hält, frage ich mich: Haben sie wirklich die Tatsache übersehen, daß einer der größten Vorzüge der Sprache darin besteht, daß beide Hände frei bleiben? Wenn ich anderen Leuten dabei zuschaue, wie sie zum Sprechen mit ihrem Gesicht ganz dicht an den Bildschirm heranrücken, frage ich mich: Haben sie vergessen, daß einer der Gründe für die Benutzung der Stimme darin besteht, daß man mit ihr auch auf eine gewisse Entfernung kommunizieren kann? Wenn ich Menschen begegne, die eine benutzerunabhängige Spracherkennung verlangen oder fordern, frage ich mich: Haben sie vergessen, daß wir hier über persönliche Computer und nicht über Mehrplatzbenutzersysteme sprechen? Warum scheint sich jedermann mit den falschen Aspekten des Problems zu beschäftigen?

Die Antwort ist einfach. Bis vor kurzem sind wir bei der Entwicklung der Spracherkennung zwei irreführenden Zwangsvorstellungen nachgejagt. Die erste entstand aus den altmodischen Auffassungen der telefonischen Kommunikation, wonach jeder Mensch überall auf der Welt in der Lage sein sollte, ein Telefon in die Hand zu nehmen und damit nicht einer menschlichen Vermittlung, sondern seinem Computer gesprochene Befehle zu erteilen – wobei es nichts ausmachen durfte, ob derjenige mit Bostoner, New Yorker oder Südstaatenakzent sprach. Die andere Zwangsvorstellung betraf die Büroautomation – die sprechende Schreibmaschine, mit der wir ohne Unterbrechung reden und die unsere Sprache perfekt transkribiert. Die ausschließliche Konzentration auf diese beiden Ziele hielt uns jahrelang davon ab, ein wesentlich schneller realisierbares (und nützlicheres) Konzept in Angriff zu nehmen: das Erkennen und Verstehen eines Gesprächs im Rahmen einer personalisierten interaktiven Umgebung.

Darüber hinaus haben wir bisher übersehen, daß die Sprache über bloße Wörter hinausgeht. Die heutigen Computer verlangen unsere absolute und ungeteilte Aufmerksamkeit. Im allgemeinen muß man sich zunächst vor das Gerät setzen und sich danach – mehr oder weniger ausschließlich – dem

Prozeß und dem Inhalt der Interaktion widmen. Es gibt kaum eine Möglichkeit, einen Computer im Vorübergehen zu benutzen oder ihn in eines von mehreren Gesprächen einzubeziehen. Die Sprache wird dies Verhalten verändern.

Darüber hinaus wäre es sehr wichtig, einen Computer über die eigene Armlänge hinaus benutzen zu können. Stellen Sie sich vor, daß Sie bei einer Unterhaltung mit einer anderen Person immer seine oder ihre Nase im Gesicht hätten. Im allgemeinen unterhalten wir uns mit anderen Menschen über eine gewisse Distanz, wir wenden uns für einen Moment ab, um eine andere Aufgabe zu erledigen, und relativ häufig sprechen wir auch miteinander, ohne einander dabei sehen zu können. Ich möchte mit meinem Computer innerhalb der »Hörweite« kommunizieren können; allerdings müßte für eine solche Konzeption das Problem der Nebengeräusche (zum Beispiel Klimaanlage oder Fluglärm) gelöst werden.

Sprache geht auch insofern über den reinen Wortgebrauch hinaus, als daß sie über verschiedene Bedeutungsträger der Information verfügt. Jeder, der ein Kind oder ein Haustier hat, weiß, daß es nicht nur wichtig ist, *was* man sagt, sondern auch, *wie* man es sagt. Der Tonfall der Stimme ist von entscheidender Bedeutung. Ein Hund beispielsweise reagiert fast ausschließlich auf den Tonfall der Stimme, denn er verfügt über nur eine sehr geringe angeborene Fähigkeit zur komplexen lexikalischen Analyse – trotz der übertriebenen Behauptungen seiner ihn anbetenden Besitzer.

Das gesprochene Wort transportiert eine riesige Menge an Informationen, die über die eigentliche Wortbedeutung hinausgehen. Durch die Sprache lassen sich Leidenschaft, Sarkasmus, Wut, Zweideutigkeiten, Unterwürfigkeit und Ermüdung ausdrücken – und zwar immer mit exakt denselben

Worten. Im Kontext der Spracherkennung bei Computern wurden diese Nuancen bisher ignoriert oder sogar eher als Programmfehler denn als charakteristischer Bestandteil des Mediums betrachtet. Dabei handelt es sich um genau die Eigenschaften, die die Sprache zu einem wesentlich facettenreicheren Medium machen als das Maschineschreiben.

Drei Dimensionen der Spracherkennung

Wenn Sie eine Fremdsprache relativ gut, aber nicht perfekt beherrschen, werden Sie feststellen, daß eine Radiosendung mit atmosphärischen Störungen für Sie so gut wie nicht zu verstehen ist. Dagegen wirkt das verrauschte Radiosignal für jemanden, der die Sprache fließend spricht, meist nur störend. Erkennen und Verstehen sind eng miteinander verknüpft.

Die heutigen Computer besitzen kein Verständnis wie Sie oder ich, die wir uns darüber einigen können, daß wir *wissen*, was etwas bedeutet. Auch wenn die Computer der Zukunft zweifellos über mehr Intelligenz verfügen werden, müssen wir uns momentan darauf beschränken, das Problem der Maschinenerkennung zu lösen, ohne dabei sehr viel für das Verständnis der Maschine tun zu können. Eine Trennung dieser beiden Aufgaben macht den Weg frei für die Übersetzung gesprochener Wörter in computerlesbare Befehle. Das Problem der Spracherkennung besteht aus drei Ebenen: Umfang des Wortschatzes, Abhängigkeit von einem bestimmten Sprecher sowie Wortzusammenhang, das heißt, inwieweit Wörter im menschlichen Sprachrhythmus miteinander verschliffen werden können.

Stellen Sie sich diese Dimensionen der Sprache als drei

Achsen vor, die alle drei für den Computer schwieriger zu begreifen sind, je weiter Sie sich von Ihrem Ausgangspunkt entfernen. Auf der Wortschatzachse ist es für den Computer besonders einfach, wenn er nur wenige Wörter erkennen muß. Wenn das System im voraus weiß, wer zu ihm spricht, sind auch hier die Probleme geringer. Und wenn die Wörter einzeln und betont ausgesprochen werden müssen, hat es der Computer ebenfalls besonders leicht.

Der Ausgangspunkt dieser Achsen ist der Ort des kleinstmöglichen Wortschatzes, der ausschließlich von einem einzigen Sprecher gesprochen wird, der zwischen den einzelnen Worten – bewußt – eine – Pause – einlegt.

Je mehr wir uns auf den einzelnen Achsen vom Computer wegbewegen, also das Vokabular vergrößern, das System sprecherunabhängig gestalten oder Wörter miteinander verschleifen, desto größer werden die zu erwartenden Schwierigkeiten. Das Ziel wäre ein Computer, der von einem beliebigen Sprecher jedes Wort erkennt, wobei alle Wörter »zsammenhängkönn«. Ein weitverbreitetes Vorurteil besagt, daß wir nur dann mit Spracherkennung am Computer zu arbeiten vermögen, wenn es uns gelingt, auf möglichst allen drei Achsen dieses Extrem zu erreichen. Unsinn!

Betrachten wir einmal die einzelnen Achsen. Wenn es um den Umfang des Wortschatzes geht, lautet die Frage meist: Wie groß ist groß genug: 500, 5 000 oder 50 000 Wörter? Dabei müßte man eigentlich fragen: Wie viele erkennbare Wörter werden gleichzeitig im Speicher des Computers benötigt? Die Frage legt nahe, das vorhandene Vokabular in miteinander verknüpfte Wortgruppen zu zergliedern, die je nach Bedarf in die Maschine eingeladen werden können. Wenn ich meinen Computer bitte, ein Telefongespräch anzumelden, wird mein Adressenverzeichnis automatisch mitgeladen. Falls ich eine

Reise plane, finde ich statt dessen die Namen der möglichen Reiseziele vor.

Wenn man den Wortschatz als Gruppe von Wörtern definiert, die gleichzeitig im Computer benötigt werden, könnte man auch von Wortfenstern sprechen. Auf diese Weise muß der Computer unter einer wesentlich weniger erschreckenden Zahl von Äußerungen wählen, die näher gegen 500 als gegen 5 000 liegen dürfte.

Die angebliche Notwendigkeit einer Unabhängigkeit vom Sprecher ist eine Forderung aus den Zeiten der Telefongesellschaften, für die ein Zentralcomputer für jedermann zugänglich zu sein hatte und eine Art von »universellem Service« bieten mußte. Heute sind unsere Rechnersysteme wesentlich weiter verbreitet und personalisiert. Wir können im Bereich der Netzwerkperipherie an einer besseren Erkennung arbeiten: im PC, im Handtelefon oder mit Hilfe einer intelligenten Chipkarte. Wenn ich von einer Telefonzelle aus mit dem Computer einer Fluggesellschaft sprechen will, könnte ich meinen Computer zu Hause anrufen oder meinen Taschencomputer herausholen und ihn die Übersetzung meiner Stimme in ein maschinenlesbares Signal vornehmen lassen.

Der dritte Punkt ist die undeutliche Aussprache oder das Verschleifen von Wörtern. Niemand von uns möchte zu seinem Computer so sprechen müssen wie ein Tourist, der im Ausland ein Kind etwas fragen will und dabei jedes Wort sorgfältig ausspricht und lange Sprechpausen macht. Diese Achse stellt die größte Herausforderung dar, aber das Problem läßt sich dadurch vereinfachen, daß man eine Sprache auch als zusammenhängende Äußerungen aus mehreren Wörtern auffassen kann. Das Erlernen einer solchen »Allesaufeinmalsprache« könnte zum festen Bestandteil der Personalisierung und zum Training Ihres Computers gehören.

Wenn wir die Sprache als ein interaktives Medium des gegenseitigen Gesprächs auffassen, kommen wir den Anfangsgründen der Spracherkennung sehr nahe.

Interjektionen

Das Medium Sprache wird häufig um Klänge erweitert, die in keinem Wörterbuch zu finden sind. Eine Sprache ist nicht nur wesentlich farbiger als ein schwarzweißer Text, sie erhält auch zusätzliche Bedeutung durch bestimmte Gesprächsmerkmale wie, äh, Interjektionen. 1978 arbeiteten wir am MIT mit einem hochentwickelten, sprecherabhängigen Spracherkennungssystem, das wie alle Systeme dieser Art zu Fehlern neigte, wenn die Stimme des Sprechers auch nur den kleinsten Unterton von Streß aufwies. Wenn unsere graduierten Studenten dieses System unseren Sponsoren vorstellen mußten, sollte möglichst alles perfekt funktionieren. Dieser Druck führte unweigerlich zu einer gewissen Angst und so viel Spannung in der Stimme des Studenten, der die Demonstration vorführte, daß das System jedesmal zusammenbrach.

Einige Jahre später kam einer unserer Studenten auf eine großartige Idee: Er wollte die Pausen im Redefluß des Sprechers herausfinden und die Maschine dann so umprogrammieren, daß sie im passenden Moment die Äußerung »Aha« von sich gab. Wenn also jemand mit dem Computer sprach, würde dieser in regelmäßigen Abständen »A-haaa«, »Aaa-ha« oder »Aha« sagen. Dieser Trick hatte eine so beruhigende Wirkung (dem Zuhörer kam es so vor, als ob die Maschine ihren Benutzer zum Weiterreden aufforderte), daß sich der Vorführer besser entspannen konnte und die Leistungen des Systems nicht mehr wiederzuerkennen waren.

Dieses Experiment macht zwei Dinge deutlich: Zum einen müssen nicht alle Äußerungen eine lexikalische Bedeutung besitzen, um für eine Kommunikation von Wert zu sein; zum anderen dienen manche Äußerungen als reine Begleit- oder Bestätigungsformeln eines Gesprächs. Wenn Sie am Telefon nicht in passenden Abständen ein »Aha« in den Redefluß des Anrufers einwerfen, wird Ihr Gegenüber am anderen Ende nervös werden und irgendwann wissen wollen: »Sind Sie noch da?« Das »Aha« bedeutet nicht »Ja«, »Nein« oder »Vielleicht«, sondern überträgt im Grunde nur ein Bit an Information: »Ich bin da.«

Das Schauspiel der Unterhaltung

Stellen Sie sich folgende Situation vor: Sie sitzen an einem Tisch, an dem alle außer Ihnen Französisch sprechen. Ihre Französischkenntnisse beschränken sich auf ein kümmerliches Jahr in der Schule. Plötzlich wendet sich Ihnen eine Person am Tisch zu und sagt: »Voulez-vouz encore du vin?« Sie verstehen den Satz sofort. Danach wechselt Ihr Gesprächspartner das Thema und spricht beispielsweise über französische Politik. Wenn Sie nicht fließend Französisch sprechen, werden Sie nichts vom Gesagten verstehen (und selbst dann kann es schwierig werden).

Man könnte die Ansicht vertreten, daß es sich bei einem Satz wie »Möchten Sie noch etwas Wein?« um Babysprache handelt, während ein Gespräch über Politik weiterführende Sprachkenntnisse erfordert. Das stimmt. Aber dies ist nicht der entscheidende Unterschied zwischen diesen beiden Unterhaltungen.

Als Ihr Gegenüber Sie fragte, ob Sie noch etwas Wein woll-

178

ten, hatte er wahrscheinlich seinen Arm in Richtung Weinflasche ausgestreckt, und seine Augen deuteten auf Ihr leeres Weinglas. Also waren die Signale, die Sie empfingen, paralleler und redundanter anstatt ausschließlich akustischer Natur. Darüber hinaus befanden sich alle Subjekte und Objekte in derselben Zeit und im selben Raum. Durch diese Umstände war es Ihnen möglich, den Satz zu verstehen.

Wieder einmal ist Redundanz etwas Positives. Die Benutzung parallel verlaufender Kanäle (Gestik, Blick und Sprache) gehört zu den Grundzügen der menschlichen Kommunikation. Der Mensch neigt von Natur aus zur gleichzeitigen Nutzung nebeneinander bestehender Ausdrucksmöglichkeiten. Falls Sie nur in bescheidenem Maß Italienisch sprechen, dürfte es Ihnen sehr schwerfallen, sich mit einem Italiener am Telefon zu verständigen. Wenn Sie in einem italienischen Hotel ankommen und keine Seife auf Ihrem Zimmer finden, werden Sie nicht das Telefon benutzen, sondern zur Rezeption gehen und in Ihrem besten Berlitz um etwas Seife bitten. Möglicherweise unterstreichen Sie Ihre Bitte sogar mit ein paar Waschbewegungen.

In einem fremden Land nutzt man jede denkbare Ausdrucksmöglichkeit und liest alle Signale, um zumindest ein grundlegendes Verständnisniveau zu erreichen. Der Computer befindet sich ständig in solch einem fremden Land – nämlich in unserem.

Der Computer lernt sprechen

Ein Computer kann auf zweierlei Arten Sprache erzeugen: entweder durch das Abspielen vorher aufgenommener Stimmen oder durch die künstliche Erzeugung dieser Klänge mit

Hilfe von Buchstaben, Silben oder (am häufigsten) Phonemen. Beide Methoden haben ihre Vor- und Nachteile. Die Erzeugung von Sprache verhält sich ähnlich wie die Erzeugung von Musik: Sie können die Klänge speichern und wieder abspielen (wie es die CD tut), oder Sie stellen die Klänge künstlich her, um sie nach Ihren Aufzeichnungen zu reproduzieren (wie es der Musiker tut).

Das Abrufen bereits zuvor gespeicherter Sprache ermöglicht eine besonders »natürlich« klingende orale und akustische Kommunikation, vor allem wenn es sich bei der gespeicherten Sprache um vollständige Sätze handelt. Aus diesem Grund werden die meisten telefonischen Mitteilungen im voraus aufgenommen. Wenn man versucht, kleinere, bereits vorgefertigte Klangfetzen oder einzelne Worte miteinander zu verbinden, fällt das Ergebnis meist weniger zufriedenstellend aus, da dem fertigen Satz die Sprachmelodie fehlt.

In früheren Zeiten schreckte man eher davor zurück, im voraus aufgenommene Sprache für eine Interaktion zwischen Mensch und Computer einzusetzen, da dieses Verfahren sehr viel Speicherplatz benötigte. Dieses Problem stellt sich heute nicht mehr.

Das eigentliche Problem liegt auf der Hand: Um eine funktionsfähige Sprachausgabe zu erhalten, müssen Sie zunächst einmal genügend Sprache aufnehmen. Wenn Sie beispielsweise von Ihrem Computer erwarten, daß er verschiedene Objekte mit ihren exakten Bezeichnungen anspricht, muß er all diese Namen vorher gespeichert haben. Eine gespeicherte Stimme eignet sich nicht für eine zufällige Sprachausgabe. Dies ist der Grund dafür, warum man auf die zweite Methode, die künstliche Spracherzeugung, zurückgreift.

Ein Sprachgenerator liest einen Text (etwa diesen Satz) und spricht nach bestimmten Regeln ein Wort nach dem anderen aus. Da alle Sprachen unterschiedlich sind, ist auch die künstliche Erzeugung jeder Sprache mit anderen Schwierigkeiten verbunden.

Die westeuropäischen Sprachen (wie Englisch und Deutsch) gehören zu den schwierigsten, da sie auf eine seltsame, anscheinend unlogische Art und Weise (oder Waise?) geschrieben werden. Andere Sprachen, wie etwa Türkisch, lassen sich viel leichter künstlich erzeugen. Türkisch ist deshalb so einfach nachzuahmen, weil diese Sprache im Jahre 1929 auf Atatürks Befehl von arabischen auf lateinische Buchstaben umgestellt wurde, wobei eine genaue Übereinstimmung zwischen den Lauten und den Buchstaben entstand. Im Türkischen spricht man jeden Buchstaben aus; es gibt keine stummen Buchstaben oder verwirrende Diphtonge. Von der Wortebene aus betrachtet, ist Türkisch daher ein Traum für jeden Computersprachgenerator.

Aber selbst wenn Ihre Maschine jedes Wort kennt und einzeln aussprechen kann, sind damit noch nicht alle Probleme gelöst. Es ist sehr schwierig, einer Sammlung synthetisch erzeugter Wörter einen bestimmten Sprachrhythmus und die richtigen Betonungen bei Wortverbindungen oder Sätzen zu vermitteln. Dabei dienen diese Eigenschaften nicht nur einer guten Aussprache, sondern verleihen einer Sprache Vielfalt, Ausdruckskraft und Nuancierung, was sowohl Inhalt als auch Absicht betrifft. Andernfalls wird Ihr Computer mit dieser monotonen Stimme sprechen, die an einen alkoholisierten Schweden erinnert.

Bis heute gibt es nur wenige Sprachausgabesysteme, die Synthese und Speicher miteinander verbinden. Aber wie bei den meisten digitalen Dingen wird sich auf lange Sicht die Kombination durchsetzen.

Alle Dinge groß und klein

Im nächsten Jahrtausend kann es geschehen, daß wir ebensoviel – oder mehr – mit Maschinen sprechen müssen wie mit Menschen. Was viele Leute am meisten an diesem Gedanken zu stören scheint, ist die Tatsache, daß es ihr eigenes Selbstverständnis nicht zuläßt, mit unbelebten Objekten zu reden. Wir haben keinerlei Probleme, uns mit Hunden oder Kanarienvögeln zu unterhalten, aber Türknäufe oder Laternenpfähle sind etwas anderes (außer wenn man völlig betrunken ist). Kämen Sie sich nicht albern vor, wenn Sie mit Ihrem Toaster reden müßten? Wahrscheinlich auch nicht mehr als bei Ihren ersten Versuchen, auf einen Anrufbeantworter zu sprechen.

Einer der Gründe, warum diese Allgegenwart der Sprache heute schneller voranschreitet als noch vor einiger Zeit, ist die Miniaturisierung. Unsere Computer werden immer kleiner. Sie können davon ausgehen, daß Sie die gleiche Maschine, die gestern einen ganzen Raum füllte und heute auf Ihrem Schreibtisch steht, morgen am Handgelenk tragen können.

Viele Benutzer von Schreibtischcomputern sind sich gar nicht im klaren über die enorme Größenreduktion in den vergangenen zehn Jahren, da einige Dinge an ihrem Computer – wie die Tastatur – ihre konstanten Abmessungen behalten haben und andere Maße, wie die Bildschirmgröße, eher vergrößert als verkleinert wurden. Aus diesem Grund ist der Gesamtumfang eines Schreibtischcomputers heute noch ebenso groß wie der eines fünfzehn Jahre alten Apple II.

Die Größenveränderungen der Modems lassen viel deutlichere Schlüsse auf die wirklichen Veränderungen zu, die in den letzten Jahren geschehen sind. Vor weniger als fünfzehn Jahren kostete ein 1 200-Baud-Modem etwa tausend Dollar, und es besaß die Größe eines auf der Seite liegenden Toasters.

Damals war ein 9600-Baud-Modem noch ein Gerät, das ein ganzes Regal für sich benötigte. Heute paßt ein 19200-Baud-Modem auf eine Chipkarte. Allerdings bleibt ein Großteil der Kartenoberfläche ungenutzt; das Kreditkartenformat wurde nur aus Paßgründen gewählt (die Karte paßt in jeden genormten Schlitz, man kann sie noch in der Hand halten und läßt sie nicht so leicht fallen). Aber der Hauptgrund dafür, warum man so etwas wie ein Modem noch nicht auf dem sprichwörtlichen Stecknadelkopf unterbringt, ist längst nicht mehr technologischer Natur: Der Mensch hat einfach Schwierigkeiten damit, Stecknadelköpfe nicht aus den Augen zu verlieren, weil er sie viel zu leicht verlegt.

Wenn wir uns einmal von der natürlichen Beschränkung der Breite unserer Finger gelöst haben – die bis heute vorgeben, wie eine komfortable Tastatur auszusehen hat –, wird die Größe eines Computers eher von den Formen von Jackentaschen, Brieftaschen, Armbanduhren, Kugelschreibern usw. bestimmt werden. Da eine Kreditkarte bereits eine der kleinsten wünschenswerten Größen darstellt, werden die Bildschirme dieser Computer winzig sein, und eine grafische Benutzeroberfläche dürfte sich kaum noch lohnen.

Systeme mit einem Schreibstift kann man wahrscheinlich nur als unhandliche Übergangslösung betrachten – zu groß und doch zu klein. Die Alternative mit physisch vorhandenen Knöpfen ist ebenso inakzeptabel. Wenn Sie einen Blick auf Ihre Fernbedienungen für den Fernseher oder Videorecorder werfen, sehen Sie wahrscheinlich ein gutes Beispiel für die Schrecken der »Tasteritis« vor sich – gemacht für Pygmäenhände und sehr junge Augen.

Aus all diesen Gründen wird der Trend zur zunehmenden Miniaturisierung zwangsläufig die Verbesserung der Spracherzeugung und -erkennung als vorherrschender Benutzerschnittstelle bei kleinen Objekten vorantreiben. Dabei muß die eigentliche Spracherkennung nicht unbedingt in jedem Manschettenknopf oder Uhrarmband eingebaut sein – diese kleinen Geräte können mit Hilfe der Telekommunikation unterstützt werden. Der entscheidende Punkt ist, daß die Miniaturisierung unbedingt die Stimme benötigt.

Tasten und Berühren

Vor vielen Jahren erklärte mir der Leiter der Forschungsabteilung der Grußkartenfirma Hallmark, daß ihr wichtigster Konkurrent die Telefongesellschaft AT & T sei. »Tasten und Berühren« betrifft die Übermittlung von Gefühlen durch das Medium der Sprache. Dieser Sprachkanal übermittelt nicht nur Informationen, sondern auch die damit verbundenen Gefühlsausdrücke: Verständnis, Besonnenheit, Mitgefühl oder Versöhnlichkeit. Wir sagen, daß jemand ehrlich klingt, daß ein Argument verdächtig klingt oder daß jemand nicht wie der-und-der klingt. In den Klang eingebettet befinden sich Informationen über Gefühle.

Auf die gleiche Art und Weise, wie wir jemanden »berühren«, werden wir in Zukunft auch die Stimme dazu benutzen, einer Maschine unsere Wünsche mitzuteilen. Manche Menschen werden sich ihrem Computer gegenüber wie ein Kasernenhofschleifer aufführen, während andere die Stimme der Vernunft sprechen lassen. Sprache und Delegierung sind eng miteinander verbunden. Werden wir den sieben Zwergen Befehle erteilen?

Vielleicht. Es ist durchaus denkbar, daß wir in etwa zwanzig Jahren einer Gruppe zwanzig Zentimeter großer holografischer Assistenten Aufträge geben, die zu diesem Zweck ständig über unseren Schreibtisch laufen. Mit Sicherheit aber wird Ihre Stimme der wichtigste Kommunikationskanal zwischen Ihnen und Ihren Interface-Assistenten sein.

Weniger ist mehr

Digitale Butler

Im Dezember 1980 besuchten Jerome Wiesner und ich Nobutaka Shikanai in dessen wunderbarem Landhaus im Bezirk Hakone, nicht weit vom Fudschijama entfernt. Wir waren davon überzeugt, daß Herrn Shikanais Zeitungs- und Fernsehimperium von der geplanten Gründung des Media Lab profitieren könnte, und nahmen daher an, daß er sich an den Investitionskosten beteiligen würde. Darüber hinaus glaubten wir, daß Herrn Shikanais persönliches Interesse an moderner Kunst sich mit unserem Traum einer Verknüpfung von Technologie und künstlerischer Ausdruckskraft verbinden ließe und zu einer Kombination von Erfindungsgabe und dem kreativen Umgang mit neuen Medien führen würde.

Vor dem Abendessen besichtigten wir Herrn Shikanais berühmte Freilichtkunstsammlung, die tagsüber als Hakone Open Air Museum für jedermann zugänglich ist. Neben Herrn und Frau Shikanai nahm an dem Essen auch der Privatsekretär von Herrn Shikanai teil, der, bezeichnenderweise, perfekt Englisch sprach, da die Shikanais dieser Sprache nicht mächtig waren. Wiesner eröffnete die Konversation. Er berichtete von seinem großen Interesse an den Werken Alexander Calders und erzählte sowohl von seinen persönlichen Erfahrungen als auch von den Erfahrungen des MIT im Umgang mit diesem großen Künstler. Der Sekretär hörte Wiesner aufmerksam zu und übersetzte dann die ganze Geschichte, während Herr Shikanai ihm seinerseits aufmerksam zuhörte. Als die Erzählung vorüber war, dachte Herr Shikanai einen Augenblick lang über das Gesagte nach, machte eine Pause, wandte sich dann uns zu und gab ein »Ohhhh« von sich, das einem Shogun zur Ehre gereicht hätte. Daraufhin übersetzte der Sekretär: »Herr Shikanai sagt, daß er von Calders Arbeiten ebenfalls äußerst beeindruckt ist, wobei die Umstände von Herrn Shikanais letztem Ankauf für seine Sammlung...« Einen Moment mal! Wo war das alles hergekommen?

Auf diese Weise setzte sich unser Gespräch während des Abendessens fort. Wiesner sagte etwas, das in voller Länge übersetzt wurde, woraufhin als Antwort mehr oder weniger ein »Ohhh« zu hören war, das der Sekretär wiederum in Form einer längeren Ausführung übersetzte. In dieser Nacht sagte ich mir: Wenn ich jemals einen Personalcomputer bauen werde, muß er die gleichen Qualitäten besitzen wie Herrn Shikanais Privatsekretär. Er sollte mich und meine Umgebung so gut kennen, daß er in der Lage ist, Signale für mich auszudehnen oder zusammenzufassen, wodurch ich als Benutzer in den meisten Fällen im wahrsten Sinne des Wortes unnötig bin.

Das beste Bild, das ich mir für eine Benutzerschnittstelle dieser Art vorstellen kann, ist das eines typisch englischen Butlers. Dieser »Assistent« nimmt Telefonanrufe entgegen, identifiziert die Anrufer, stört Sie gegebenenfalls und ist sogar in der Lage, in Ihrem Auftrag eine kleine Notlüge zu erzählen. Er verfügt über ein gutes Timing, wählt den richtigen Augenblick und respektiert Ihre Vorlieben und Abneigungen. Andere Menschen, die diesen Butler kennen, sind gegenüber völlig Fremden beträchtlich im Vorteil. Und das ist gut so.

Nur sehr wenige Personen verfügen über einen echten Butler. Eine wesentlich häufiger vorkommende Rolle im Berufsleben ist die des Sekretärs. Wenn Sie jemanden haben, der Sie gut kennt und über einen Großteil Ihrer Informationen verfügt, kann diese Person in Ihrem Auftrag sehr effektive Arbeit leisten. Aber wenn Ihr Sekretär krank wird, würde es Ihnen nicht einmal etwas nützen, wenn die Zeitarbeitsvermittlung Albert Einstein vorbeischickt. Das Entscheidende ist nicht der Intelligenzquotient, sondern der gemeinsame Wissensstand und die Kenntnisse, dieses Wissen zu Ihrem Vorteil einsetzen zu können.

Der Gedanke, Funktionen dieser Art in einen Computer einzubauen, war bis vor kurzem noch so unvorstellbar, daß das Konzept nicht ernst genommen wurde. Aber die Zeiten ändern sich. Immer mehr Menschen glauben heute, daß solche Interface-Assistenten technisch möglich sind. Aus diesem Grund hat sich das bisher kaum erschlossene Gebiet der intelligenten Softwareprogramme oder »Assistenten« zu einem der aktuellsten Forschungsthemen im Bereich der Benutzeroberflächen entwickelt. Dabei wurde deutlich, daß immer mehr Menschen einen Großteil der Computerfunktionen delegieren und immer weniger den Computer selbst bedienen wollen.

Die Grundidee besteht darin, einen computergesteuerten Stellvertreter zu bauen, dessen Wissensschatz sich sowohl auf bestimmte Bereiche (ein Prozeß, ein Interessensgebiet, eine

Vorgehensweise) als auch auf Ihr Verhältnis zu diesen Bereichen (Ihr Geschmack, Ihre Vorlieben, Ihre Kenntnisse) erstreckt. Ein solcher Computer sollte in doppelter Hinsicht über Sachkenntnisse verfügen – wie ein Koch, Gärtner oder Chauffeur, der seine jeweiligen Kenntnisse über Kochen, Gartenarbeit oder Autofahren Ihren Vorlieben und Bedürfnissen anpaßt. Wenn Sie diese Aufgaben delegieren, bedeutet das nicht, daß Sie nicht gerne kochen, im Garten arbeiten oder Auto fahren. Es besagt nur, daß Sie die Möglichkeit haben, bestimmte Dinge nach Wunsch zu tun – weil Sie es wollen und nicht, weil Sie müssen.

Ähnlich würde es sich auch mit dem Computer verhalten. Ich habe kein wie auch immer geartetes Interesse daran, mich in einem System anzumelden und verschiedene Protokolle zu durchlaufen, bis ich endlich Ihre Internet-Adresse gefunden habe. Eigentlich will ich Ihnen einfach eine Botschaft zukommen lassen. Ich möchte auch nicht Tausende von Schwarzen Brettern in meiner Mailbox lesen müssen, nur um sicherzugehen, daß ich nichts verpaßt habe. Diese Dinge soll mein Interface-Assistent für mich erledigen.

In Zukunft werden Sie eine ganze Reihe von digitalen Butlern beschäftigen, die sowohl im Netzwerk als auch bei Ihnen zu Hause leben und in allen Bereichen Ihrer persönlichen Organisation tätig werden.

Ich besitze einen intelligenten Funkrufempfänger, den ich wirklich liebe. Er liefert mir in ganzen Sätzen und in perfektem Englisch ausschließlich aktuelle und wichtige Informationen und verhält sich dabei intelligent. Dieser Empfänger funktioniert folgendermaßen: Es gibt nur eine Person, die seine Nummer kennt, und alle für mich bestimmten Botschaften gehen über diese Person, die weiß, wo ich bin, was wichtig ist und welche Leute ich kenne (oder deren Assistenten). Die

Intelligenz befindet sich also auf der Senderseite des Systems, nicht an der Peripherie oder im Empfänger selbst.

Aber auch die Empfangsseite sollte über einen gewissen Grad an Intelligenz verfügen. Vor kurzem besuchte mich der Vorstandsvorsitzende einer großen Gesellschaft. In seiner Begleitung befand sich sein persönlicher Assistent, der den Funkrufempfänger seines Chefs trug und ihn im passenden Moment mit Stichworten fütterte. Die Verhaltensweisen dieses Assistenten – Takt, Timing und Diskretion – werden eines Tages in den Empfänger selbst eingebaut sein.

Persönliche Filter

Stellen Sie sich vor, Sie erhalten jeden Morgen eine elektronische Zeitung in Form von Bits ins Haus geschickt und direkt in einen magischen, papierdünnen, flexiblen, wasserfesten, drahtlosen, leichtgewichtigen, farbigen Bildschirm geleitet. Dabei greift Ihre Schnittstelle vielleicht auf die jahrhundertelange Druckerfahrung der Menschheit zurück und präsentiert Ihnen Schlagzeilen, ein Layout, Druckzeichen, Bilder sowie eine Fülle von Techniken, mit denen sich diese Informationen durchblättern lassen. Eine gut konzipierte »Zeitung« dieser Art würde wahrscheinlich ein phantastisches neues Nachrichtenmedium darstellen. Schlecht konzipiert wäre sie die reine Hölle.

Aus einem bestimmten Blickwinkel betrachtet, ist eine Zeitung nichts anderes als eine Nachrichtenschnittstelle. Anstatt das lesen zu müssen, was andere Leute für lesenswerte Neuigkeiten halten, wird die Digitalzeit die wirtschaftlichen Grundlagen der Nachrichtenauswahl verändern, Ihren persönlichen Interessen einen wesentlich größeren Stellenwert einräumen und daher auch Stücke aus dem Schneideraum in Ihre »Zeitung« einbauen können, die für die Allgemeinheit weniger interessant sind.

Stellen Sie sich eine Zukunft vor, in der Sie über einen Interface-Assistenten verfügen, der für Sie jede Nachricht und jede Zeitung, jedes Fernsehprogramm und jede Radiosendung weltweit empfangen kann und Ihnen daraus eine persönliche Zusammenfassung erstellt. Diese »Zeitung« können Sie sich dann in einer Auflage von einem Exemplar drucken lassen.

Am Montagmorgen liest man eine Zeitung ganz anders als am Sonntagnachmittag. Um sieben Uhr morgens an einem Werktag blättert man seine Zeitung durch mit dem Ziel, die wichtigsten Informationen herauszufiltern; man versucht, eine Gruppe von Bits auf persönliche Belange abzustimmen, die gleichzeitig an Hunderttausende von Menschen gegangen ist. Die meisten Menschen neigen dazu, ganze Teile einer Zeitung wegzulegen, ohne einen Blick darauf geworfen zu haben; den Rest der Zeitung blättern sie durch, wobei sie nur wenige Artikel im Detail lesen.

Was wäre, wenn eine Zeitung für eine Ausgabe ihre gesamte Redaktion nach Ihrer Pfeife tanzen lassen würde? Sie könnten die Schlagzeilen des Tages mit »weniger wichtigen« Artikeln über Themen mischen, die für Sie interessant sind. Sie würden etwas über Menschen erfahren, mit denen Sie am nächsten Tag verabredet sind oder Artikel über Orte lesen, die Sie in nächster Zeit besuchen oder bereits besucht haben. Die Zeitung könnte aber auch Berichte über Ihnen bekannte Firmen enthalten. Wenn Sie davon ausgehen können, von Ihrer Zeitungsredaktion die richtige Mischung von Informationen zu erhalten, wären Sie sicher dazu bereit, zum Beispiel dem *Boston Globe* für zehn solcher Seiten mehr zu zahlen als für seine bisherigen einhundert. Denn jedes Bit wäre nur für Sie geschrieben (sozusagen). Nennen Sie das Blatt einfach *Meine Allgemeine*.

An einem Sonntagnachmittag sind wir beim Zeitunglesen viel eher dazu bereit, uns zufällig auf wissenswerte Entdeckungen einzulassen. Wir lernen etwas über Dinge, von denen wir nie wußten, daß wir sie wissen wollten, wir nehmen die Herausforderung eines Kreuzworträtsels an, amüsieren uns über Art Buchwald und gehen im Anzeigenteil auf Schnäppchenjagd. Das ist die *Meine Zeit*. Das letzte, was Sie an einem verregneten Sonntagnachmittag gebrauchen könnten, wäre ein nervöser Interface-Assistent, der scheinbar unwichtiges Informationsmaterial zu entfernen versucht.

Dabei handelt es sich nicht um zwei festgelegte Konzepte, die einander ausschließen, nicht um Schwarz und Weiß. Wir neigen dazu, uns zwischen diesen beiden Extremen hin- und herzubewegen, und abhängig von der zur Verfügung stehenden Zeit, der Tageszeit oder der Stimmung benötigen wir einen unterschiedlich hohen Grad an Personalisierung. Stellen Sie sich einen Computer-Nachrichtenbildschirm mit einem Knopf vor, der Ihnen – ähnlich wie ein Lautstärkeregler – ermöglicht, den Grad der Personalisierung einzustellen. Man könnte eine ganze Reihe dieser Knöpfe entwickeln; denkbar wäre zum Beispiel auch ein Schieberegler, der sich – sowohl im wahrsten Sinne des Wortes wie auch politisch – von links nach rechts bewegen läßt, um die politische Berichterstattung dem jeweiligen Geschmack anzupassen.

Kontrollmöglichkeiten dieser Art würden unsere Sicht der Nachrichten sowohl optisch als auch inhaltlich völlig verändern. In einer fernen Zukunft wird dieser Filterprozeß mit Hilfe von Nachrichtenköpfen geschehen – den bereits angesprochenen Bits-über-Bits.

Digitale Schwägerinnen

Die Tatsache, daß die Fernsehzeitung *TV Guide* größere Profite abwirft als alle vier Fernsehnetzwerke zusammen, legt den Gedanken nahe, daß der Wert von Informationen über Informationen größer sein kann als der Wert der Informationen selbst. Wenn wir über neue Wege der Informationsübertragung nachdenken, neigen wir dazu, unsere Gedanken von Konzepten wie »Informationsabruf« oder »Channel-Hopping« einengen zu lassen. Dabei sind Konzepte dieser Art nicht in der Lage, sich einem veränderten Maßstab anzupassen. Wenn man bei einem Angebot von eintausend Kanälen alle drei Sekunden von einem Sender zum nächsten hüpft, benötigt man fast eine Stunde, bis man in jeden einmal hineingeschaut hat. Bevor Sie sich entscheiden können, welches Programm Ihnen am interessantesten erscheint, ist die Sendung längst vorüber.

Wenn ich ins Kino gehen will, ohne vorher stundenlang Filmkritiken zu lesen, frage ich meine Schwägerin. Wir alle kennen jemanden, der sowohl ein Experte für Filme ist, als auch unseren Geschmack gut kennt. Was wir brauchen, ist eine digitale Schwägerin

Tatsächlich gehört zum Konzept des »Assistenten«, bei dem ein Mensch einem anderen hilft, eine Mischung aus Sachkenntnis und genauer Kenntnis des anderen. Ein guter Reiseverkehrskaufmann vereint Kenntnisse über Hotels und Restaurants mit Kenntnissen über seine Kunden (die er häufig aus den Bemerkungen ableitet, die sie über andere Hotels und Restaurants machen). Ein Grundstücksmakler gewinnt einen Eindruck von Ihnen, indem er Ihnen eine Reihe von Häusern zeigt und daraus ableitet, was Ihrem Geschmack am ehesten zusagt. Ähnlich würden sich auch ein Telefonassistent, ein

Nachrichtenassistent oder ein Assistent für die Verwaltung elektronischer Post verhalten: Alle drei sind in der Lage, sich auf Ihre Wünsche einzustellen.

Diesen Grad der Personalisierung erreichen Sie nicht, indem Sie einen Fragebogen ausfüllen oder ein festes Persönlichkeitsprofil von sich entwerfen. Wie menschliche Freunde oder persönliche Sekretäre müssen auch Interface-Assistenten lernen und sich entwickeln. Leichter gesagt als getan – denn wir sind erst seit kurzem in der Lage, Computermodelle zu bauen, die etwas über Menschen lernen können.

Wenn ich über Interface-Assistenten spreche, werde ich immer wieder gefragt: »Meinen Sie Künstliche Intelligenz?« Die Antwort ist ein deutliches Ja. Aber die Frage beinhaltet versteckte Zweifel, die in den vergangenen Jahren von den falschen Hoffnungen und übertriebenen Versprechungen der KI geweckt wurden. Darüber hinaus behagt den meisten Menschen der Gedanke nicht, daß Maschinen intelligent sein könnten.

Aufgrund seines 1950 verfaßten Essays »Computers Machinery and Intelligence« (Computermaschinen und Intelligenz) kann Alan Turing als der erste Mensch bezeichnet werden, der sich ernsthaft mit maschineller Intelligenz auseinandersetzte. Spätere Pioniere wie Marvin Minsky setzten Turings Suche nach der reinen künstlichen Intelligenz fort. Sie beschäftigten sich mit Fragen der Kontexterkennung, des Begreifens von Gefühlen, des Erkennens von Humor oder des Wechsels von einer Bildsprache zur anderen. Eine Frage hieß: Wie lauten die folgenden Buchstaben einer Reihe, die mit E, Z, D, V, F beginnt?

Ich persönlich bin der Meinung, daß die KI um das Jahr 1975 eine Wende zum Schlechteren genommen hat, als die Rechner genügend Kapazität besaßen, um intuitive Probleme zu lösen und nach außen ein intelligentes Verhalten an den Tag zu legen. An diesem Punkt der Entwicklung entschieden sich die Wissenschaftler plötzlich für die machbaren und marktfähigen Anwendungen wie Robotertechnik oder Expertensysteme (das heißt Börsenkurse und Flugbuchungen), wobei sie die Grundfragen und Ursprünge der Intelligenz und Lernfähigkeit außer acht ließen.

Minsky würde sofort darauf hinweisen, daß die heutigen Computer zwar die Geheimnisse der Flugreservierung ergründet haben (ein Gebiet, das über die reine Logik schon fast hinausgeht), andererseits aber nicht in der Lage sind, so viel gesunden Menschenverstand aufzubringen wie ein drei- oder vierjähriges Kind. Diese Maschinen können nicht einmal zwischen Katze und Hund unterscheiden. Themen wie der gesunde Menschenverstand rücken erst jetzt aus dem Hintergrund der Bühne in das Scheinwerferlicht der wissenschaftlichen Forschung. Diese Entwicklung ist nur zu begrüßen, denn ein Interface-Assistent ohne gesunden Menschenverstand würde seinem Benutzer nur auf die Nerven gehen.

Übrigens, die Antwort zur oben gestellten Frage lautet: S, S. Die Sequenz wird bestimmt vom ersten Buchstaben jedes Wortes in der Zahlenreihe eins, zwei, drei, vier usw.

Dezentralisierung

Der Interface-Assistent der Zukunft wird häufig als eine zentrale, allwissende Maschine gesehen, die an George Orwells Big Brother erinnert. Dabei könnte man sich ihn viel eher als eine Sammlung von Computerprogrammen und persönlichen Anwendungen vorstellen, die jeweils eine Aufgabe erledigen sollen und besonders gut miteinander kommunizieren können. Dieses Bild entstand nach Marvin Minskys 1987 erschienenem Buch *The Society of Mind* (Die Gesellschaft des Geistes), in dem Minsky schreibt, daß die Intelligenz nicht in einem einzigen Zentralrechner, sondern im kollektiven Verhalten einer großen Gruppe von Spezialrechnern liegen sollte, die hochgradig miteinander vernetzt sind.

Dieses Konzept steht im Gegensatz zu einer Reihe von Vorurteilen, die Mitchel Resnick in seinem 1994 erschienenen Buch *Turtles, Termites and Traffic Jams* (Schildkröten, Termiten und Verkehrsstaus) als »Konzentration der Intelligenz« bezeichnet. Wir alle sind darauf trainiert, komplexen Erscheinungen eine Art von Kontrollinstanz zuzuordnen. Beispielsweise nehmen wir alle an, daß der erste Vogel in einer V-förmigen Flugformation der Anführer ist, dem alle anderen Tiere folgen. Dem ist nicht so. Die geordnete Formation der Vögel ist das Ergebnis einer hochsensiblen Sammlung von Prozessoren, die individuell handeln und – ohne einen Leiter – bestimmten einfachen Regeln der Harmonie folgen. Resnick liefert den Beweis für die Richtigkeit seiner Theorie, indem er Situationen schafft, in denen die Teilnehmer verblüfft feststellen, daß sie selbst Teil eines solchen Prozesses sind.

Vor nicht allzu langer Zeit war ich im Kresge Auditorium des MIT Zeuge einer von Resnicks Demonstrationen. Er bat seine Zuhörer, etwa 1 200 Menschen, möglichst wie ein Mann gleichmäßig in die Hände zu klatschen. Ohne Resnicks Hilfe klatschte der ganze Saal in weniger als zwei Sekunden gleichmäßig zum selben Takt. Versuchen Sie es selbst – auch mit viel kleineren Gruppen ist das Ergebnis verblüffend. Die Überraschung der Teilnehmer macht deutlich, wie wenig wir von der Entstehung von Übereinstimmung aufgrund unabhängiger Assistenten wissen oder verstehen.

Allerdings bedeutet dies nicht, daß Ihr Datenassistent geschäftliche Treffen plant, ohne vorher mit Ihrem Reiseassistenten gesprochen zu haben. Aber nicht jede Kommunikation und Entscheidung muß vorher von einer zentralen Autorität gebilligt worden sein. Eine solche Vorgehensweise wäre zwar katastrophal für das Management eines Flugreservierungssytems, sie wird aber mehr und mehr als eine Möglichkeit begriffen, mit der sich Organisationen und Regierungen verwalten lassen. Eine hochgradig interkommunikative, dezentralisierte Struktur ist besonders flexibel und überlebensfähig und wird sich im Laufe der Zeit wahrscheinlich noch weiterentwickeln und immer besser organisieren.

Lange Jahre hindurch galt der Dezentralismus als ein interessantes Konzept, das sich in der Praxis aber nicht durchsetzen ließ. Der Effekt der Faxgeräte am Platz des Himmlischen Friedens kann als ein ironisches Beispiel für diese These gelten, da diese neuen, beliebten und dezentralisierten Hilfsmittel genau dann zu Hilfe gerufen wurden, als die Regierung versuchte, ihre elitäre, zentralisierte Form der Kontrolle aufrechtzuerhalten. Der weltweite Kommunikationskanal des Internet ist ein Schlag ins Gesicht jeder Art von Zensur, und er gedeiht besonders an Orten wie Singapur, wo die Pressefreiheit kaum stattfindet und Netzwerke allgegenwärtig sind.

Die Interface-Assistenten werden ebenso dezentralisiert werden wie Informationen und Organisationen. Wie ein Kommandeur, der einen Aufklärungstrupp ausschickt oder ein Sheriff, der ein Aufgebot zusammenstellt, werden auch Sie Assistenten in Marsch setzen, die in Ihrem Auftrag Informationen sammeln. Diese Assistenten werden andere Assistenten in Marsch setzen, und der Prozeß wird sich vervielfachen. Aber denken Sie daran, wo das Ganze begonnen hat – an Ihrer Benutzerschnittstelle, der Sie Ihre Wünsche mitgeteilt haben, anstatt selbst ins World Wide Web einzutauchen.

Diese Zukunftsvorstellung unterscheidet sich deutlich von einer benutzerorientierten Konzeption des Interface-Designs. Natürlich ist die Qualität der Benutzeroberfläche von großer Bedeutung, aber sie spielt gegenüber der Künstlichen Intelligenz eine vergleichsweise bescheidene Rolle. Tatsächlich wird eine der am weitesten verbreiteten Oberflächen aus einem oder zwei kleinen Löchern in Kunststoff oder Metall bestehen, durch die Ihre Stimme zu einem kleinen Mikrofon gelangt.

Darüber hinaus sollte man das Konzept des Interface-Assistenten getrennt von der momentanen Modewelle betrachten, bei der das Internet mit Hilfe von Mosaic vorwärts und rückwärts durchgeblättert wird. Die Internet-Hacker können in diesem Medium herumhüpfen, enorme Wissensgebiete erforschen und in allen Arten und neuen Formen der Sozialisation schwelgen. Dieses überraschend weit verbreitete Phänomen wird auch nicht nachlassen oder gänzlich verschwinden, aber es handelt sich nur um eine mögliche Verhaltensform, die eher an direkte Handhabung als an Delegierung erinnert.

Unsere Benutzerschnittstellen werden unterschiedlicher Natur sein. Ihre wird anders aussehen als meine: ein Spiegelbild unserer jeweiligen Vorlieben, Freizeitgewohnheiten und sozialen Verhaltensweisen, entstanden aus der vielfältigen Palette des digitalen Lebens.

Teil III:
Digitales Leben

Das Postinformations-
zeitalter

Jenseits von Demographien

Der Übergang vom Industriezeitalter zum nachindustriellen oder Informationszeitalter ist so lange und ausgiebig diskutiert und besprochen worden, daß der Beginn des Postinformationszeitalters völlig unbemerkt blieb. Das vom Atom geprägte Industriezeitalter machte uns mit der Massenproduktion und einer Wirtschaft vertraut, die an einem bestimmten Ort und zu einer bestimmten Zeit nach einheitlichen und wiederholbaren Verfahren produzierte. Dagegen zeigte uns das Informationszeitalter, das Zeitalter des Computers, eine ähnliche Diversifikation der Produkte, jedoch mit schwächerem Bezug auf Ort und Zeit. Bits können überall und zu jeder Zeit produziert werden und an den Börsen von New York, London und Tokio auftauchen, so als wären sie drei nebeneinanderstehende Werkzeugmaschinen.

Im Informationszeitalter wurden die Massenmedien gleichzeitig größer und kleiner. Neue Sendeformen wie CNN oder USA Today erreichten ein größeres Publikum und vergrößerten damit die Reichweite des Fernsehens. Nischenprogramme, Kaufkassetten und Kabeldienste waren Beispiele für ein kleineres Zielgruppenfernsehen. Die Massenmedien vergrößerten und verkleinerten sich gleichzeitig.

Im Postinformationszeitalter hat man es häufig mit einem Einpersonenpublikum zu tun. Alles kann speziell angefordert werden, wodurch Informationen einen sehr persönlichen Charakter erhalten. Es besteht die weitverbreitete Meinung, daß diese Individualisierung eine Folge der vom Zielgruppenfernsehen ausgehenden Extrapolation ist – von einer großen Gruppe bewegt man sich auf eine kleinere zu, bis man schließlich das Individuum erreicht hat. Wenn Sie meine Adresse, meinen Familienstand, mein Alter, mein Einkommen, meine Automarke, meinen Einkaufszettel, meine Trinkgewohnheiten und meine Steuererklärung kennen, dann kennen Sie mich als eine demographische Einpersoneneinheit.

Aber diese Argumentationskette läßt den grundsätzlichen Unterschied zwischen dem Zielgruppenfernsehen und dem digitalen Leben sträflich außer acht. In der Digitalzeit bin ich *ich selbst* und kein statistischer Datensatz. Die Informationen und Ereignisse, die zu *meinem Selbst* als Person gehören, haben größtenteils keine demographische oder statistische Bedeutung. Wo meine Schwiegermutter wohnt, mit wem ich gestern zu Abend gegessen habe und wann heute nachmittag mein Flug nach Richmond geht, ist für statistische Berechnungsgrundlagen, mit deren Hilfe geeignete Angebote für das Zielgruppenfernsehen zusammengestellt werden, vollkommen uninteressant.

Auf der anderen Seite erzeugen meine persönlichen Daten

neue Dienstleistungen, die mir Informationen über eine kleine, mir unbekannte Stadt liefern, Fakten über eine mir nicht bekannte Person sammeln und über das (heutige) voraussichtliche Wetter in Virginia berichten. Die klassische Demographie läßt sich den Anforderungen des digitalen Individuums nicht anpassen. Das Postinformationszeitalter als eine unendliche, demographische Erhebung oder als hochspezialisiertes Zielgruppenfernsehen zu betrachten ist in etwa so zutreffend wie der Satz »Hier entscheiden Sie« bei Burger King.

Doch die wahre Personalisierung hat schon begonnen, und es geht um mehr als nur um die Entscheidung zwischen Senf oder Ketchup. Im Postinformationszeitalter entstehen neue, zeitlich begrenzte Kontakte: Computer verstehen uns mit dem gleichen (oder höheren) Einfühlungsvermögen, das wir auch von Menschen gewöhnt sind. Selbst persönliche Eigenarten (wie das ständige Tragen eines blaugestreiften Hemdes) und vollkommen zufällige, glückliche oder unglückliche Ereignisse gehören dazu.

Beispielsweise könnte Ihr Computer vom Assistenten des Spirituosengeschäfts erfahren, daß ein bestimmter Chardonnay oder eine Biersorte am nächsten Tag im Angebot sind, von der er weiß, daß sie Ihren Gästen bei der letzten Abendgesellschaft gut gefallen hat. Derselbe Computer weiß auch, daß Ihr Auto neue Reifen braucht. Er wird Sie auf dem Weg zu Ihrem nächsten Termin daran erinnern und Ihnen eine Werkstatt in der Nähe nennen, in der Sie den Wagen abgeben können. Die Maschine könnte Ihnen aus einem Restaurantführer die Besprechung eines neuen Restaurants heraussuchen, das in der Stadt eröffnet wurde, die Sie in zehn Tagen besuchen werden – da sie weiß, daß Sie beim letztenmal mit diesem Führer zufrieden waren. Bei diesen Beispielen steht der Mensch als

Individuum im Zentrum und nicht als Teil einer Gruppe, die möglicherweise ein bestimmtes Waschmittel oder eine Zahnpastamarke kaufen wird.

Ort ohne Raum

So wie der Hypertext die Grenzen der gedruckten Seite aufhebt, wird das Postinformationszeitalter die Beschränkungen der Geographie überwinden. Im digitalen Leben ist es nicht wichtig, zu einer bestimmten Zeit an einem bestimmten Ort zu sein, da eine Übertragung der Orte möglich werden wird.

Wenn ich in Boston vom elektronischen Fenster meines Wohnzimmers auf die Alpen schauen, die Kuhglocken hören und die (digitale) Jauche riechen könnte, würde ich mich in gewisser Weise schon in der Schweiz befinden. Wenn ich, anstatt mit meinen Atomen in die Stadt zur Arbeit zu fahren, mich in meinem Arbeitszimmer ans Netz anmelden könnte und meine Arbeit elektronisch erledigen würde – wo befindet sich dann mein Arbeitsplatz?

In der Zukunft werden wir über die nötigen telekommunikativen und virtuellen Technologien verfügen, die es einem Arzt in Houston ermöglichen, an einem Patienten in Alaska eine schwierige Operation durchzuführen. Zur Zeit muß sich der Gehirnchirurg noch zusammen mit dem Gehirn, das er operieren will, in einem Operationssaal befinden. Aber viele andere Tätigkeiten, wie etwa die des sogenannten Kopfarbeiters, sind im Grunde unabhängig von Ort und Zeit und werden schon bald von geographischen Bedingungen abgekoppelt werden.

Schon heute finden es Schriftsteller und Börsenmakler wesentlich praktischer und weitaus angenehmer, in der Karibik oder im Südpazifik ihre Manuskripte zu schreiben oder ihre Geldanlagen zu verwalten. Allerdings werden manche Länder, wie zum Beispiel Japan, länger brauchen, um die Abhängigkeit von Raum und Zeit zu überwinden, weil sich die einheimische Kultur dieser Entwicklung entgegenstellt. (Ein Beispiel: Einer der Hauptgründe, warum Japan nicht die stromsparende Sommerzeit einführt, liegt in der traditionellen Denkweise begründet. Man will »im Dunkeln« von der Arbeit nach Hause gehen, wobei die Arbeiter versuchen, noch vor ihrem Chef zu erscheinen und nach ihm die Firma zu verlassen.)

Da man im Postinformationszeitalter an vielen verschiedenen Orten leben und arbeiten kann, bekommt der Begriff »Adresse« eine völlig neue Bedeutung.

Wenn Sie bei America Online, CompuServe oder Prodigy ein Konto haben, kennen Sie zwar Ihre E-Mail-Adresse, aber Sie wissen nicht, wo sie sich physikalisch befindet. Bei America Online besteht Ihre weltweit gültige Internet-Adresse aus Ihrer Personalausweisnummer, gefolgt von @ aol.com. Sie wissen nicht, wo sich @ aol.com. befindet, und auch derjenige, der eine Nachricht an diese Adresse schickt, weiß nicht, wo sie ankommen wird oder wo Sie sich gerade aufhalten. Ihre Adresse entspricht keiner Straßenkoordinate mehr, sondern gleicht eher einer Sozialversicherungsnummer. Es handelt sich um eine virtuelle Adresse.

Zufällig weiß ich, wo meine Adresse – @ hq.media.mit.edu – physikalisch existiert. Es ist ein zehn Jahre alter Unix-Rechner der Firma Hewlett-Packard, der sich in einem Wandschrank nicht weit von meinem Arbeitsplatz befindet. Doch wenn mir andere Menschen eine Nachricht senden, wollen sie mit mir sprechen und nicht mit dem Wandschrank. Man könnte daraus schließen, daß ich oft in Boston bin – aber das ist im allgemeinen nicht der Fall. Häufig halte ich mich sogar in einer anderen Zeitzone auf, so daß sich Raum und Zeit noch weiter verschieben.

Das asynchrone Dasein

Eine unmittelbare oder am Telefon geführte Unterhaltung findet in Echtzeit statt und ist synchron. Beim Telephone Tag, einer Art Fangenspielen mit dem Computer, versucht man spielerisch, synchron zu sein. Ironischerweise ist dies häufig mit einem Informationsaustausch verbunden, der keinerlei Synchronismus erfordert und ebensogut von einer nicht in Echtzeit stattfindenden Nachrichtenübertragung durchgeführt werden könnte. Historisch betrachtet war die asynchrone Kommunikation – wie zum Beispiel das Briefeschreiben – immer eher ein formaler als ein spontaner Austausch. Dies ändert sich mit der Sprachpost und dem Anrufbeantworter.

Es gibt Menschen, die sich ein Leben ohne Anrufbeantworter zu Hause und Sprachpost im Büro nicht mehr vorstellen können. Dabei liegen die Vorteile weniger in der direkten Sprachübertragung als im Offline-Betrieb und in der möglichen Zeitverschiebung. Man kann Nachrichten hinterlassen und erspart sich überflüssige Online-Diskussionen. Dabei sind Anrufbeantworter etwas rückständig in ihrer Bauweise. Sie sollten sich nicht nur dann einschalten, wenn man nicht zu Hause ist (oder vorgibt, es nicht zu sein), sondern grundsätzlich jeden Anruf entgegennehmen und dem Anrufer die Gelegenheit geben, eine Nachricht zu hinterlassen.

Einer der großen Vorteile der elektronischen Post oder E-Mail liegt darin, daß sie im Gegensatz zum Telefon nicht störend wirkt. Sie können sie bearbeiten, wann es Ihnen

gerade paßt. Auf diese Weise werden auch Nachrichten beant-
wortet, die nicht den Hauch einer Chance hätten, die telefonischen Vorzimmerblockaden großer Firmen zu überwinden.

Die E-Mail gewinnt an Popularität, weil sie sowohl asynchron als auch computerlesbar ist. Der zweite Punkt ist von
besonderer Bedeutung, weil Interface-Assistenten diese Bits
benutzen werden, um Nachrichten einzustufen und je nach
Priorität zu behandeln. Wessen Nachricht es war oder was in
ihr stand, würde dann die Reihenfolge der Bearbeitung bestimmen – nach dem gleichen Verfahren wie die heutige
Vorzimmerblockade, die den Anruf Ihrer sechsjährigen Tochter gleich durchstellt, während der Vorstandsvorsitzende der
Firma XYZ in die Warteschleife kommt. Selbst an einem ar-
beitsreichen Tag könnte eine persönliche E-Mail-Nachricht
auf diese Weise ganz oben auf dem Haufen landen.

Nur der kleinere Teil unserer Kommunikation muß sofort,
das heißt in Echtzeit, bearbeitet werden. Wir werden ständig
unterbrochen und gezwungen, gewisse Aufgaben pünktlich
zu erledigen, die eine solche Unmittelbarkeit nicht verdienen.
Man drängt uns einen bestimmten Rhythmus auf – nicht, weil
wir mit dem Essen um 20.59 Uhr fertig sind, sondern weil eine
Fernsehsendung in ungefähr einer Minute beginnt. Unsere
Großenkel werden verstehen können, daß wir zu einer bestimmten Stunde im Theater sein mußten, um uns dort der
kollektiven Präsenz menschlicher Schauspieler erfreuen zu
können, doch die synchrone Erfahrung von Fernsehsignalen
in der Privatsphäre unserer Häuser werden sie erst dann
begreifen, wenn sie sich das zugrundeliegende bizarre wirtschaftliche Konzept einmal genauer anschauen.

Forderungen an die Anforderungen

In der Digitalzeit wird es nur wenig Echtzeitfernsehen geben. Die Digitalisierung des Fernsehens schafft zeitlich unabhängige Bits, die weder in der empfangenen Reihenfolge noch mit der gleichen Geschwindigkeit konsumiert werden müssen. Es wird zum Beispiel möglich sein, ein einstündiges Video in Bruchteilen einer Sekunde über Glasfaser zu übertragen. (Neueste Experimente zeigen, daß eine einstündige Aufnahme in VHS-Qualität in nicht mehr als einer Hundertstelsekunde übertragen werden kann.) Andererseits würde man über ein dünnes Kabel oder eine enge Radiofrequenz sechs Stunden Fernsehzeit pro Nacht benötigen, um ein zehnminütiges (persönliches) Video-Nachrichtenprogramm übermitteln zu können. Das erste Verfahren schießt Bits in Ihren Computer, während sie beim zweiten hereintröpfeln.

Aufgrund der Technologie bietet es sich an, mit Ausnahme von Sport und Wahlen das zukünftige Fernseh- und Radioprogramm, asynchron zu übertragen. Dies wird entweder auf Anforderung (*on demand*) oder in Form des Broadcatching geschehen – ein Begriff, den Steward Brand in seinem 1987 erschienenen Buch über das Media Lab verwendet. Beim Broadcatching wird ein Bit-Strom ausgestrahlt, der riesige Informationsmengen bewegt, entweder durch den Äther oder durch ein Glasfaserkabel. Ein digitaler Empfänger »fischt« in diesem Strom nach bestimmten Bits, prüft ihre Inhalte und speichert nur die, die er später abrufen will.

Informationen auf Anforderung werden das digitale Leben bestimmen. Wir werden in expliziter und impliziter Weise die Informationen anfordern, die wir wollen und wann wir sie wollen. Im Fall einer aus Werbung teilfinanzierten Programmplanung wird dann ein radikales Umdenken nötig sein.

Als wir 1983 mit dem Media Lab begannen, besaß das Wort »Medien« etwas Negatives und symbolisierte eine Einbahnstraße hin zum kleinsten gemeinsamen Nenner der amerikanischen Gesellschaft. Der Ausdruck »Medien« wurde fast ausschließlich als »Massenmedium« verstanden. Ein großes Publikum versprach große Werbeeinnahmen, die wiederum große Produktionsbudgets ermöglichen würden. In einem Massenmedium, das man über Antenne empfangen konnte, war Werbung durchaus legitim, vor allem unter der Bedingung, daß Informationen und Unterhaltung für den Zuschauer »frei« sein sollten, da das Frequenzspektrum der Öffentlichkeit gehörte.

Zeitschriften dagegen benutzen ein privates Vertriebsnetz, dessen Kosten sich Werbekunde und Leser teilen. Als ein wichtiges asynchrones Medium verfügen Magazine über eine weitaus größere Vielfalt an wirtschaftlichen und demographischen Strukturen und dürften für das Fernsehen der Zukunft eine Vorreiterfunktion haben. Die Ausdehnung in Nischenmärkte hat zwar nicht nur Zufriedenheit gebracht, wälzte aber einen Teil der Kostenbelastung auf die Abonnenten ab. Aus einigen Fachblättern ist die Werbung vollkommen verschwunden.

In den zukünftigen digitalen Medien wird das System des Pay-per-View (Abonnentenfernsehen) eine größere Rolle spielen, aber nicht auf der Basis von Alles oder Nichts, sondern wie bei Zeitungen und Zeitschriften, die sich ihre Kosten mit den Werbekunden teilen. In manchen Fällen wird der Kunde die Möglichkeit haben, das Angebot gegen Aufpreis auch ohne Werbung zu empfangen; in anderen Fällen paßt man die Werbung dem einzelnen Kunden so weit an, daß sie sich nicht mehr von Nachrichten unterscheiden läßt. Sie ist Nachrichten.

Das wirtschaftliche Prinzip heutiger Medienmodelle basiert

fast ausschließlich darauf, Information und Unterhaltung in die Öffentlichkeit zu pressen. Für die Kunden von morgen wird ein Herausgreifen wichtiger sein. Dann greifen Sie und ich in die Netzwerke hinein wie in die Regale von Büchereien und Videotheken, wobei wir die Arbeit selbst von Assistenten in unserem Auftrag erledigen lassen können.

Das Fernsehen auf Anforderung wird themenbestimmte Produktionen ohne Werbung ermöglichen, die sich insofern mit dem Hollywoodkino vergleichen lassen, als daß sie zwar sehr hohe Risiken eingehen, aber auch sehr hohe Gewinne erzielen können. Es wird zu großen Flops und echten Kassenknüllern kommen. Wenn man es schafft, dann kommen alle. Wenn sie kommen – großartig! Wenn nicht – zu schade, denn Procter & Gamble werden wahrscheinlich nicht mehr für den Verlust aufkommen. In dieser Hinsicht müssen Medienunternehmen in der Zukunft sicher mit größeren Gefahren rechnen als heute. Aber es wird auch kleinere Konkurrenten geben, die geringere Risiken eingehen und sich so einen Teil des Publikums sichern.

Das »Beste« der besten Sendezeit wird von unseren persönlichen Qualitätsvorstellungen und keineswegs von einer statistischen Masse potentieller Konsumenten abhängen, die sich möglicherweise eine neue Luxuskarosse oder ein neues Spülmittel kaufen.

Hauptsendezeit ist die schönste Zeit

Bits zu vermieten (Nähere Informationen unter ...)

Viele Menschen sind der Ansicht, daß das Video-on-Demand (Video auf Anforderung, VOD) die ideale Anwendung für die Finanzierung der Datenautobahn sei. Ihre Begründung lautet folgendermaßen: Nehmen wir einmal an, eine Videothek verfügt über eine Auswahl von 4 000 Kopien. Behaupten wir weiter, daß 5 Prozent dieser Kopien 60 Prozent aller Ausleihvorgänge ausmachen würden. Ein nicht geringer Teil dieser 5 Prozent dürften Neuveröffentlichungen sein. Hätte man von diesen 5 Prozent mehr Kopien auf Lager, würde ihr Verleihanteil sicherlich noch steigen.

Angesichts dieses Rechenbeispiels liegt der Schluß nahe, daß man mit einem Angebot, das lediglich aus den 5 Prozent neuer Filme besteht, ein elektronisches VOD-System aufbauen könnte. Dies wäre nicht nur recht praktisch, sondern auch ein überzeugender Beweis für etwas, das viele noch als ein Experiment einstufen.

Andererseits würden wir zuviel Geld und Zeit brauchen, um die meisten oder alle der 29 000 Filme zu digitalisieren, die 1990 in Amerika gedreht wurden. Noch mehr Zeit wäre nötig, um die 200 000 Filme des UCLA-Archivs oder die vielen Millionen Stunden Fernsehen zu digitalisieren, die im Museum of Television and Radio in New York lagern. Dabei habe ich noch keinen europäischen Film, die Zehntausende von indischen Filmen oder die 12 000 Fernsehstunden an Telenovelas berücksichtigt, die in Mexiko jährlich von Televisa produziert werden. Ob die meisten von uns wirklich lediglich die bewußten 5 Prozent sehen wollen oder ob es sich um ein Herdenphänomen handelt, das von der alten Technologie des Atomvertriebs erzeugt wurde, bleibt offen.

Im Jahre 1994 eröffnete der Videoverleiher Blockbuster sechshundert neue Filialen (mit einer Gesamtfläche von zwei Millionen Quadratmetern) ganz nach den Plänen seines Firmengründers und ehemaligen Vorstandsvorsitzenden H. Wayne Huizenga, der erklärte, daß 87 Millionen amerikanische Haushalte 15 Jahre benötigten, um 30 Milliarden Dollar in Videorecorder zu investieren, und daß Hollywood sehr daran interesiert sei, ihm Kassetten zu verkaufen und es nicht wagen würde, mit VOD-Verhandlungen zu beginnen.

Ich weiß nicht, was Sie tun würden, aber ich würde meinen Videorecorder noch heute aus dem Fenster werfen, wenn es ein besseres System gäbe. Mein Hauptargument ist dieses lästige Hin- und Herschleppen von Atomen, wo doch ein Empfangen ohne Rückgabe und deponierte Bits möglich wäre. Wir alle sollten Blockbuster und seinem neuen Inhaber Viacom viel Glück wünschen, denn Videotheken werden innerhalb der nächsten zehn Jahre vom Markt verschwunden sein.

Huizengas Argumentation lautet: Wenn das Abonnentenfernsehen nicht erfolgreich war, warum sollte sich das VOD-Fernsehen durchsetzen können? Aber Videotheken sind im Grunde nichts anderes als Abonnentenfernsehen. Tatsächlich beweist der Erfolg von Blockbuster, daß das Pay-per-View-Fernsehen funktioniert. Der einzige Unterschied liegt im Moment darin, daß es sich in Videotheken, die Atome ausleihen, einfacher herumstöbern läßt als in einem Bit-Menü. Doch das kann sich schnell ändern. Wenn man das elektronische Durchblättern mit Hilfe kreativer Assistenzsysteme angenehmer gestaltet, wird VOD – im Unterschied zu Blockbuster – nicht nur auf ein paar tausend Auswahlmöglichkeiten begrenzt sein, sondern keine Grenzen mehr kennen.

Das Fernsehen ist immer und überall

Einige der dienstältesten leitenden Angestellten der Telefongesellschaften zitieren den Spruch »Immer und überall«, als wäre es eine Metapher für die moderne Mobilität. Aber mein Ziel wäre es, »Niemals und nirgendwo« zu sagen, es sei denn, das Telefon ist pünktlich, wichtig, amüsant, relevant oder fähig, meine Phantasie anzuregen. »Immer und überall« ist zwar für die Telekommunikation ein ganz falsches Paradigma, aber ein hervorragendes Konzept für das Fernsehen.

Wenn von über tausend Kanälen die Rede ist, vergessen wir leicht, daß wir selbst ohne Satelliten täglich über tausend Sendungen ins Haus geliefert bekommen. Ich gebe zu, daß sie zu allen – auch unmöglichen – Zeiten gesendet werden. Addiert man die mehr als 150 aufgelisteten Kanäle der *Satellite TV Week* hinzu, dann kommt man auf weitere 2 700 Sendungen, die an einem Tag verfügbar sind.

Wenn Ihr Fernseher alle gesendeten Programme speichern würde, dann hätten Sie bereits fünfmal mehr Programme, als Ihnen die Datenautobahn großspurig anbietet. Aber anstatt sie alle zu speichern, könnte Ihnen Ihr Fernsehassistent die wenigen für Sie interessanten Sendungen herausgreifen, damit Sie sie zu jeder beliebigen Zeit anschauen können.

Das »Immer und überall«-Fernsehen darf sich gerne auf eine globale Infrastruktur von 15 000 Kanälen ausdehnen, denn die quantitativen und qualitativen Veränderungen werden sicherlich sehr reizvoll sein. Einige Amerikaner werden spanisches Fernsehen schauen, um ihr Spanisch zu verbessern; andere werden Kanal 11 des Schweizer Kabelfernsehens verfolgen, um ungeschnittene deutsche Nacktkultur zu betrachten (um 17.00 Uhr New Yorker Zeit). Und für die zwei Millionen Griechen, die in Amerika leben, ist es sicher nicht uninteressant, einen der drei nationalen oder sieben regionalen griechischen Kanäle zu empfangen.

Vielleicht ist es aber weitaus interessanter, daß die Engländer den Berichterstattungen zur Schachweltmeisterschaft 75 Stunden pro Jahr und die Franzosen der Tour de France jährlich 80 Fernsehstunden widmen. Sicherlich würden sich amerikanische Schach- und Radrennfreunde einen Zugang zu solchen Ereignissen wünschen – immer und überall.

Heimfernsehen

Wenn ich einen Urlaub an der Südwestküste der Türkei plane, wäre es durchaus denkbar, daß ich keinen Dokumentarfilm über Bodrum finde. Aber beim *National Geographic*, dem PBS (Public Broadcasting Service, öffentlicher amerikanischer Sender), der BBC und Hunderten anderer Sender erhalte ich

Filmausschnitte über traditionellen Schiffsbau, den Fischfang bei Nacht, über antike Unterwasserfunde, das Babaganoush und orientalische Teppiche. Diese Fragmente könnte man zu einem Gesamtbild zusammenfügen, das meinem speziellen Bedarf entspricht. Ich würde zwar keinen Oscar für den besten Dokumentarfilm gewinnen, doch darum geht es auch gar nicht.

Der Dokumentarfilm und sogar das gefürchtete Infotainment haben mit VOD eine größere Chance. Die digitalen Fernsehassistenten sind blitzschnelle Cutter und arbeiten wie ein Professor, der eine Anthologie aus Kapiteln verschiedener Bücher und Artikeln zahlreicher Zeitschriften zusammenstellt. Urheberrechtsanwälte, bitte anschnallen!

Im Netzwerk kann jeder zum unlizensierten Sender werden. 1993 wurden in den USA dreieinhalb Millionen Camcorder verkauft. Allerdings muß man nicht jedes Heimvideo zur besten Sendezeit genießen. Zum Glück fällt uns aber heute bei dem Begriff Massenmedium mehr ein als nur hohe Produktionsbudgets und professionelles Fernsehen.

Leitende Angestellte der Telekommunikationsbranche halten einen Anschluß der Haushalte an die Breitbandübertragung für notwendig; die Notwendigkeit eines Kanals mit der gleichen Kapazität, aber in umgekehrter Richtung, will ihnen dagegen nicht einleuchten. Sie rechtfertigen diese widersprüchliche Haltung mit den Erfahrungen bei interaktiven Computerdiensten, die zwei unterschiedliche Bandbreiten verwenden. Ein Grund dafür ist die Tatsache, daß die meisten von uns langsamer schreiben, als sie lesen, und wir Bilder viel schneller erkennen als selbst zeichnen können.

Videodienstleistungen kennen diesen Widerspruch nicht. Die Kanäle müssen in beide Richtungen offen sein. Ein einleuchtendes Beispiel dafür ist die Telefonkonferenz, die sich vor allem bei Großeltern oder in geschiedenen Familien für den Elternteil ohne Sorgerecht zu einem sehr wertvollen Gebrauchsmedium entwickeln dürfte.

Das ist »lebendiges« Video. Aber denken wir einmal an das »tote« Video. In naher Zukunft werden Einzelpersonen elektronische Videodienstleistungen in gleicher Weise nutzen, in der heutzutage 75 000 Amerikaner die Schwarzen Bretter ihrer Computer-Mailbox benutzen. Hier entwickelt sich eine Fernsehlandschaft von morgen, die einem Internet ähnelt, das von kleinen Informationsproduzenten bevölkert wird. In ein paar Jahren werden Sie von einer Fernsehköchin oder einer marokkanischen Hausfrau lernen können, wie man Couscous macht, oder zusammen mit Robert Parker oder einem Weinhändler aus Burgund auf eine Weinprobe gehen.

Die Topologie eines schrumpfenden Planeten

Zur Zeit kennen wir vier elektronische Übertragungswege in den Haushalt: Telefon, Kabel, Satellit und terrestrisches Fernsehen. Diese Übertragungsarten unterscheiden sich eher durch topologische Merkmale als durch unterschiedliche Wirtschaftsmodelle. Wenn ich ein und dasselbe Bit zur gleichen Zeit in alle Haushalte der USA schicken möchte, muß ich natürlich einen Satelliten benutzen, dessen bestrahlte Fläche von der Ost- bis zur Westküste reicht. Das wäre die logische Topologie – im Gegensatz zu dem Versuch, das Bit zu jedem einzelnen der 22 000 Fernämter der USA zu senden.

Bei regionalen Nachrichten und Werbung dagegen funktioniert das terrestrische Fernsehen gut und das Kabel sogar noch besser. Ein Telefon ist ideal für direkte Verbindungen von Punkt zu Punkt. Rein auf Grundlage der Topologie würde ich den Super Bowl über Satellit übertragen lassen und eine interaktive, personalisierte Version der *Wall Street Week* über das Telefonnetz. Der geeignete Vertriebsweg – ob Satellit, terrestrisches Fernsehen, Kabel oder Telefon – kann je nach Art des Bits ausgewählt werden.

Aber in der »realen Welt«, wie mir verschiedene Leute immer wieder gerne berichten (als ob ich in einer irrealen Welt leben würde), ist jeder Sender bemüht, seine Auslastung zu steigern, auch wenn er dabei das tut, wozu er am wenigsten geeignet ist.

Zum Beispiel denken einige Betreiber von stationären Satelliten darüber nach, Dienstleistungen eines bodengestützten Punkt-zu-Punkt-Netzwerkes anzubieten. Verglichen mit einem verdrahteten Telefonnetz ist dies erst dann sinnvoll, wenn es sich um Orte handelt, die spezifische geographische oder politische Probleme überwinden müssen, wie zum Beispiel eine Inselgruppe oder die Zensur. Den Super Bowl gleichzeitig über das Antennen-, Kabel- und Telefonsystem zu senden, damit jeder Kunde diese Bits zur gleichen Zeit bekommt, wäre ein sehr mühsamer Weg.

Früher oder später werden die Bits die geeigneten Kanäle zur richtigen Zeit bevölkern. Wenn ich den letztjährigen Super Bowl sehen möchte, dann wäre der logische Weg, ihn über das Telefon zu bestellen (anstatt darauf zu warten, daß ihn ein Sender wiederholt). Das Spiel ist nach dem Abpfiff zu archivierbaren Daten geworden, und der Kanal für solches Sendematerial unterscheidet sich beträchtlich von einem Kanal für Live-Übertragungen.

Jedes Vertriebssystem hat seine spezifischen Eigenarten. Wenn Sie eine Nachricht über Satellit von New York nach London senden, dann ist die Signalstrecke nur zehn Kilometer länger als die Übertragung mit der gleichen Methode von New

York nach Newark. Diese Überlegung legt den Gedanken nahe, daß ein Telefongespräch innerhalb der bestrahlten Fläche eines Satelliten immer gleich teuer sein sollte, ob man nun von der Madison zur Park Avenue oder vom Times Square zum Piccadilly Circus anruft.

Auch die Glasfaser wird zu neuen Überlegungen bei der Preisgestaltung des Bit-Vertriebs führen. Wenn nur eine Fernleitung nötig ist, um Bits von New York nach Los Angeles zu transportieren, stellt sich die Frage, ob dieser lange Transportweg teurer oder günstiger sein darf, als die Bits durch das umständlich geschaltete Kapillarsystem eines Vororttelefonnetzes zu verschicken.

In der digitalen Welt nimmt die Bedeutung der Entfernung stetig ab. Ein Internet-Anwender ist überhaupt nicht mehr von ihr abhängig. Im Internet scheint sich die Entfernung häufig in ihr Gegenteil umzukehren. Oft bekomme ich Antworten von entfernteren Orten schneller als von nahe gelegenen, weil die unterschiedlichen Ortszeiten den Angesprochenen zu antworten erlauben, während ich schlafe, so daß es mir näher erscheint.

Sobald ein Vertriebssystem, das mehr dem Internet ähnelt, in der Unterhaltungswelt Verwendung findet, wird die Erde eine einzige Medienmaschine sein. Haushalte, die heute über eine drehbare Satellitenschüssel verfügen, kennen bereits die Vorteile eines vielfältigen Programmangebots ohne geopolitische Grenzen. Das Problem ist nur, wie man damit umgeht.

Signale mit Selbstbewußtsein

Der richtige Weg, mit einer Unmenge an Fernsehstunden umzugehen, besteht darin, sie erst gar nicht kennenzulernen. Lassen Sie einen Assistenten die Arbeit machen.

Auch wenn die Computer der Zukunft im gleichen Maße Videomaterial lesen können wie Sie und ich, wird doch in den nächsten dreißig Jahren das maschinelle Erkennen von Videoinhalten auf sehr spezielle Bereiche begrenzt bleiben, wie zum Beispiel die Schrifterkennung bei ATM-Maschinen. Dies ist Lichtjahre entfernt von einem Computer, der ein Video sieht und dabei erkennt, daß Serienheld Seinfeld schon wieder eine Freundin verloren hat. Aus diesem Grunde benötigen wir Bits, die eine solche Erzählung mit Hilfe von Schlüsselworten, Daten über den Inhalt und einem System von Querverweisen beschreiben können.

In den kommenden Jahrzehnten werden sich Bits, die andere Bits, Inhaltsangaben, Register und Zusammenfassungen beschreiben, im digitalen Fernsehen mehr und mehr ausbreiten. Mit der Unterstützung von Maschinen werden sie von Menschen entweder im Moment der Ausstrahlung (wie heutzutage bei kodierten Zusatzinformationen) oder später (durch Zuschauer und Kommentatoren) eingeschoben. Es entsteht ein Bit-Strom, der ausreichend mit Datenköpfen versehen ist, so daß Ihr Computer Ihnen bei der Durchsicht der riesigen Inhaltsmengen dienlich sein kann.

Wenn ich in ein paar Jahren nach Hause komme, sagt mir mein Videorecorder der Zukunft: »Nicholas, während du unterwegs warst, habe ich fünftausend Fernsehstunden durchgeschaut und davon sechs Programmsegmente für dich aufgenommen, die zusammen eine Länge von vierzig Minuten ergeben. Deine Schulfreundin vom Gymnasium war in der Sendung *Today*, es wurde ein Dokumentarfilm über den Dodekanes gezeigt …« Der Computer erledigt diese Arbeit, indem er die Datenköpfe überprüft.

Diese Datenkopf-Bits sind auch für die Werbung sehr nützlich. Wenn Sie auf der Suche nach einem neuen Wagen sind, können Sie sich eine Woche lang ausschließlich Autoanzeigen auf den Bildschirm kommen lassen. Darüber hinaus könnten die Autohersteller und -verkäufer den Datenköpfen lokale, regionale und nationale Informationen hinzufügen, so daß auch unaufgefordert der Ausverkauf eines Autohändlers in Ihrer Nachbarschaft auf dem Bildschirm erscheint. Dies läßt sich zu einem Teleshopping-Kanal erweitern, der – im Gegensatz zu QVC – keine Ringe aus Zirkonium anbietet, sondern nur das, was Sie auch interessiert.

Diese Bits-über-Bits verändern das Fernsehen grundlegend. Mit ihnen erhält man ein Werkzeug, das das für Sie Interessante herausgreift und den Sendern die Möglichkeit bietet, ihre Informationen an jeden nur erdenklichen Ort zu transportieren. Zu guter Letzt werden die Sendernetze lernen, was es heißt, ein Netzwerk zu sein.

Sendernetze und Netzwerke

Fernsehnetze und Computernetzwerke sind fast gegensätzlicher Natur. Ein Sendernetz stellt eine Vertriebshierarchie dar, die aus einer Quelle (der Herkunft des Signals) und vielen homogenen Auffangbecken (den Abnehmern) besteht.

Dagegen bestehen Computernetzwerke aus einem Gitterwerk von heterogenen Prozessoren, die sowohl Quelle als auch Auffangbecken sein können. Beide Netzarten unterscheiden sich so sehr, daß ihre Designer nicht einmal dieselbe

Sprache sprechen. Die Grundprinzipien des einen sind für den anderen so unlogisch wie der islamische Fundamentalismus für einen italienischen Katholiken.

Wenn Sie zum Beispiel eine E-Mail über das Internet verschicken, wird diese Nachricht in Päckchen zerlegt, die einen Datenkopf mit einer Adresse erhalten. Die Teile werden auf viele verschiedene Pfade, über viele verschiedene Zwischenrechner geschickt, die diese Adresseninformationen löschen oder neue Daten hinzufügen, bis sie schließlich wie von Zauberhand als geordnete Botschaft am anderen Ende erscheinen. Dies alles kann überhaupt nur funktionieren, weil jedes dieser Päckchen diese Bits-über-Bits besitzt und jeder Prozessor in der Lage ist, Informationen über die Nachricht von der Nachricht selbst zu erhalten.

Als die Videotechniker das digitale Fernsehen entwickelten, zeigten sie kein Interesse an der Struktur von Computernetzwerken. Sie übersahen die Flexibilität von heterogenen Systemen und Datenköpfen, die Informationen transportierten. Sie diskutierten über Auflösung, Bildfrequenz, Bildseitenverhältnis und Zeilensprung, anstatt diese Dinge als Variablen aufzufassen. Die Grundsätze eines Sendernetzes entsprechen den Dogmen einer analogen Welt und beinhalten so gut wie keine digitalen Prinzipien wie das der offenen Architektur, Größenanpassung und Kompatibilität. Das wird sich sicherlich ändern, aber noch sind nur erst zaghafte Ansätze zu erkennen.

Vom Internet als Modell und als Metapher wird der Anstoß zur Veränderung ausgehen. Das Internet ist nicht nur im Sinne eines überall vorhandenen, globalen Netzwerks interessant, sondern auch als etwas, das sich ohne einen eindeutigen verantwortlichen Designer entwickelt hat und dabei (wie der Vogelschwarm) seine Form beibehielt. Es gibt keinen Big

Brother, und alle Teile fügen sich bislang auf bewundernswerte Weise zusammen.

Niemand weiß, wie viele Anwender das Internet hat, weil es sich um ein Netzwerk von Netzwerken handelt. Im Oktober 1994 gehörten über 45 000 Netzwerke zum Internet. Man zählte vier Millionen Host-Rechner (mit einer vierteljährlichen Zuwachsrate von 20 Prozent), obwohl dies keine hilfreiche Größe zur Schätzung der Anwenderzahl darstellt. Aber wenn nur einer dieser Rechner als öffentlicher Zugang mit Frankreichs Minitelsystem verbunden wird, gibt es plötzlich zusätzliche acht Millionen potentieller Internet-Benutzer mehr.

Im amerikanischen Bundesstaat Maryland und im italienischen Bologna steht das Internet allen Bürgern zur Verfügung. Natürlich nutzt es nicht jeder Einwohner, aber 1994 waren es immerhin zwanzig bis dreißig Millionen. Ich schätze, daß bis zum Jahre 2000 eine Milliarde Menschen ans Internet angeschlossen sein werden. Dabei berufe ich mich zum Teil auf die Tatsache, daß im dritten Quartal 1994 die folgenden Staaten die höchsten prozentualen Zuwachsraten bei Internet-Host-Rechnern aufwiesen: Argentinien, Peru, Ägypten, die Philippinen, die GUS, Slowenien und Indonesien (in dieser Reihenfolge). Alle verzeichneten in diesem Quartal einen Zuwachs von mehr als 100 Prozent. Das Internet, liebevoll auch Net genannt, ist längst nicht mehr nur auf Nordamerika beschränkt. 35 Prozent der Host-Rechner befinden sich in den anderen Teilen der Welt, und dieser Anteil verzeichnet die höchsten Zuwachsraten.

Obwohl ich das Internet jeden Tag im Jahr nutze, gelte ich im Net als ein Schwächling. Ich beschränke mich auf die E-Mail. Anwender mit mehr Mut und Zeit bewegen sich durch das Netz, als gingen sie in einem Einkaufszentrum von Geschäft zu Geschäft. Man kann im wahrsten Sinne des Wortes einen Bummel von Computer zu Computer machen, entweder mit Hilfe von Programmen wie Mosaic oder auf rauhe Männerart in harter Handarbeit. Man kann aber auch an Echtzeit-Diskussionsgruppen teilnehmen, den sogenannten MUDs (Multi-User-Dungeons). Allerdings stießen sich einige Anwender am Begriff *dungeon* (Verlies) und bestanden seitdem auf der Verwendung des Wortes *domain* (Reich) für diese 1979 geprägte Abkürzung. Die neuere Version des MUD ist MOO (MUD objektorientiert). In einem sehr realen Sinne sind MUDs und MOOs »dritte« Orte – weder das Zuhause noch der Arbeitsplatz des Benutzers; und manche Menschen verbringen bis zu acht Stunden an diesem Ort.

Im Jahre 2000 werden mehr Menschen ihre Freizeit im Internet verbringen als mit dem Betrachten dessen, was wir heute als Sendernetz bezeichnen. Das Internet wird sich über die MUDs und MOOs hinausentwickeln – was sehr nach dem realen Woodstock der siebziger Jahre und einem digitalen der neunziger klingt – und dann ein breitgefächertes Unterhaltungsangebot anbieten.

Das Internet-Radio hat sicherlich eine Vorreiterfunktion für die Zukunft. Aber selbst dieses Medium bildet nur die Spitze des Eisbergs, da es bislang nicht mehr als eine spezielle Sendung für eine besondere Art von Computerhackern darstellt, wie eine ihrer größten Talk-Shows – *Geek of the Week* (Freak der Woche) – beweist.

Die Anwendergemeinschaft des Internet wird sich immer mehr aus allen Teilen der Bevölkerung zusammensetzen. Ihr demographischer Durchschnitt gleicht sich mehr und mehr der Demographie der realen Welt an. Minitel in Frankreich und Prodigy in den USA haben erfahren müssen, daß die E-Mail die wichtigste Anwendung im Netzwerk darstellt. Der wahre Wert eines Netzwerks beweist sich weniger in seinem Informationsgehalt als in seinem Gemeinschaftssinn. Die Datenautobahn ist mehr als nur eine Abkürzung zu allen Büchern der Library of Congress. Sie schafft ein vollkommen neues, weltweites Sozialgefüge.

Gute Kontakte

Digital sein ist nicht genug

Während Sie diese Seite lesen, setzen Ihre Augen und Ihr Gehirn das Druckmedium in Signale um, die Sie als Buchstaben und Worte mit einer bestimmten Bedeutung erkennen und verarbeiten können. Wenn Sie diese Seite faxen, erzeugt der Faxscanner eine präzise linientreue Karte, die mit Hilfe von Einsen und Nullen das Schwarz und Weiß der Stellen mit und ohne Schrift wiedergibt. Die Genauigkeit der digitalen Darstellung im Vergleich zur eigentlichen Seite ist abhängig vom Feinheitsgrad der Abtastung. Aber mit welcher Genauigkeit Ihr Fax den Text auch immer abtastet – es ist nicht mehr und nicht weniger als ein Bild dieser Seite. Es sind keine Buchstaben oder Wörter, sondern Pixel.

Bei Computern gleicht der Erkennungsprozeß von Bildinhalten unserem eigenem. Sie müssen kleine Pixel-Bereiche erst in Buchstaben und dann in Wörter verwandeln. Dazu kommen verschiedene weitere Probleme: Sie sollen vor einem geräuschvollen Hintergrund – dem Knistern, das durch den Abtast- oder Übertragungsprozeß entsteht – zwischen dem Buchstaben O und der Ziffer 0 unterscheiden, Gekritzel von Text trennen und dürfen einen Kaffeefleck nicht mit einer Illustration verwechseln.

Wenn diese Umwandlung stattgefunden hat, dann ist die digitale Darstellung kein Bild mehr, sondern eine Datenstruktur in Form von Buchstaben, die symbolisch nach der binären Darstellung des ASCII (Amerikanischer Standard-Zeichensatz für den Informationsaustausch) kodiert ist sowie einige zusätzliche Daten über den Schrifttyp und das Seitenlayout beinhaltet. Dieser grundsätzliche Unterschied zwischen einem Fax und dem ASCII-Code gilt auch für andere Medien.

Eine CD ist ein »Audiofax«. Sie besteht aus digitalen Daten, die ein Komprimieren, Korrigieren und Überprüfen des akustischen Signals ermöglichen, sich aber nicht auf die musikalische Struktur erstrecken. Es wäre sehr schwierig, zum Beispiel das Klavier etwas aus der Aufnahme herauszunehmen, einen Sänger auszutauschen oder die räumliche Position eines Instruments im Orchester zu verändern. Den entscheidenden Unterschied zwischen einem Audiofax und einer umfangreich strukturierten Musikdarstellung hat Mike Hawley, der auch ein talentierter Musiker ist, vor acht Jahren genau untersucht. Inzwischen ist der ehemalige Student ein fester Mitarbeiter des MIT.

Seine Promotionsstudien umfaßten auch ein Experiment mit einem umgebauten Bösendorfer-Flügel, bei dem die Anschlagszeit der einzelnen Hämmer und die Geschwindigkeit, mit der sie auf die Saiten aufschlugen, gemessen werden konnten. Darüber hinaus besaß jede Taste einen Motor, was eine fast perfekte Wiederholung ermöglichte. Stellen Sie sich das Ganze als einen feinkörnigen Tastendigitalisierer vor, der mit einem der teuersten und hochauflösendsten Tasteninstrumente der Welt verbunden ist. Yamaha hat kürzlich eine preiswerte Version dieses Konzepts auf den Markt gebracht.

Hawley befaßte sich auch mit dem Problem, mehr als eine Stunde Musik auf einer CD unterzubringen. Die Industrie ging dieses Problem mit zwei reinen Zuwachsmethoden an. Eine Methode bestand darin, den roten durch einen blauen Laser auszutauschen, wodurch die Wellenlänge verkürzt wird und sich die Aufzeichnungsdichte auf das Vierfache erhöht. Die andere Methode verwendete einfach modernere Kodierungstechniken: Ihr CD-Player benutzt immer noch Algorithmen aus der Mitte der siebziger Jahre, obwohl man seit dieser Zeit gelernt hat, Audiosignale zumindest um das Vierfache zu komprimieren (also im selben Umfang wie die sogenannte Verlustneutralität). Wenn man diese Techniken kombiniert, bekommt man phantastische sechzehn Stunden Audiosignal auf eine CD-Seite.

Hawley hat mir einmal erzählt, daß er einen Weg gefunden habe, wie man eine noch größere Zahl von Audiostunden auf eine CD speichern könne. Als ich ihn fragte: »Wie viele?«, antwortete er: »Ungefähr fünftausend Stunden.« Wenn das wahr sein sollte, dann würde die Vereinigung aller Musikverleger der Welt ein Kopfgeld auf Hawley aussetzen, und er müßte bis in alle Ewigkeit mit Salman Rushdie zusammenleben. Ich bat ihn aber trotzdem, es mir zu erklären, und versprach ihm, es für mich zu behalten (hatte dabei aber hinter meinem Rücken die Finger gekreuzt).

Hawley fand bei seinem Experiment mit dem Bösendorfer heraus – auf dem er auch solche bekannten Namen wie John Williams spielen ließ –, daß menschliche Finger auch bei sehr schnellen Bewegungen nie mehr als 30 000 Bits in der Minute am Bösendorfer erzeugen können. Mit anderen Worten: Die Datenmenge der Anschläge, gemessen als Anzahl der Fingerbewegungen, war im Vergleich zu den 1,2 Millionen Bps, die von Audiosignalen auf einer CD erzeugt werden, sehr niedrig. Speichert man nun die Anschlags- anstatt der Audiodaten, ließe sich fünftausendmal mehr Musik auf einer CD unterbringen. Und man müßte noch nicht einmal einen Bösendorfer-Flügel für 125 000 Dollar kaufen, sondern könnte ein einfacheres Instrument benutzen, das mit MIDI (Datenschnittstelle für Musikinstrumente) ausgestattet ist.

Jeder in der Industrie, der sich mit der Kapazität von Audio-CDs beschäftigt, ist dieses Problem – verständlicherweise und doch etwas naiv – immer ausschließlich im Rahmen des Audiobereichs angegangen, so wie man das Fax ausschließlich dem Bildbereich zugeordnet hat. Hawley dagegen vertritt die Ansicht, daß die Anschlagsdaten dem MIDI gleichen und beide dem ASCII-Code sehr nahe kommen. Tatsächlich kann eine Musikaufnahme sogar noch kompakter dargestellt werden (bei zugegeben niedriger Auflösung und ohne Ausdruckskraft und Nuancierung, die durch die menschliche Interpretation entstehen).

Auf der Suche nach der Erzeugung von Signalstrukturen gelangt man unter die Oberfläche der Bits und entdeckt die ursprünglichen Bausteine von Bildern, Klängen und Texten. Dies gehört zu den wichtigsten Fakten des digitalen Lebens.

Die Faxen des Lebens

Wenn die Computerwissenschaftler vor fünfundzwanzig Jahren hätten schätzen müssen, wie hoch der Anteil computerlesbarer Texte heute sein würde, hätten sie wohl einen Wert zwischen 80 und 90 Prozent genannt. Dies wäre bis etwa 1980 richtig gewesen. Vorhang auf für das Faxgerät.

Das Fernkopiergerät oder Fax ist ein ernsthafter Makel der Informationslandschaft, ein Rückschritt, dessen indirekte Folgen noch lange zu spüren sein werden. Dieses Urteil wirkt wie ein Schlag ins Gesicht eines Telekommunikationsmediums, das unser Geschäftsgebaren und in zunehmendem Maße auch unser Privatleben revolutioniert zu haben scheint. Aber die wenigsten Benutzer haben eine Vorstellung von den langfristigen Kosten, den kurzfristigen Mißerfolgen und den Alternativen.

Das Fax ist ein japanisches Erbe – aber nicht allein deshalb, weil die Japaner wie bei den Videorecordern intelligent genug waren, einen Standard zu schaffen und die Geräte besser als jeder andere herzustellen. Vielmehr sind ihre Kultur, ihre Sprache und ihr Geschäftsgebaren sehr an Bildern orientiert.

Noch vor zehn Jahren wickelte man in Japan Geschäfte mündlich ab, das heißt ohne Dokumente und gewöhnlich in Anwesenheit beider Partner. Nur wenige Geschäftsleute hatten Sekretäre, und die handschriftliche Korrespondenz war sehr mühsam. Das Gegenstück zu einer Schreibmaschine sah wie eine Setzmaschine aus, die einen elektromechanischen Arm besaß, der über einer dichten Buchstabenschablone befestigt war, um unter den mehr als 60 000 Kanji-Symbolen das passende auszuwählen. Das Faxgerät paßte perfekt zur piktografischen Natur des Kanji. Da die japanische Kurzschrift zu jener Zeit bereits computerlesbar war, gab es nur wenige Nachteile. Dagegen ist das Fax für eine symbolhafte Sprache wie Englisch in puncto Computerlesbarkeit eine wahre Katastrophe.

Mit den sechsundzwanzig Buchstaben des lateinischen Alphabets, den zehn Ziffern und einer Handvoll Sonderzeichen wäre es für uns viel selbstverständlicher, mit einem 8-Bit-ASCII-Code zu arbeiten. Aber das Fax hat uns dies vergessen lassen. Heutzutage werden die meisten Geschäftsbriefe auf einem Computer geschrieben, ausgedruckt und gefaxt. Denken Sie einmal darüber nach. Wir bereiten unsere Dokumente in bester computerlesbarer Form so gewissenhaft vor, daß wir nicht einmal mehr ein Rechtschreibprogramm zur Kontrolle benötigen.

Und was tun wir dann? Wir drucken es auf Papier mit Briefkopf. Damit hat das Dokument all seine digitalen Eigenschaften verloren.

Als nächstes bringen wir dieses Papier zu einer Faxmaschine, wo es zu einem Bild (re-)digitalisiert wird und alle materiellen und farblichen Qualitäten verliert. Dann verschicken wir es an seinen Bestimmungsort – möglicherweise an einen Drahtkorb neben dem Kopierer. Wenn Sie zu den weniger glücklichen Empfängern zählen, erhalten Sie ein ungesund aussehendes, schmieriges, manchmal ungeschnittenes Stück Papier, das an eine antike Schriftrolle erinnert. Jetzt reicht es aber. Das ist ungefähr so vernünftig, wie einander bedruckte Teeblätter zuzuschicken.

Selbst wenn Ihr Computer ein Faxmodem besitzt, das den Zwischenschritt mit dem Papier überflüssig macht, oder Ihr Fax normales Papier erlaubt und in allen Farben sendet, bleibt ein Fax ein primitives Medium. Dies liegt daran, daß die Computerlesbarkeit entfernt wurde und somit dem Empfänger die Möglichkeit genommen ist, Ihre Nachricht automatisch zu speichern, neu zu lesen und zu verändern.

Wie oft haben Sie schon an dieses wie vom Erdboden verschluckte Fax zurückgedacht, das Sie vor vielleicht sechs Monaten von irgend jemandem irgendwoher mit Bezug auf soundso bekommen haben. Wenn es in ASCII-Form gespeichert ist, braucht man eine Computerdatei nur nach »soundso« zu befragen.

Wenn Sie eine Kalkulationstabelle faxen, dann versenden Sie nur ein Bild dieser Tabelle. Mit der E-Mail senden Sie ein geschäftstüchtiges Arbeitspapier, das der Empfänger verändern und beanstanden oder sich selbst so ausdrucken kann, wie sie oder er es wünscht.

Ein Fax ist noch nicht einmal wirtschaftlich. Diese Buchseite benötigt ungefähr zwanzig Sekunden mit einem normalen Fax, das mit 9 600 Baud sendet. Das sind in dieser Form fast 200 000 Bits an Informationen. Demgegenüber benötigt man mit der E-Mail nur weniger als ein Zehntel dieser Bits: den ASCII-Code und einige Steuerzeichen. Selbst wenn Sie sagen, daß Ihnen die Computerlesbarkeit nicht wichtig ist, bleibt die E-Mail, per Bit oder per Sekunde und denselben 9 600 Baud gemessen, doch zehnmal preiswerter als das Fax (bei 38 400 Baud ist es noch 2,5mal preiswerter).

Vor ungefähr hundert Jahren entstand sowohl die Idee des Fernkopierers als auch die der elektronischen Post. In einem Manuskript aus dem Jahre 1863 mit dem Titel »Paris im 20. Jahrhundert«, das 1994 gefunden und zum ersten Mal veröffentlicht wurde, schreibt Jules Verne: »Die Photo-Telegraphie erlaubte es, jedwedes Schreiben, jede Unterschrift oder Illustration an ferne Orte zu senden, und ein jeder Vertrag konnte in 20 000 Kilometer Entfernung gezeichnet werden. Die Häuser waren allesamt durch Drähte miteinander verbunden.«

Mit dem automatischen Telegrafenamt der Western Union konnte man 1883 eine E-Mail von einem verdrahteten Punkt zum nächsten senden. Die allgemeine Nutzung der E-Mail von einem beliebigen Punkt zum anderen, wie wir sie heute kennen, wurde noch vor der allgemeinen Nutzung des Fax eingeführt. Als die E-Mail Mitte bis Ende der sechziger Jahre sich auszubreiten begann, waren nur verhältnismäßig wenige Menschen in der Lage, mit Computern zu arbeiten. Deshalb überrascht es nicht, daß es in den achtziger Jahren mit großen Sprüngen vom Fax überholt wurde. Die Gründe lagen in der einfachen Handhabung, der Möglichkeit zum Versenden von Bildern und Grafiken und der Eingabe von Papiervorlagen und Formularen. Und seit kurzem besitzen mit einer Unterschrift versehene Faxschreiben unter gewissen Voraussetzungen auch Rechtsgültigkeit.

Aber mit der heutigen Allgegenwart des Computers sind die Vorteile der E-Mail nicht mehr zu übersehen – wie die unglaublichen Zuwachsraten bestätigen. Neben ihren digitalen Vorteilen ist die E-Mail eher ein Sprachmedium. Auch wenn es sich nicht um einen gesprochenen Dialog handelt, kommt es doch dem Sprechen näher als dem Schreiben bzw. dem Versenden von Briefen.

Morgens schaue ich als erstes in meine E-Mail und kann später sagen: »Ja, heute morgen habe ich mit dem und dem gesprochen«, obwohl es nur E-Mail war. Die Nachrichten werden hin und her geschickt, und ein solcher Austausch ist häufig mit typographischen Fehlern verbunden. Ich erinnere mich, daß ich mich einmal bei einem japanischen Kollegen für meine Rechtschreibfehler entschuldigte, worauf er mir antwortete, daß ich mir keine Gedanken machen solle, da er das Korrigieren meiner Rechtschreibfehler schneller erledigt habe als jede Software, die ich mir kaufen könne – was zweifellos zutraf.

Dieses neue Quasi-Sprachmedium unterscheidet sich wirklich völlig vom Briefeschreiben. Es ist weit mehr als ein schnelles Postamt, und auf lange Sicht werden die Menschen neue Anwendungsformen finden. Es gibt bereits schon jetzt eine eigene E-Mail-Sprache für die jeweilige Stimmung – so stehen zum Beispiel die Zeichen :) für ein fröhliches Gesicht. Die Wahrscheinlichkeit ist groß, daß im nächsten Jahrtausend die E-Mail (keinesfalls auf ASCII beschränkt) das vorherrschende Medium der Telekommunikation sein wird und sich bereits in den nächsten zwanzig Jahren der Stimme nähern oder ihr sogar den Rang ablaufen wird. Wir alle werden die E-Mail nutzen, doch das setzt voraus, daß wir ein wenig Netiquette* lernen.

Stellen Sie sich die folgende Szene vor. Der prächtige Tanzsaal eines österreichischen Schlosses im 18. Jahrhundert: Venezianische Spiegel und Juwelen erstrahlen im goldenen Schein von Hunderten von Kerzen. Vierhundert schöne Menschen tanzen graziös einen Walzer, der von einem zehnköpfigen Orchester gespielt wird – genau wie in den Ballsaalszenen in *The Scarlet Empress* (Die scharlachrote Kaiserin) der Paramount oder in *The Merry Widow* (Die lustige Witwe) der Universal Pictures. Nun stellen Sie sich dieselbe Szene mit 390 Tänzern vor, die erst in der vorangegangenen Nacht tanzen gelernt haben; sie denken alle zuviel an ihre Füße. Ähnlich steht es heute um das Internet – die meisten Anwender sind Anfänger.

Zur Zeit besteht die überwiegende Mehrheit der Internet-Benutzer aus Neulingen; die meisten sind weniger als ein Jahr dabei. Ihre ersten Nachrichten überfluten häufig eine kleine Gruppe von Empfängern, nicht nur mit seitenlangen Informationen, sondern auch mit einer gewissen Aufdringlichkeit. Anscheinend gehen sie davon aus, daß der Empfänger nichts anderes zu tun hat, als ihre Fragen schleunigst zu beantworten.

Aber es kommt noch schlimmer. Es ist nämlich sehr einfach

---

* *Netiquette* = Kombination aus Netzwerketikette, auch in Deutschland gebräuchlicher Ausdruck für das richtige Verhalten im Netzwerk, Anm. d. Übers.

und scheinbar kostenfrei, Dokumentkopien weiterzugeben, die bei einem einzigen Durchlauf Ihrer Mailbox fünfzehn- oder zwanzigtausend ungefragte Wörter zuteilen. Dieser simple Vorgang verwandelt das individuelle Sprachmedium E-Mail in ein Billigkaufhaus, was besonders ärgerlich ist, wenn man nur über einen Übertragungskanal mit geringer Bandbreite verfügt.

Ein Journalist, der mit der Aufgabe betraut wurde, über die Neulinge und ihren unbedachten Umgang mit dem Internet zu schreiben, begann seine Nachforschungen, indem er mir und anderen ungefragt und ohne Vorwarnung einen vierseitigen Fragebogen zuschickte. Sein Bericht hätte ein Selbstporträt sein können.

Dabei kann die E-Mail für Journalisten ein ideales Werkzeug sein. E-Mail-Interviews sind nicht so aufdringlich und lassen mehr Raum für Reflexion. Ich bin überzeugt, daß E-Mail-Interviews zum idealen Werkzeug und weltweiten Standard für viele Journalisten werden können – vorausgesetzt, sie alle erlernen einige digitale Umgangsformen.

Will man beim E-Mail im Internet höflich sein, dann sollte man so schreiben, als ob der Empfänger lediglich 1 200 Baud und nur wenig Zeit zur Verfügung hat. Ein gegenteiliges Beispiel, und zu meiner Entrüstung sogar eine Gewohnheit vieler mir bekannter, erfahrener Anwender, ist das Rücksenden einer Kopie meiner Nachricht bei ihrer Antwort. Das ist mit Sicherheit die faulste Methode, der E-Mail einen Bezugsvermerk zu geben, und tödlich, wenn die Nachricht lang ist und der Übertragungskanal dünn.

Noch ärgerlicher ist das andere Extrem, zum Beispiel die Antwort: »Geht in Ordnung.« Was geht denn in Ordnung?

Aber die übelste aller digitalen Gewohnheiten ist meiner Meinung nach die Gratiskopie oder *cc*. Wer erinnert sich noch daran, daß diese Abkürzung für *carbon copy* (Durchschlag) stand? Berge solcher Kopien haben vielen leitenden Angestellten den Online-Betrieb verleidet. Das Problem des elektronischen Kohlepapiers ist die Tatsache, daß es sich ungefragt vervielfältigt, weil die Antworten häufig an die gesamte Verteilerliste gesendet werden. Sie können nie herausfinden, ob jemand zufällig »allen« geantwortet hat oder es vielleicht gar nicht wollte oder nicht besser wußte. Wenn jemand aus dem Stegreif ein internationales Treffen organisieren will und mich sowie weitere fünfzig Leute einlädt, dann kann ich auf fünfzig ausführliche Reiseabsprachen und deren Zustandekommen gut verzichten.

Wie Shakespeare sagen würde: Kürze ist der E-Mail Seele.

Selbst an Sonntagen

E-Mail ist ein Lebensstil, der unser Arbeiten und Denken durchdringt. Das zeigt sich vor allem in der Veränderung von Arbeits- und Freizeitrhythmus. Das Geschäftsleben pulsiert nicht mehr länger von neun bis fünf und fünf Tage in der Woche bei dreißig Tagen Urlaub im Jahr. Arbeitsbezogene und persönliche Nachrichten vermischen sich. Der Sonntag unterscheidet sich nicht mehr so sehr vom Montag.

Besonders in Europa und Japan werden manche von einer Katastrophe reden. Sie wollen ihre Arbeit im Büro lassen. Ich möchte ihnen auch nicht das Recht nehmen, von ihrer Arbeit zu pausieren. Andererseits wollen einige unter uns immer »verdrahtet« sein. Es ist eine Frage des persönlichen Geschmacks: Ich beantworte lieber eine E-Mail am Sonntag und bleibe dafür montags länger im Bett.

Gleichzeitig zu Hause und unterwegs

Es gibt einen sehr guten und mittlerweile berühmten Cartoon, der zwei Hunde zeigt, die das Internet benutzen. Der eine Hund schreibt dem anderen: »Im Internet weiß niemand, daß Du ein Hund bist.« Man sollte hinzufügen: »Und niemand weiß, wo Du bist.«

Bei einem vierzehnstündigen Flug von Tokio nach New York schreibe ich meist die ganze Zeit und verfasse unter anderem vierzig bis fünfzig E-Mail-Nachrichten. Stellen Sie sich vor, ich würde bei meiner Ankunft im Hotel diese Nachrichten als Faxe an der Rezeption abgeben, mit der Bitte, sie abzusenden. Dies würde als eine Massensendung aufgefaßt und berechnet. Wenn ich sie jedoch per E-Mail verschicke, kann ich die Nachrichten einfach und schnell an eine örtliche Telefonnummer durchgeben. Ich sende sie an Menschen, nicht an Orte. Menschen senden Nachrichten an mich, nicht nach Tokio. Die E-Mail schafft eine enorme Mobilität, ohne daß jemand wissen muß, wo Sie sich gerade aufhalten. Dies ist vor allem für den Geschäftsreisenden interessant; aber die ständige Erreichbarkeit wirft eine ganze Reihe interessanter Fragen über den Unterschied zwischen Bits und Atomen im digitalen Leben auf.

Wenn ich verreise, achte ich darauf, daß ich mindestens zwei örtliche Telefonnummern kenne, über die ich ins Internet gelange. Im Gegensatz zur allgemeinen Ansicht handelt es sich hierbei um kostspielige kommerzielle Anschlüsse, die mich entweder mit dem lokalen Paketsystem des Landes (in Griechenland, Frankreich, der Schweiz und Japan) oder mit den weltweiten Paketsystemen von Sprint oder MCI verbinden. Sprint beispielsweise bietet in achtunddreißig russischen Städten örtliche Telefonnummern an.

Eine dieser Möglichkeiten verbindet mich mit meinem privaten Rechner im Wandschrank oder, was ein Rückschritt wäre, mit dem Zentralcomputer des Media Lab. Von dort komme ich ins Internet.

Ein vernetzter Erdball ist ein Kunststück. Dabei geht es nicht um das Problem der Digitalisierung, sondern darum, die passenden Adapterstecker zu finden. Europa kennt zwanzig (Sie können nachzählen) verschiedene Stromstecker! Und während Sie sich an Ihren süßen kleinen Telefonstecker aus Kunststoff, den sogenannten RJ-11-Stecker, gewöhnt haben, existieren weltweit 175 verschiedene andere. Ich bin der stolze Besitzer von jeweils mindestens einem Exemplar, und auf Reisen mit vielen Aufenthaltsorten besteht mein Gepäck zu 25 Prozent aus einer Mischung von Telefon- und Stromsteckern.

Doch selbst wenn Sie perfekt ausgerüstet sind, setzen all die Hotels und Telefonkabinen Sie matt, die über keine direkte Modemverbindung verfügen. Für solche Situationen kann man einen kleinen Akustikkoppler von Velcro für Handtelefone bekommen. Die Schwierigkeit der gesamten Aufgabe steht im proportionalen Verhältnis zum Grad des überflüssigen Designs der Handtelefone.

Ist man einmal verbunden, finden die Bits problemlos ihren Weg nach Hause, selbst durch die ältesten analogen Telefonanlagen, obwohl dies manchmal mit einer sehr geringen Geschwindigkeit geschieht und eine Übertragung mit hoher Fehlerkorrektur erfordert.

Europa hat ein Eurosteckerprogramm begonnen mit dem Ziel, einen Stromstecker zu konstruieren, der die folgenden drei Eigenschaften besitzt: Erstens, er darf keinem der derzeitigen Stecker gleichen. Zweitens, er muß die Sicherheitsnormen aller derzeitigen Stecker erfüllen. Drittens, er darf keinem Land einen wirtschaftlichen Vorteil verschaffen (der letzte Punkt ist typisch für das Denken der Europäischen Union). Es geht nicht nur um Stecker: Je mehr wir unser digitales Leben ausbauen, desto mehr werden die Hindernisse materieller Natur sein und nicht elektronischer. Ein Beispiel für eine gezielte digitale Sabotage findet man in Hotels, die den kleinen Plastikclip eines RJ-11-Steckers abbrechen, so daß Sie Ihren Laptop nicht einstecken können. Dies ist noch ärgerlicher, als für ankommende Faxe bezahlen zu müssen. Tim und Nina Zagat haben versprochen, dieses Verhalten in ihrem nächsten Hotelführer zu erwähnen, so daß die Digitalos solche Häuser boykottieren können und ihre digitalen Geschäfte an anderer Stelle tätigen.

Ein verdammt anstrengender Spaß

Das Unterrichten von Lernbehinderten

Das Media Lab stellte 1989 sein Programm LEGO-Logo vor. Kinder aus dem Kindergarten und Schüler bis zur sechsten Klasse der Hennigan School präsentierten ihre Projekte einer großen Gruppe von Vertretern der Firma Lego, Wissenschaftlern und der Presse. Die eifrige Moderatorin eines nationalen Fernsehsenders stürmte im grellen Scheinwerferlicht auf eines der Kinder zu und fragte es, ob es nicht für alle ein herrlicher Spaß gewesen sei. Sie wollte von dem Achtjährigen ein typisches, nichtssagendes »Es war toll« hören.

Das Kind war sichtlich irritiert. Nachdem die Moderatorin die Frage zum drittenmal wiederholt hatte und es sehr heiß unter den Scheinwerfern geworden war, antwortete das erschöpfte, schwitzende Kind in die Kamera: »Ja, wir hatten Spaß, aber einen verdammt anstrengenden.«

Seymour Papert ist ein Experte für »anstrengenden Spaß«.

Vor Jahren sagte er einmal, daß der Ausdruck »Sprachbegabung« etwas seltsam anmutet, wenn man bedenkt, daß jeder durchschnittliche Fünfjährige in der Lage ist, in Deutschland Deutsch, in Italien Italienisch und in Japan Japanisch zu lernen. Im Alter verlieren wir diese Fähigkeit, aber es läßt sich nicht leugnen, daß wir sie als Kind einmal besessen haben.

Papert schlägt vor, Computer in der Erziehung einzusetzen, was sowohl wörtlich als auch im übertragenen Sinne gedacht ist. Man könnte etwa ein Land mit dem Namen Matheland erschaffen, in dem ein Kind Mathematik auf die gleiche Weise lernt, wie es auch Sprachen erlernt. Als geopolitisches Konzept ist das Matheland zwar nicht unbedingt geeignet, aber in der Computerwelt ergibt es durchaus einen Sinn. Tatsächlich lassen sich mit Hilfe der modernen Computersimulation Mikrowelten erschaffen, in denen Kinder auf spielerische Art hochkomplizierte Funktionsprinzipien erforschen können.

An der Hennigan School baute ein Sechsjähriger einen Block aus Legosteinen und setzte einen Motor darauf. Dann verband er die beiden Drähte des Motors mit seinem Computer und schrieb ein einzeiliges Programm, das diesen Motor ein- und ausschaltete. Im eingeschalteten Zustand vibrierten die Steine. Daraufhin befestigte er einen Propeller nicht in der Mitte des Motors, sondern (vielleicht unabsichtlich) an dessem äußeren Rand. Als der Junge den Motor nun einschaltete, vibrierten die Steine so stark, daß sie nicht nur auf dem Tisch herumwackelten, sondern auseinanderzufallen drohten. Dieses Problem wurde durch einfallsreiches »Schummeln« gelöst – in diesem Fall mit Gummibändern.

Rotierte der Propeller im Uhrzeigersinn, dann rückten die Legosteine zunächst nach rechts und bewegten sich erst danach in eine beliebige Richtung. Rotierte er gegen den Uhrzeigersinn, rückte der Block erst nach links und bewegte sich dann in eine beliebige Richtung. Schließlich beschloß der Junge, Fotozellen unter seinem Objekt zu befestigen und den Block dann auf eine schwarze Wellenlinie zu setzen, die er auf ein großes weißes Blatt Papier gezeichnet hatte.

Nun schrieb der Junge ein umfangreicheres Programm, das den Motor in beide Richtungen einschaltete. Je nachdem, welche Fotozelle gerade Licht bekam, hielt der Motor an und startete nun im Uhrzeigersinn, um nach rechts zu rücken, oder gegen den Uhrzeigersinn, um nach links und damit zurück auf die Linie zu rücken. Das Ergebnis war ein Block aus Legosteinen, der einer Wellenlinie folgen konnte.

Das Kind wurde ein Held. Schüler und Lehrer wollten wissen, wie seine Erfindung funktionierte. Mit neugierigen Fragen bestaunten sie sein Projekt von allen Seiten. Dieser glückliche und sehr wichtige Augenblick zeigte ihm, daß Lernen Spaß machen kann.

Wir könnten eine Gesellschaft mit wesentlich weniger lernbehinderten Kindern und einer viel größeren Zahl von behindertengerechten Einrichtungen werden, als es im Moment möglich erscheint. Der Computer kann uns dabei helfen, indem er uns die Möglichkeiten bietet, Kinder mit den unterschiedlichsten Lernvoraussetzungen zu unterrichten.

Seziere keinen Frosch, bau dir einen

Die meisten amerikanischen Kinder können die baltischen Staaten nicht von den Balkanstaaten unterscheiden; sie wissen nicht, wer die Westgoten waren oder wann Ludwig XIV. lebte. Na und? Was ist daran so wichtig? Wußten Sie vielleicht, daß Reno westlich von Los Angeles liegt?

Staaten wie Frankreich, Südkorea und Japan stopfen ihre

Jüngsten mit so vielen Fakten voll, daß diese häufig halbtot die Universität erreichen. In den Jahren an der Universität fühlen sie sich dann wie ein Marathonläufer, den man kurz vor dem Ziel auffordert, nachher noch ein wenig Extremklettern zu betreiben.

In den sechziger Jahren befürworteten die meisten Computerpioniere eine trockene Einpaukmethode im Bildungswesen, bei der der Computer auf Dialogbasis und in einem selbstgewählten Trott immer dieselben langweiligen Fakten möglichst effektiv vermitteln sollte. Heute, im Zeitalter von Multimedia, meinen andere wirklichkeitsferne Vertreter der Einpaukmethode, sie könnten den Pep eines Videospiels für sich mit Beschlag belegen und dazu benutzen, um mit sogenannter höherer Produktivität noch ein Bit mehr an Informationen in die Köpfe der Kinder zu pressen.

Am 11. April 1970 hielt Papert ein Symposium am MIT unter dem Titel »Teaching Children Thinking« (Wie lehrt man Kindern das Denken), in dem er den Vorschlag machte, Computer von Kindern unterrichten zu lassen, die von dieser Lehrerfahrung selbst profitieren würden. Diese erstaunlich einfache Idee schlummerte über fünfzehn Jahre vor sich hin, bis sie schließlich mit dem Aufkommen des Personalcomputers ihren Durchbruch erlebte. Heute besitzt ein Drittel aller amerikanischen Haushalte einen Personalcomputer, und Paperts Konzept hat sich endgültig durchgesetzt.

Zwar ist ein bedeutender Teil des Lernerfolgs vom Unterricht abhängig (das heißt guter Unterricht mit guten Lehrern), aber ein nicht zu unterschätzender Teil entsteht auch aus dem eigenen Erforschen – aus dem Neuerfinden des Rads, aus dem Selbermachen. Vor dem Computer waren die technischen Hilfsmittel für den Unterricht auf audiovisuelle Geräte und Fernunterricht via Fernseher beschränkt, was die aktive Haltung des Lehrers und die passive Haltung des Schülers verstärkte.

Der Computer hat dieses Verhältnis grundlegend verändert. Wie aus heiterem Himmel wurde das *learning by doing* eher zur Regel als zur Ausnahme. Da heutzutage in der Computersimulation nahezu alles möglich ist, kann man auch etwas über einen Frosch lernen, ohne ihn gleich sezieren zu müssen. Statt dessen lernen die Kinder und Jugendlichen, Frösche zu entwerfen oder ein Tier mit froschähnlichem Charakter zu konstruieren, dessen Verhalten zu modifizieren und seine Muskelbewegungen zu simulieren – eben mit Fröschen zu spielen.

Dagegen gewinnt im Spiel mit Informationen, insbesondere mit abstrakten Subjekten, das Material immer mehr an Bedeutung. Ich erinnere mich an eine Lehrerin, die meinen Sohn in der dritten Klasse unterrichtete und mir besorgt die Mitteilung machte, daß mein Sohn keine zwei- oder dreistelligen Zahlen subtrahieren oder addieren könne. Wie seltsam, dachte ich, wo er doch beim Monopoly immer die Bank verwaltete und dabei solche Zahlen hervorragend zu meistern schien. Also machte ich der Lehrerin den Vorschlag, sie solle ihn nicht einfach Zahlen, sondern Dollarbeträge addieren lassen. Plötzlich war mein Sohn in der Lage, dreistellige und größere Zahlen im Kopf zu addieren. Sie stellten für ihn keine abstrakten und bedeutungslosen Zahlen mehr dar, sondern Geldbeträge, mit denen man die Schloßallee kaufen und Hotels bauen oder über Los gehen konnte.

Das computersteuerbare LEGO geht noch einen Schritt weiter. Es ermöglicht den Kindern, ihre greifbaren Konstruktionen mit bestimmten Verhaltensmustern auszustatten. Unter den derzeitigen LEGO-Projekten am Media Lab befindet sich auch ein Prototyp eines Bausteins mit integriertem Computer, der eine Kommunikation unter den Bausteinen zuläßt, die Erforschung neuer Wege der parallelen Datenverarbeitung eröffnet und somit einen noch höheren Grad an Flexibilität und Kreativität für Paperts Konstruktivismus ermöglicht.

Mit LEGO-Logo erlernen Kinder heute schon physikalische und logische Gesetze, die Sie und ich erst in der Abiturklasse kennengelernt haben. Berichte und sorgfältige Tests zeigen, daß dieser konstruktionistische Ansatz mit seinen breitgefächerten kognitiven und Verhaltensstrukturen eine außerordentlich erfolgreiche Lernhilfe darstellt. Und tatsächlich sind viele angeblich lernbehinderte Kinder in dieser konstruktionistischen Umgebung geradezu aufgeblüht.

Straßenkinder auf der Datenautobahn

Als ich im Internat in der Schweiz war, fuhren ich und einige andere Schüler während der Herbstferien nicht nach Hause, weil es zu weit war. Statt dessen konnten wir an einem *concours* teilnehmen, einer wahrhaft wilden Schnitzeljagd.

Der Schulleiter war ein Schweizer General (der Reserve, wie der größte Teil des dortigen Militärs) und ein Mann von Einfluß und Ideen. Er organisierte eine fünftägige Schnitzeljagd durch das Land, bei dem die einzelnen Teams, die aus vier Jugendlichen zwischen zwölf und sechzehn Jahren bestanden, je hundert Schweizer Franken und eine Bahnkarte für fünf Tage bekamen.

Jede Gruppe streifte mit verschiedenen Hinweiszetteln durch das Land und sammelte Punkte für erfolgreich gelöste Aufgaben, die meist nicht einfach waren. Einmal mußten wir mitten in der Nacht an einem durch Längen- und Breitengradangaben genau festgelegten Ort zusammenkommen, wo uns dann von einem Hubschrauber ein Tonbandknäuel heruntergelassen wurde, auf dem auf Urdu die nächste Nachricht zu hören war. Wir sollten ein lebendes Schwein suchen und es an einen bestimmten Ort bringen, der uns unter einer bestimmten Telefonnummer mitgeteilt werden würde. Diese Nummer setzte sich aus der Lösung eines komplizierten Zahlenrätsels zusammen, das die Daten von sieben wenig bekannten Ereignissen abfragte, deren letzte sieben Ziffern die erlösende Telefonnummer ergaben.

Diese Art von Herausforderung hat mich immer sehr gereizt, und – auch wenn Eigenlob stinkt – mein Team gewann, wie ich es erwartet hatte. Diese Erfahrung war so großartig für mich, daß ich für den vierzehnten Geburtstag meines Sohnes eine ähnliche Schnitzeljagd organisierte. Da aber die amerikanische Armee nicht nach meiner Pfeife tanzt, änderte ich die Schnitzeljagd zu einem eintägigen Spektakel in Boston um, teilte die Klasse meines Sohnes in Teams auf und gab jedem einen gleich hohen Geldbetrag und einen U-Bahn-ausweis für ganz Boston. Ich verbrachte Wochen damit, die Hinweiszettel bei Empfangsdamen zu deponieren, unter Parkbänken zu verstecken und an Orte zu bringen, die erst durch ein gelöstes Telefonnummernrätsel gefunden werden konnten. Sie können sich wahrscheinlich denken, daß nicht unbedingt die Klassenbesten die Sieger stellten – genaugenommen war es eher umgekehrt. Es gab schon immer einen unübersehbaren Unterschied zwischen Strebern und Straßenkindern.

Zum Beispiel mußte man, um einen Hinweiszettel bei meiner wilden Schnitzeljagd zu finden, ein Kreuzworträtsel lösen. Die Streber stürmten die Büchereien und riefen ihre schlauen Freunde an. Die Straßenkinder liefen sofort in die U-Bahn und baten dort Passanten um Hilfe. Sie erhielten die

Antworten nicht nur schneller, sondern sammelten Spielpunkte und kamen gleichzeitig auf dem Weg von A nach B voran.

Heutzutage bietet sich Kindern und Jugendlichen im Internet, *wo sie gehört, aber nicht gesehen werden*, die Möglichkeit, schlaue Straßenkinder zu werden. Ironischerweise kommt das dem Lesen und Schreiben zugute. Im Internet sind die Jugendlichen gezwungen, zu lesen und zu schreiben, um sich anderen mitzuteilen – und nicht, um eine abstrakte Übung zu Ende zu bringen. Damit will ich keinen Antiintellektualismus oder eine Ablehnung sämtlicher abstrakten Begründungen befürworten. Das Gegenteil ist der Fall: Mit dem Internet bietet sich uns ein neues Medium, mit dessen Hilfe man neues Wissen und neue Inhalte entdecken kann.

Ich leide ein wenig an Schlaflosigkeit und wache häufig gegen drei Uhr morgens auf, gehe für eine Stunde ans Netz und lege mich danach wieder ins Bett. Einmal erhielt ich bei dieser Gelegenheit eine E-Mail von einem gewissen Michael Schrag, der sich sehr höflich als Schüler im zweiten Jahr der High-School vorstellte. Er fragte, ob es bei seinem Besuch des MIT in den nächsten Tagen möglich sei, das Media Lab zu besuchen. Ich machte ihm den Vorschlag, an meiner jeden Freitag stattfindenden Vorlesung »Bits sind Bits« teilzunehmen, und wir gaben ihm einen Studenten als Führer mit. Nachdem sie eine Kopie unserer E-Mail gesehen hatten, luden auch zwei weitere Fakultätsmitglieder Michael zu sich ein (da sie pikanterweise annahmen, daß er der berühmte Kolumnist Michael Schrage sei, dessen Name sich aber mit einem »e« am Ende schreibt).

Als ich Michael schließlich begegnete, wurde er von seinem Vater begleitet. Er erzählte mir, daß Michael die unterschiedlichsten Leute im Net kennenlernen würde und dabei so vorging wie die Straßenkinder bei meiner Schnitzeljagd. Michaels Vater war verblüfft von der Tatsache, daß all diese Menschen, Nobelpreisträger und leitende Angestellte, für Michaels Fragen Zeit hatten. Der Grund dafür liegt darin, daß eine E-Mail sehr einfach zu beantworten ist und daß (zumindest im Augenblick) die Teilnehmer am Net noch nicht in unaufgeforderter elektronischer Post ersticken.

Mit der Zeit werden am Internet mehr und mehr Menschen teilnehmen, die ausreichend Geduld und Weisheit besitzen, so daß ein intelligentes und hilfreiches Netz des menschlichen Wissens entsteht. Die dreißig Millionen Mitglieder des amerikanischen Rentnerverbandes American Association of Retired Persons stellen eine kollektive Erfahrungsquelle dar, die bislang noch nicht angezapft worden ist. Würde man diese enorme Menge an Erfahrung und Weisheit den jungen Menschen zugänglich machen, dann wäre der Generationskonflikt mit wenigen Tastaturbefehlen gelöst.

Spielerisches Lernen

Im Oktober 1981 besuchten Seymour Papert und ich eine OPEC-Konferenz in Wien. Bei dieser Tagung hielt Scheich Yamani seine berühmte Rede, in der er forderte, dem Armen statt einem Fisch eine Angel zu geben – und ihm damit zu zeigen, wie er seinen Lebensunterhalt verdienen könnte, anstatt Almosen annehmen zu müssen. Bei einem inoffiziellen Treffen fragte uns Yamani, ob wir den Unterschied zwischen einem primitiven und einem ungebildeten Menschen kennen würden. Wir waren klug genug, mit der Antwort zu zögern. Dadurch bot sich ihm Gelegenheit, seine eigene Frage zu beantworten, was er auch sehr überzeugend tat.

Seine Antwort lautete, daß primitive Menschen keinesfalls ungebildet seien, sondern nur in einer anderen Form ihr Wissen von Generation zu Generation weiterreichen würden, die auf einem stabilen Miteinander beruhe. Im Gegensatz dazu sei eine ungebildete Person das Produkt einer modernen Gesellschaft, deren soziales System ausgehöhlt sei und die das Miteinander nicht kenne.

Der beeindruckende Monolog des Scheichs erinnerte an eine einfachen Version von Paperts konstruktionistischer Idee. Eins führte zum anderen, so daß wir beide uns schließlich im darauffolgenden Jahr damit beschäftigten, wie man den Computer im Bildungswesen der Entwicklungsländer einsetzen könnte.

Das umfangreichste Experiment aus dieser Zeit fand in Dakar im Senegal statt, wo zwei Dutzend Apple-Computer mit der Programmiersprache Logo im Unterricht an einer Grundschule eingesetzt wurden. Die Kinder aus diesem armen, von der Landwirtschaft lebenden, unterentwickelten westafrikanischen Land gingen mit der gleichen Leichtigkeit und Begeisterung an den Computer heran wie jedes amerikanische Vorstadtkind der Mittelschicht. Obwohl ihr normaler Alltag kein mechanisiertes, elektronisches und apparateorientiertes Umfeld kannte, zeigten sich die senegalesischen Kinder dem Computer gegenüber aufnahmebereit und begeisterungsfähig. Ob schwarz oder weiß, arm oder reich, all das spielte keine Rolle. Es zählte nur, ein Kind zu sein – wie beim Französischlernen in Frankreich.

In unserer Gesellschaft finden wir Hinweise für dasselbe Phänomen. Ob man nun die demographische Zusammensetzung des Internet, die Benutzer von Nintendo und Sega oder sogar die Akzeptanz des Personalcomputers untersucht, man erkennt in jedem Fall, daß die treibenden Kräfte weder sozial noch rassisch oder wirtschaftlich, sondern einzig und allein generationsbedingt sind. Was früher Arm und Reich waren, sind heute die Jungen und die Alten. Zwar werden zahlreiche intellektuelle Protestbewegungen deutlich von nationalen und ethnischen Kräften beeinflußt, aber die digitale Revolution zählt nicht dazu. Ihre Ästhetik und Anziehungskraft ist so weltumspannend wie die der Rockmusik.

Die meisten Erwachsenen erkennen nicht den Lerneffekt von elektronischen Spielen bei Kindern. Statt dessen nehmen fast alle Eltern an, daß diese faszinierenden Spielzeuge ihre Kinder in überreizte Süchtige verwandeln und noch weniger wertvolle Eigenschaften besitzen als die Flimmerkiste. Dabei gibt es zweifellos eine ganze Reihe elektronischer Spiele, die den Kindern und Jugendlichen Strategien vermitteln und ihnen Organisationskünste abverlangen, die sie im späteren Leben gebrauchen können. Haben Sie als Kind nicht auch Strategien ausgetauscht und versucht, bestimmte Dinge schneller zu lernen als jeder andere?

Ein Spiel wie Tetris wird heutzutage schon viel zu schnell durchschaut, denn bei steigendem Schwierigkeitsgrad ändert sich lediglich die Geschwindigkeit. Wahrscheinlich werden die Kinder der Tetris-Generation zwar sehr viel besser und schneller Gepäck in einem Kombi verstauen können als jeder andere, aber mehr auch nicht. Je mehr Spiele auf leistungsstärkeren Personalcomputern laufen, desto mehr Simulationsprogramme (wie das sehr populäre SimCity) und informationsreichere Spiele werden auf den Markt kommen.

Ein verdammt anstrengender Spaß.

Digitale Dichtung und Wahrheit

Der Ruf des Modems

Wenn Sie Hausangestellte zum Kochen, Saubermachen, Fahren, Feuermachen und Türenöffnen einstellen würden, könnten Sie sich dann vorstellen, daß Ihr Personal *nicht* miteinander redet, auf den anderen achtet und seine Arbeiten miteinander koordiniert?

Im Umgang mit Maschinen, die diese Arbeiten leisten, isolieren wir nur zu gern jede Aufgabe. Bislang sind Staubsauger, Autos, Türklingeln, Kühlschränke und eine Heizung geschlossene, monofunktionale Systeme, deren Entwickler sich nicht die Mühe gemacht haben, ihre Geräte auf eine Kommunikation vorzubereiten. Was koordinierte Verhaltensweisen bei Elektrogeräten betrifft, sind eingebaute Digitaluhren häufig das einzige Zugeständnis. Wenn wir versuchen, einige Aufgaben mit Hilfe der digitalen Zeit synchron zu erledigen, enden wir dabei meist inmitten einer Sammlung von wimmernden

Maschinen, deren ständig aufleuchtende Uhrzeit 00:00 wie ein zaghafter Schrei nach ein bißchen mehr Intelligenz wirkt.

Maschinen müssen sich ohne Schwierigkeiten untereinander verständigen können, damit sie für den Menschen von Nutzen sind.

Die Digitalzeit verändert die Eigenschaften und Normen der intermaschinellen Kommunikation. Früher kamen die Menschen in Genf und ähnlichen Orten zusammen, um (ganz nach einem klassischen Bild des Industriezeitalters) weltweit gültige Industriestandards für alles und jedes zusammenzuschmieden – von der Frequenzvergabe bis hin zu Protokollen für die Telekommunikation. In manchen Fällen, wie beim Telefonstandard ISDN (Integrated Services Digital Network – diensteintegrierendes Digitalnetz), benötigte man so viel Zeit für eine Einigung, daß die Norm schon vor ihrer Einführung veraltet war.

Die Denk- und Vorgehensweise der Normierungsausschüsse behandelte elektrische Signale ähnlich wie ein Schraubengewinde. Damit Schrauben und Muttern in jedem Land verwendet werden konnten, mußte jede kritische Stelle genau geprüft und eine Einigung erzielt werden. Selbst bei gleicher Zahl der Windungen pro Zoll oder Zentimeter paßt die Mutter erst dann auf die Schraube, wenn auch der Durchmesser genau stimmt. Die Welt der Mechanik ist da sehr penibel.

Bits nehmen es nicht ganz so genau. Sie eignen sich für hochkomplizierte Beschreibungen und Protokolle (ein Begriff, der bisher für gute gesellschaftliche Umgangsformen reserviert war). Protokolle legen genau fest, wie zwei Maschinen eine Verbindung miteinander aufbauen können. Der Ausdruck »Handshake«, zu deutsch »Quittungsbetrieb«, bezeichnet den Moment der Herstellung einer Kommunikation zwischen Maschinen, wobei die Geräte entscheiden, mit welchen Variablen sie ihre Unterhaltung gestalten.

Hören Sie einmal Ihrem Fax oder Modem bei der Arbeit zu: Die knisternden Geräusche und Pieptöne stellen nichts anderes als den Handshake zwischen zwei Geräten dar. Diese Paarungsrufe sind Verhandlungen über die höchste Ebene und den größten gemeinsamen Nenner aller Variablen, mit der der Bit-Austausch stattfinden kann.

Auf einer noch höheren Ebene können wir Kommunikationsprotokolle als Metastandards oder Sprachen für das Verhandeln detaillierterer Austauschmethoden betrachten. In der mehrsprachigen Schweiz entspräche dies einer Schleppliftfahrt mit einem Fremden: Das erste, was Sie mit Ihrem Liftpartner besprechen (wenn Sie überhaupt etwas sagen), ist die Frage, in welcher Sprache sie miteinander reden können. Fernseher und Toaster werden einander dieselben Fragen stellen wie die Teilnehmer einer geschäftlichen Vorbesprechung.

Bit-Geschichten

Vor fünfundzwanzig Jahren gehörte ich einem Beratungsausschuß an, der die endgültige Form des Universal Product Code (UPC) bestimmen sollte – eines heute allgegenwärtigen, computerlesbaren Strichkodes aus kleinen schwarzen Balken, der den ehemaligen amerikanischen Präsidenten Bush in große Schwierigkeiten brachte, als er erstaunt vor einer automatisierten Supermarktkasse stand. Der Strichkode findet sich auf Dosen, Schachteln, Büchern (er entstellt auch diese Buchhülle) und allen anderen Waren, mit Ausnahme frischer Lebensmittel.

Der Strichkodeausschuß hatte die Aufgabe, dem endgültigen Design seine Zustimmung zu erteilen. Nach der Beurteilung der Finalisten (das Bullaugendesign endete auf dem zweiten Platz) schauten wir uns ein paar verrückte, undurchführbare, aber nichtsdestotrotz faszinierende Beiträge an. Ein Vorschlag bestand darin, Nahrungsmittel je nach ihrem Preis mehr oder weniger stark radioaktiv zu bestrahlen. Jede Kasse sollte dann einen Geigerzähler bekommen, und der Kunde hätte die Strahlungsmenge bezahlt, die in seinem Einkaufswagen gemessen wurde. (Man nimmt an, daß eine gewöhnliche Dose Spinat Sie einer Radioaktivität von einem Zehntel Mikrorad pro Kilogramm pro Stunde aussetzt; das entspricht einem Milliardstel Joule pro Stunde, im Vergleich zu den 100 000 Joule an chemischer Energie. Popeye wußte schon, warum er Spinat aß.)

Diese verrückte Idee trug ein kleines Körnchen Wahrheit in sich: Warum sollen Strichkodes nicht auch Daten aussenden? Warum sollen sie nicht aktiv werden können – wie Kinder in Kindergärten, die ihre Hand heben?

Aber für ein solches Verhalten benötigt man Energie, und der Strichkode und andere kleine »Preisschilder« sind von Natur aus eher passiv. Als Lösungen böten sich die Lichtenergie oder ein minimaler Energieverbrauch an, so daß auch eine kleine Batterie jahrelang hält. Sobald man in dieser winzigen Größe bauen kann, werden alle Gegenstände aktiv digital sein. Dann könnten Ihre Teetassen, Ihre Kleidung und auch Ihre Bücher im Haus sagen, wo sie sich gerade befinden. In der Zukunft wird der Gedanke, etwas nicht mehr finden zu können, ebenso unvorstellbar sein wie die Idee, daß ein Buch vergriffen ist.

Aktive Etiketten sind ein wichtiger Bestandteil der Zukunft, weil sie kleine, nichtelektrische Bewohner aus der Welt der leblosen Dinge in die digitale Gemeinschaft integrieren: Teddybären, Inbusschlüssel und Obstschalen. In naher Zukunft werden diese aktiven Etiketten von Menschen und Tieren in Form von Ansteckern getragen werden. Gibt es ein schöneres Weihnachtsgeschenk als ein aktives Hunde- oder Katzenhalsband, mit dem der kleine Liebling nicht mehr weglaufen kann? (Genaugenommen kann er ruhig weglaufen, da Sie immer wissen werden, wo er gerade steckt.)

Schon heute tragen Menschen Anstecker aus Sicherheitsgründen. Die Firma Olivetti entwickelte in England eine etwas aus der Reihe fallende Anwendungsmöglichkeit. Wenn Sie einen dieser Anstecker tragen, sagt er dem Gebäude, in dem Sie sich befinden, wo Sie sich gerade aufhalten. Werden Sie angerufen, klingelt das Telefon, das Ihrem Aufenthaltsort am nächsten liegt. In der Zukunft wird man solche Geräte nicht mit einem Clip oder einer Sicherheitsnadel befestigen, sondern sorgfältig in Ihre Kleidung einarbeiten.

Medien auf den Leib geschneidert

Computerkordsamt, Speichermusselin und Solarseide könnten die Stoffe für den digitalen Anzug von morgen sein. Anstatt Ihren Laptop im Koffer zu tragen, ziehen Sie ihn an. Auch wenn sich das abscheulich anhört, tragen wir bereits eine ganze Menge von Computer- und Kommunikationsausrüstung an unserem Körper.

Die Armbanduhr fällt am ehesten ins Auge. Sicherlich wird sie sich von einem bloßen Zeitmesser zu einer mobilen Befehls- und Steuerungseinheit entwickeln. Sie stört so wenig, daß viele Menschen sie selbst im Bett tragen.

Fernseher, Computer und Telefon in einem Gerät, das am

Handgelenk befestigt wird, sind nicht länger nur ein Privileg von Dick Tracy, Batman und Captain Kirk. In den nächsten fünf Jahren werden diese tragbaren Geräte wahrscheinlich zu den größten Wachstumsmärkten von Verbrauchsgütern gehören. Timex bietet bereits eine drahtlose Kommunikation zwischen Ihrem PC und »seiner« Armbanduhr an. Die hohen Erwartungen, die man mit der Popularität der Timex-Uhr verbindet, veranlaßten Microsoft, Timex' intelligente (optische) Übertragungssoftware in ihr neues Betriebssystem Windows '95 zu integrieren.

Unsere Fähigkeit, immer kleiner zu bauen, wird schon bald durch Grenzen bei der Energieversorgung behindert werden. Die Energie ist ein Technologiebereich, der sich mit der Geschwindigkeit einer Schildkröte entwickelt hat. Wenn sich die Batterientechnik im gleichen Tempo wie die integrierten Schaltkreise entwickelt hätte, dann könnten wir jetzt mit batteriebetriebenen Autos zur Arbeit fahren, die von Taschenlampenbatterien gespeist würden. Statt dessen trage ich auf Reisen ungefähr fünf Kilogramm Batterien mit mir herum, um meinen Laptop damit zu füttern, wenn ich lange im Flugzeug sitze. Im Laufe der Zeit wurden die Laptop-Batterien immer schwerer, um die zahlreicher gewordenen Funktionen und die helleren Displays der Notebooks mit Energie zu versorgen. (1979 benötigte das erste Laptop, der Typecorder von Sony, nur vier herkömmliche Batterien.)

Möglicherweise werden bald phantasievollere Lösungen die Energieversorgung von tragbaren Computern übernehmen. Bei Abercrombie & Fitch verkauft man schon einen Safarihut mit einer Solarzelle, die einen kleinen Ventilator betreibt, der Ihre Stirn kühlen soll. Ihr Gürtel ist ein hervorragender neuer Kandidat für die Energiespeicherung: Nehmen Sie ihn einmal ab, und schauen Sie sich den riesigen Raum und die enorme Fläche an, die er beansprucht. Stellen Sie sich einen veränderten Lederriemen vor, dessen Schnallendesign es erlaubt, ihn zum Aufladen Ihres Zellentelefons in eine Steckdose zu stecken.

Im Bereich der Antennen kann unser Körper selbst zum Einsatz kommen. Darüber hinaus eignet sich die Form der meisten Antennen zur Einarbeitung in Stoffen; Sie könnten sie aber auch als Krawatten tragen. Mit ein wenig digitaler Unterstützung würden unsere Ohren die Empfindlichkeit von Hasenlöffeln besitzen.

Es ist jedoch wichtig zu erkennen, daß in der Zukunft die digitalen Geräte ganz andere Formen und Größen bekommen werden, als wir sie uns mit unseren derzeitigen Bezugssystemen vorstellen können. Der Verkauf von Computerzubehör wird sich nicht mehr auf Radio Shack und Vobis beschränken, sondern auch von Spielzeugläden und anderen Geschäften, die Produkte von Nike oder Levi's anbieten, übernommen werden. In einer fernen Zukunft könnten Computerdisplays pro Liter verkauft und vermalt werden; denkbar wären auch die eßbare CD-ROM oder Parallelrechner, die wie Sonnenmilch aufgetragen werden. Zur Abwechslung leben wir dann vielleicht in unseren Computern.

Bits und Mörtel

Als gelernter Architekt habe ich in der Architektur viele Konzepte entdeckt, die auch im Computerdesign umgesetzt werden können, aber nur sehr wenige, die den umgekehrten Weg gehen, wenn man einmal von der enormen Bestückung unserer Umgebung mit intelligenten Vorrichtungen absieht. Die Vorstellung, daß Gebäude riesige elektromechanische Gebilde sind, hat bislang nur zu wenigen Anwendungen inspiriert. Selbst die architektonischen Besonderheiten des Raumschiffs Enterprise blieben auf ein paar Schiebetüren begrenzt.

Die Gebäude der Zukunft werden den Steckerleisten von Computern gleichen: »anschlußfertig« (ein Begriff, der von der AMP Corporation für ihr Projekt »Anschlußfertige Häuser« geprägt wurde). Das Wort beschreibt eine Kombination aus Vorverdrahtung und überall vorhandenen Verbindungssteckern, die eine Signalteilung unter verschiedenen Geräten zu einem späteren Zeitpunkt ermöglichen. Sie können eine beliebige Rechnerzahl hinzufügen und die vier Wände Ihres Wohnzimmers zum Beispiel mit der akustischen Atmosphäre der Carnegie Hall ausstatten.

Die meisten Beispiele »intelligenter Umgebung«, die ich gesehen habe, lassen die Fähigkeit vermissen, die Gegenwart von Menschen wahrzunehmen. Es handelt sich um ein typisches Problem zu groß geratener Personalcomputer: Die Umgebung kann uns weder sehen noch fühlen. Sogar das Thermometer zeigt die Temperatur der Wände an und kann nicht sagen, ob Ihnen warm oder kalt ist. Die Räume der Zukunft werden wissen, ob Sie sich gerade zum Essen hingesetzt haben, ob Sie ins Bett gegangen sind, ob Sie unter der Dusche stehen oder gerade mit dem Hund unterwegs sind. Das Telefon würde niemals klingeln. Wenn Sie nicht zu Hause sind, klingelt es nicht, weil Sie nicht da sind. Sind Sie zu Hause und Ihr digitaler Butler entscheidet sich dafür, Sie ans Telefon zu rufen, wird die Türklinke in Ihrer Nähe »Bitte sehr, Madam!« sagen und die Verbindung herstellen.

Einige Menschen bezeichnen diese Vorstellung als den allgegenwärtigen Umgang mit Computern – was auch der Fall ist. Aber einige dieser Leute stellen es als das Gegenteil des

Interface-Assistenten dar, was nicht der Fall ist. Denn beide Konzepte sind identisch.

Die allgegenwärtige Computerpräsenz jedes Menschen wird durch die zahlreichen unverbundenen Rechner vorangetrieben, die momentan bereits existieren: Flugreservierungssysteme, Verkaufsdaten, Online-Dienstleistungen, Meßdaten und Nachrichten. Diese Rechner werden im zunehmenden Maße miteinander verbunden. Wenn sich Ihr Flug am frühen Morgen nach Dallas verspätet, dann wird Ihr Wecker etwas später klingeln und der Taxidienst unterrichtet, und zwar in Absprache mit der Verkehrsvorhersage.

Derzeit glänzen Haushaltsroboter bei den meisten Modellen des Hauses der Zukunft durch Abwesenheit – eine bemerkenswerte Wende, wenn man bedenkt, daß vor zwanzig Jahren in fast jeder Zukunftsvision ein Roboter vorkam. C3PO würde einen erstklassigen Diener abgeben; sogar sein Akzent paßt.

Das Interesse an Haushaltsrobotern wird wieder steigen, und wir können uns schon jetzt auf digitale Haushaltsgeräte mit Beinen zum Treppensteigen, Armen zum Staubputzen und Händen für Getränketabletts freuen. Aus Sicherheitsgründen muß ein Haushaltsroboter auch bellen können wie ein blutrünstiger Hund. Diese Konzepte sind nicht neu, aber die Technologie wird bald verfügbar sein. Weltweit würden bis zu 100 000 Menschen bereit sein, für einen solchen Roboter 100 000 Dollar zu zahlen. Dieser 10-Milliarden-Dollar-Markt wird nicht lange unentdeckt bleiben.

Guten Morgen, Toaster!

Wenn Ihr Kühlschrank bemerkt, daß keine Milch mehr da ist, kann er Ihren Wagen »bitten«, Sie daran zu erinnern, auf dem Nachhauseweg welche einzukaufen. Die heutigen Geräte haben entschieden zuwenig Computereigenschaften.

Ein Toaster sollte nicht fähig sein, den Toast zu verbrennen. Statt dessen sollte er mit anderen Geräten reden können. Es wäre wirklich kinderleicht, Ihrem Morgentoast den Börsenschlußwert Ihrer Lieblingsaktien einzubrennen. Doch erst muß der Toaster notwendigerweise mit den Nachrichten verbunden werden.

In Ihrem Haushalt arbeiten heute wahrscheinlich über einhundert Mikroprozessoren. Aber sie sind nicht miteinander verbunden. Abgesehen von der Fernbedienung für das Licht und einigen kleinen Haushaltsgeräten ist Ihre Alarmanlage wahrscheinlich das komplexeste Haushaltssystem. Kaffeemaschinen können derzeit so programmiert werden, daß sie den Kaffee mahlen und aufbrühen, bevor Sie aufwachen. Sollten Sie aber Ihren Wecker ausnahmsweise um eine Dreiviertelstunde nachstellen, dann erwartet Sie ein ungenießbarer Kaffee.

Das Fehlen jeglicher elektronischer Kommunikation unter den Geräten führt unter anderem zu sehr vereinfachten und sonderbaren Benutzeroberflächen. Da sich die Sprache zum vorherrschenden Interaktionsmedium zwischen Mensch und Maschine entwickelt, müssen auch kleine Hilfsmittel zuhören und sprechen lernen. Doch kann man nicht von jedem Gerät erwarten, daß es alle Voraussetzungen zur Erzeugung und Entschlüsselung von gesprochener Sprache besitzt. Die Apparate müssen miteinander reden und die nötigen Sätze austauschen.

Für einen solchen Austausch scheint mir ein zentralistischer Ansatz am besten geeignet, und einige Leute schlugen sogenannte Schmelzöfen für Informationen in unseren Kellern vor – das heißt einen Zentralcomputer im Haus, der alle Ein- und Ausgaben regelt. Ich befürchte, daß sich ein solches Konzept nicht durchsetzen und diese Aufgabe statt dessen von einem Netzwerk von Geräten erledigt werden wird, unter denen sich auch ein Meister der Spracherkennung und Sprachproduktion befindet. Wenn Kühl- und Vorratsschrank Ihre Nahrungsmittel mit Hilfe von universellen Warenkodes im Auge behalten würden, so müßte nur einer von beiden Sie verstehen können.

Die Begriffe »Kleingeräte« und »Großgeräte« dienen zur Unterscheidung von kleineren Küchengeräten, die sich auf der Arbeitsfläche (Toaster und Mixer) befinden, und größeren, gewöhnlich eingebauten Maschinen (Geschirrspüler und Kühlschrank). Die Informationsgeräte sprengen diese klassische Einteilung in groß und klein, weil beide Bereiche mehr und mehr Informationskonsument und -produzent in einem sein werden.

In Zukunft wird *jedes* Haushaltsgerät entweder ein abgespeckter oder ein aufgeblasener Personalcomputer sein.

Ein Grund für diese Entwicklung liegt in der Notwendigkeit, Geräte freundlicher, nützlicher und selbsterklärend zu gestalten. Denken Sie nur einen Moment an all Ihre Apparate – die Mikrowelle, die Faxmaschine, das Zellulartelefon – und ihre seitenlangen, zum Teil sinnlosen Funktionsbeschreibungen, mit denen Sie sich nie befaßt haben, weil sie unverständlich geschrieben sind. An diesem Punkt kann ein eingebauter Rechner wichtige Dienste leisten – und nicht nur verhindern, daß ein Brie in der Mikrowelle zum Pudding aufweicht. Anwendungsgeräte sollten auch gute Lehrer sein.

Damit erübrigt sich der Gedanke an ein technisches Handbuch. Man kann es nur als pervers bezeichnen, daß Hersteller von Computersoftware und -hardware so etwas ihren Produkten beilegen müssen. Eine Maschine kann sich am besten selbst erklären. Sie weiß, was Sie gerade tun, was Sie vorher getan haben, und sie kann sogar erraten, was Sie als nächstes tun werden. Es wäre ein kleiner Schritt für die Computerwissenschaft, dieses Bewußtsein den Kenntnissen über die eigenen Arbeitsschritte hinzuzufügen, aber ein riesiger Schritt in die richtige Richtung, weg von einem gedruckten Handbuch, das Sie nie finden können, wenn Sie es brauchen, und nur selten verstehen.

Wenn Sie etwas Persönliches hinzufügen – Sie sind beispielsweise Linkshänder, schwerhörig oder sehr ungeduldig im Umgang mit Technik –, wird Ihnen die Maschine bei ihren eigenen Arbeitsschritten und ihrer eigenen Wartung ein wesentlich besserer Führer sein als jedes Handbuch. Geräte von morgen sollten keine gedruckten Einführungen mehr mit auf den Weg bekommen (mit Ausnahme von »Diese Seite oben«), und die Garantie könnte auf elektronischem Weg vom Gerät selbst verschickt werden, sobald es feststellen konnte, daß es richtig angeschlossen wurde.

Clevere Autos

Die Kosten für die Elektronik in einem modernen Auto übersteigen mittlerweile die Kosten für den dafür verwendeten Stahl. Viele Autos sind schon jetzt mit über fünfzig Mikroprozessoren bestückt – was nicht bedeuten soll, daß sie alle besonders intelligent eingesetzt werden. Sie kommen sich sicherlich sehr dumm vor, wenn Sie einen europäischen Luxuswagen mieten und erst an der Zapfsäule feststellen, daß Sie nicht wissen, wie man den Tankdeckel elektronisch entriegelt (während hinter Ihnen schon eine Schlange wütender Autofahrer wartet).

In der Zukunft wird man Autos mit digitalen Hilfsmitteln wie intelligenten Autoradios, Verbrauchsreglern und Informationsbildschirmen bestücken. Darüber hinaus können Sie dann einen weiteren Vorteil der Digitalzeit genießen: Sie werden immer wissen, wo Sie sich gerade befinden.

Jüngste Fortschritte bei der Kartenherstellung und Nachverfolgung ermöglichen das Lokalisieren eines Autos anhand eines Computerprogramms, das ein Verzeichnis sämtlicher Straßen enthält. Dabei finden sämtliche Straßen der USA auf einer einzigen CD-ROM Platz. Mit Satelliten, Loran (Abkürzung für Long-Range Navigation, ein Verfahren zur Weltbereichsnavigation), Koppelnavigation oder einer Kombination aus diesen Verfolgungstechniken können Autos auf weniger als einen Meter genau lokalisiert werden. Bestimmt erinnern sich viele von Ihnen an James Bonds Aston Martin, der zwischen Fahrer- und Beifahrersitz ein Armaturenbrett mit einem Computerdisplay besaß, das dem Fahrer eine Karte mit seiner Position und Fahrtrichtung zeigte. Dies ist heute ein gängiges Produkt, das sich wachsender Beliebtheit erfreut.

Allerdings gibt es noch ein kleines Problem: Vielen Menschen, insbesondere den älteren, fällt es sehr schwer, ihre Augen an wechselnde Entfernungen anzupassen. Sie haben Schwierigkeiten, in schneller Folge weit entfernte und nahe liegende Objekte zu erkennen und umgekehrt. Einige unter uns brauchen sogar Lesebrillen, um eine Karte lesen zu können, so daß sie fast wie »Mr. Magoo«, die kurzsichtige Comicfigur, wirken. Aus diesem Grund sollten Navigationshilfen akustisch erfolgen.

Da Sie Ihre Ohren nicht zum Fahren benötigen, sind sie ein idealer Partner, der Ihnen vermittelt, wann Sie abbiegen müssen, was Sie beachten sollten und daß Sie zu weit gefahren sind, sobald Sie dieses oder jenes sehen. Die eigentliche Herausforderung liegt im unmißverständlichen Formulieren der Fahrhinweise (und bildet den Grund dafür, daß der Mensch diese Aufgabe so miserabel erledigt). Jede Straße ist voller Mehrdeutigkeiten. »Die nächste Straße rechts« klingt vollkommem eindeutig, wenn die Abbiegung einige hundert Meter entfernt liegt. Befinden Sie sich aber unmittelbar davor, ist »die nächste Straße« dann diese oder die danach?

Obwohl es inzwischen möglich ist, sprechende digitale »Beifahrer« von hoher Qualität zu bauen, werden wir dieser Idee auf dem amerikanischen Markt wahrscheinlich nicht so bald begegnen. Statt dessen bekommen Sie genau das zu sehen, was James Bond sah – wobei es völlig egal ist, ob dieses Gerät richtig oder falsch, zuverlässig oder ungenau funktioniert. Dafür gibt es einen relativ lächerlichen Grund: Wenn Ihnen der Wagen falsche akustische Positionsdaten angibt und Sie zum Beispiel in entgegengesetzter Richtung in eine Einbahnstraße fahren läßt, wodurch Sie einen Unfall bauen – was glauben Sie wohl, wer dann zur Zeit für den Schaden haftet? Sollte Ihnen dasselbe aber beim Lesen einer Karte passieren, tragen Sie ganz allein die Verantwortung. In Europa, wo man in Fragen der Haftung und bei Rechtsverfahren etwas aufgeklärter denkt, bringt Mercedes-Benz in diesem Jahr ein sprechendes Navigationssystem auf den Markt.

Solche individuellen Verkehrsleitsysteme werden Sie nicht nur von A nach B bringen, sondern in Zukunft auch mit akustischen Stadtführern (»Links von Ihnen sehen Sie das Geburtshaus von …«) sowie Informationen über Restaurants und freie Zimmer versorgen (»Ich habe Sie in einem hervor-

ragenden Hotel nahe der Ausfahrt ›Stadtzentrum‹ untergebracht«). Und wenn der intelligente Wagen der Zukunft ge-
stohlen wird, kann er Sie anrufen und Ihnen genau verraten,
wo er sich befindet. Vielleicht wird er sogar ängstlich klingen.

Digitale Persönlichkeit

Ein Grund für die mangelnde Popularität sprechender Autos
liegt darin, daß sie weniger Persönlichkeit besitzen als eine
Barbie-Puppe.

Im allgemeinen wird unser Bild des Computers von den
Dingen geprägt, die er nicht beherrscht. Nur selten ist das
Gegenteil der Fall. Einmal habe ich mich gebogen vor Lachen,
als mein Rechtschreibprogramm meinen dyslektischen Dre-
her »aslo« entdeckte und mir stolz mitteilte, daß »Arschloch«
die richtige Schreibweise sei.

Computer gewinnen erst allmählich an Persönlichkeit. Die
Kommunikationssoftware Smartcom der Firma Hayes Corporation, die ein Telefon mit einem Gesicht zeigt, ist zwar nichts
Weltbewegendes, aber doch ein Anfang. Die Augen des Ge-
sichts folgen auf einer Liste jedem Schritt des Übertragungs-
verfahrens. Sobald der Computer einen dieser Schritte abgeschlossen hat, springen sie zum nächsten Punkt, bis sie am
Ende der Liste angekommen sind. Wenn die Verbindung hergestellt ist, lächelt das Gesicht; anderenfalls sieht man eine
gerunzelte Stirn.

Dies klingt oberflächlicher, als es tatsächlich ist. Das Gesicht
verleiht der Maschine ein witziges, entspanntes, benutzer-
freundliches und weniger »mechanisches« Wesen. Denn das
Kennenlernen eines neuen Personalcomputers wird immer
mehr an die Erziehung zur Stubenreinheit bei jungen Hunden

erinnern. Sie werden Persönlichkeitsmodule kaufen können, die die Wesensart von lebenden oder fiktiven Personen simulieren. Denkbar wäre ein Ulrich-Wickert-Image für Ihre Zeitungsschnittstelle, und Ihre Kinder wünschen sich vielleicht, mit Pumuckl durch das Net zu surfen.

Ich meine damit nicht, daß Sie beim Schreiben einer wichtigen Mitteilung andauernd von Kalauern unterbrochen werden, sondern daß der Interaktionsstil unterhaltsamer und ansprechender sein sollte als simple Klicktöne, blecherne Stimmen oder Blinklichter von Fehlermeldungen. Uns werden humorvolle Systeme begegnen, solche der leisen Töne, andere der deftigeren Sprache und sogar solche, die so stoisch und unbarmherzig sein können wie eine englische Gouvernante.

Die neuen
E-xpressionisten

Hobbymaler

Ein Kühlschrank mit einer Kinderzeichnung auf der Tür ist so amerikanisch wie Apple-pie. Wir ermutigen unsere Kinder zu Ausdruckskraft und Kreativität. Aber plötzlich, wenn sie sechs oder sieben Jahre alt sind, schalten wir einen Gang zurück und vermitteln ihnen den Eindruck, daß Kunst so wenig zum Stundenplan gehört wie Baseball und nicht annähernd so wichtig ist wie Englisch oder Mathe. Lesen, Schreiben und Rechnen – *das* sind die Fächer, die für junge Männer und Frauen von Bedeutung sind, die später jemand sein und es zu etwas bringen wollen. In den letzten zwanzig Jahren haben wir die linke Gehirnseite mit aller Kraft wie eine Gans genudelt und die rechte Seite auf Erbsengröße schrumpfen lassen.

Von Seymour Papert stammt die Geschichte eines Chirurgen aus der Mitte des 19. Jahrhunderts, der auf magische

Weise durch die Zeit reist und sich in einem modernen Operationssaal wiederfindet. Der Arzt würde nichts wiedererkennen und nicht wissen, was zu tun sei oder wie er helfen könne. Zu seinem Leidwesen und Unverständnis hätten moderne Technologien die Praxis der Operationsmedizin vollkommen verändert. Wenn ein Lehrer aus der Mitte des 19. Jahrhunderts mit derselben Zeitmaschine in einen Klassenraum von heute transportiert würde, könnte er – abgesehen von geringfügigen fachspezifischen Details – die Arbeit seines Kollegen aus dem späten 20. Jahrhundert fortsetzen. Es gibt kaum gravierende Unterschiede zwischen dem Unterricht vor hundertfünfzig Jahren und heute, und der eingesetzte Technologieumfang ist nahezu unverändert geblieben. Wie aus einer jüngst veröffentlichten Umfrage des amerikanischen Bildungsministeriums hervorgeht, halten 84 Prozent der amerikanischen Lehrer nur eine Art der Informationstechnologie für absolut »unverzichtbar« – einen Fotokopierer mit einer ausreichend schnellen Papierzufuhr.

Und doch bewegen wir uns endlich weg von einer kompromißlosen Lehrmethode, die in erster Linie systematisch denkende Kinder fördert, und wenden uns einer offeneren Methodik zu, die Kunst und Wissenschaft oder linke und rechte Gehirnhälfte nicht als deutlich voneinander getrennt begreift. Wenn ein Kind mit einer Computersprache wie Logo ein Bild auf seinem Computerbildschirm erstellt, handelt es sich dabei sowohl um eine künstlerische als auch um eine mathematische Ausdrucksform, die unter beiden Gesichtspunkten betrachtet (und bewertet) werden sollte. Denn auch abstrakte Konzepte wie das der Mathematik können heute auf konkrete Bestandteile der bildenden Kunst zurückgreifen.

Personalcomputer werden unserer zukünftigen Generation von Erwachsenen die Mathematik näherbringen, sie aber auch auf dem Gebiet der Kunst fördern. In etwa zehn Jahren steht den Teenagern wahrscheinlich eine wesentlich größere Auswahl an Ausdrucksmöglichkeiten zur Verfügung, weil das Streben nach intellektuellen Erfolgen nicht mehr nur dem Bücherwurm vorbehalten sein wird, sondern eine größere Zahl von kognitiven Begabungen, Lernmustern und ausdrucksstarken Verhaltensweisen einbezieht.

Die Ebene zwischen Arbeit und Spiel wird sich erheblich vergrößern, und die scharfe Trennlinie zwischen Pflicht und Vergnügen wird durch den gemeinsamen Nenner – die Digitalzeit – immer mehr verschwimmen. Der Hobbymaler ist das Symbol für eine neue Ära, in der kreative Nebenbeschäftigungen Anerkennung und Respekt finden – wir werden ein Leben lang produzieren, gestalterisch tätig sein und uns künstlerisch ausdrücken. Wenn Rentner heutzutage Aquarelle malen, ist dies wie eine Rückkehr in die Kindheit, denn sie erhalten für diese Leistung nicht die gleiche Anerkennung wie für ihre berufliche Tätigkeit. In der Zukunft werden die Menschen aller Altersstufen ihr Leben als harmonischeres Kontinuum leben können, weil sich die Arbeitsgeräte und »Spielsachen« in zunehmendem Maße angleichen. Pflicht und Vergnügen, eigene Ausdrucksfreiheit und Gruppenarbeit werden sich in viel größerem Umfang gemeinsam gestalten lassen.

Junge und alte Computerhacker sind ein ausgezeichnetes Beispiel für diese These. Ihre Programme gleichen surrealistischen Gemälden, die ästhetische Qualität mit technischer Meisterschaft vereinen. Die Arbeit dieser Hacker wird in bezug auf Form und Inhalt sowie auf Bedeutung und Leistung bewertet werden. Das Verhalten ihrer Computerprogramme zeigt eine neue Form der Ästhetik. Diese Hacker sind die Vorreiter eines neuen E-xpressionismus.

Der Draht zur Musik

In der Computerwissenschaft hat sich die Musik zu einer der tragenden Gestaltungskräfte entwickelt.

Musik läßt sich aus drei sehr dynamischen und einander ergänzenden Perspektiven betrachten. Sie kann erstens vom Standpunkt der digitalen Signalverarbeitung gesehen werden – mit sehr schwierigen Problemstellungen wie der Klangtrennung (das Entfernen des Geräuschs einer fallenden Coladose aus einer Musikaufnahme). Sie läßt sich zweitens vom Standpunkt der Musikerkennung aus betrachten – wie verstehen wir die Sprache der Musik, was sind die Voraussetzungen für ein Musikverständnis, und wodurch werden Gefühle erzeugt? Drittens kann Musik als eine künstlerische Ausdrucks- und Erzählform behandelt werden: eine Geschichte, die man erzählt und die Emotionen, die dabei erzeugt werden. Diese drei Perspektiven sind – auch unabhängig voneinander – von großer Bedeutung, und sie machen den Musikbereich zur perfekten intellektuellen Landschaft, in der man sich graziös von der Technologie zum Ausdruck, von der Wissenschaft zur Kunst und von der Privatsphäre zur Öffentlichkeit bewegen kann.

Wenn Sie in einer Vorlesung vor Studenten der Computerwissenschaften fragen würden, wer unter den Anwesenden ein Instrument spielt oder ein ernsthaftes Interesse an Musik hat, würden die meisten Hände in die Höhe gehen. Diese traditionelle Verwandtschaft von Mathematik und Musik zeigt sich deutlich in der gegenwärtigen Computerwissenschaft und unter den Hackern. Einige der besten Studenten der Computerwissenschaft verdankt das Media Lab seinem Musikbereich.

Die Beschäftigung mit Musik oder Kunst, die von seiten der

Eltern oder anderer pädagogischer Kräfte (absichtlich oder versehentlich) in der Kindheit nicht unterstützt wurde, sondern lediglich als Entlastungsventil für den schulischen Erfolgsdruck galt, könnte den einseitigen Blickwinkel erweitern, mit dem Kinder bislang ganze Wissensbereiche betrachtet und erforscht haben. Obwohl ich in der Schule Geschichte nicht mochte, bin ich trotzdem in der Lage, fast jedes historische Ereignis anhand von Meilensteinen der Kunst und Architektur zeitlich richtig einzuordnen – anstatt dafür politische Ereignisse oder Kriege zu Hilfe zu nehmen. Mein Sohn hat meine Dyslexie zwar geerbt, kann aber Windsurfing- und Skizeitschriften problemlos von der ersten bis zur letzten Seite lesen. Für manche Menschen ist die Musik der einzige Weg, um Mathematik oder Physik zu lernen und die Geheimnisse der Anthropologie zu durchschauen.

Gegen diese Vorteile spricht unser heutiges Erleben von Musik. Im 19. und frühen 20. Jahrhundert musizierte der Schüler noch selbst. Durch die Entwicklung der Musikaufnahmen ging dies drastisch zurück, und erst in jüngster Zeit kehrt man an einigen Schulen wieder zum Musizieren zurück, anstatt Musik nur zu hören. Das Erlernen von Musik in einem sehr jungen Alter mit Hilfe eines Computers ist ein ausgezeichnetes Beispiel für die Vorteile, die dieses Medium durch seine vielfältigen Einstiegsmöglichkeiten bietet. Der Computer beschränkt den Zugang zur Musik nicht auf das begabte Kind. Spiele mit Musik, Klangdisketten und die der digitalen Tonwelt eigene Veränderbarkeit sind nur einige der vielen Möglichkeiten, die ein Computer besitzt, um Kindern die Welt der Musik näherzubringen. Das visuell begabte Kind wird darüber hinaus vielleicht sogar Wege finden, die Töne sichtbar zu machen.

Kunst mit einem großen E

Wenn Computer und Kunst zum erstenmal aufeinandertreffen, kommen von beiden meist nur die negativen Aspekte zum Tragen. Ein Grund dafür liegt in der Tatsache, daß eine Maschine viele Dinge leicht überzeichnet darstellt. Dadurch überlagert ihre Ausdruckskraft den beabsichtigten künstlerischen Ausdruck – ein Effekt, den man häufig in der Holographie und bei 3-D-Filmen beobachtet. Technologie kann sich wie mexikanischer Pfeffer in einer französischen Sauce auswirken: Die Würze des Computers zerstört die subtilen Signale der Kunst.

Es überrascht daher auch nicht, daß eine gegenseitige Befruchtung von Computern und Kunst am erfolgreichsten in der Musik und in der darstellenden Kunst stattfindet – nämlich dort, wo sich die Technik der Darstellung, Verbreitung und Erfahrbarkeit von Kunstwerken als sehr »computertauglich« erweist. Komponisten, Ausführende und Zuschauer können alles digital steuern. Wenn Herbie Hancock sein nächstes Stück im Internet herausbringt, würde das nicht nur bedeuten, in einem Saal mit zwanzig Millionen Sitzplätzen zu spielen, sondern es hieße auch, daß jeder Zuhörer die Musik je nach seiner persönlichen Vorliebe verändern könnte. Manche würden einfach nur die Lautstärke ändern, andere würden das Stück in Karaoke verwandeln und wieder andere die Instrumentierung nach ihren Wünschen gestalten.

Mit der digitalen Datenautobahn gehört fertige und unveränderbare Kunst der Vergangenheit an. Die Schnurrbartverzierungen der Mona Lisa sind natürlich nur Kindereien, aber wir werden ernsthafte digitale Manipulationen an unfertigen Darstellungen erleben, die sich im Internet bewegen – was nicht notwendigerweise schlecht sein muß.

Wir kommen in ein Zeitalter, das offenere und lebendigere Ausdrucksformen erleben wird. Hier haben wir zum erstenmal Gelegenheit, umfassende sensorische Wahrnehmungen zu erleben, die sich vom Betrachten einer Buchseite deutlich unterscheiden und einen einfacheren Zugang bieten als eine Reise zum Louvre nach Paris. Künstler werden das Internet als die weltweit größte Galerie für ihre eigenen Werke und als Mittel für deren direkte Verbreitung nutzen.

Die digitalen Künstler werden die wahren Möglichkeiten dieses Mediums zu nutzen wissen – und damit Anstöße für Veränderungen schaffen. Auch wenn es wie eine radikale Trivialisierung bedeutender Ikonen der Kultur klingt – wie das Verwandeln eines Fotos von Steichen in eine Postkarte oder eines Warhols in Clipart –, entscheidend ist dabei die Tatsache, daß die Digitalzeit nicht nur das Produkt, sondern auch den *Schaffensprozeß* sichtbar macht. Dieser Prozeß kann der Phantasie eines einzelnen oder der kollektiven Vorstellungskraft vieler Menschen entspringen oder die Vision einer revolutionären Gruppe sein.

Salon des Refusés

Das ursprüngliche Konzept des Media Lab war es, sowohl die Entwicklung der Benutzerschnittstelle als auch die Forschung im Bereich der künstlichen Intelligenz in eine neue Richtung zu lenken. Der Kniff bestand darin, ihnen eine neue Gestalt zu geben in bezug auf den Inhalt von Informationssystemen, den Anforderungen von Verbrauchergeräten und dem Wesen des künstlerischen Denkens. Dieses Konzept wurde den Fernsehanstalten, den Verlagen und der Computerindustrie als eine Verschmelzung der vielfältigen sensorischen Möglichkeiten der Videotechnik, der Informationsdichte des Verlagswesens und der dem Computer eigenen Interaktivität vorgestellt. Dies alles klingt heute sehr logisch, wurde jedoch zur damaligen Zeit als völlig verrückt betrachtet. Die *New York Times* berichtete, daß ein »nicht näher genanntes« leitendes Mitglied der Fakultät alle an diesem Projekt beteiligten Mitarbeiter als »Scharlatane« bezeichnete.

Das Media Lab ist in einem Gebäude untergebracht, das von dem Architekten I.M. Pei entworfen wurde (es entstand kurz nach Peis Erweiterung der National Gallery in Washington, D.C., und unmittelbar vor Errichtung seiner Pyramide am Louvre in Paris). Es dauerte knapp sieben Jahre, bis man die Fakultät finanziert, gebaut und ihre Mitglieder berufen hatte.

Ähnlich wie im Jahre 1863, als die Pariser Kunstszene sich weigerte, die Impressionisten in ihre offizielle Ausstellung aufzunehmen, bildeten auch die Gründungsmitglieder des Media Lab einen Salon des Refusés – manche waren zu rebellisch für ihr akademisches Gebiet, andere ihrem Fachbereich nicht genug verbunden, und ein Mitglied gehörte sogar überhaupt keinem Fachbereich an. Neben Jerome Wiesner und mir bestand die Gruppe aus einem Filmemacher, einem Grafikdesigner, einem Komponisten, einem Physiker, zwei Mathematikern und einer Reihe von Forschern, die unter anderem in den vorangegangenen Jahren Multimedia-Anwendungen entwickelt hatten. Wir kamen in den frühen achtziger Jahren als eine Gegenkultur zur etablierten Computerwissenschaft zusammen, die sich zu dieser Zeit noch immer mit Programmiersprachen, Betriebssystemen, Netzwerkprotokollen und Systemarchitektur beschäftigte. Was uns zusammenbrachte, war nicht eine bestimmte Fachrichtung, sondern der Glaube, daß der Computer durch seine Allgegenwart nicht nur die Wissenschaft, sondern auch unsere gesamte Lebensqualität grundsätzlich verändern würde.

Die Zeit war reif für ein solches Institut: Der Personalcomputer hatte sich durchgesetzt, die Benutzerschnittstelle rückte in den Mittelpunkt der Entwicklungen, und die Freigabe der Telekommunikationsindustrie setzte langsam ein. Besitzer und Manager von Zeitungs-, Zeitschriften- und Buchverlagen, Filmstudios und Fernsehsendern begannen, über zukünftige Entwicklungen nachzudenken. Clevere Medienmoguln wie Steve Ross und Dick Munro von Time Warner erahnten, welche Bedeutung dem sich langsam entwickelnden digitalen Zeitalter zukommen würde, und es war kein allzu großes Risiko für sie, in eine verrückte Einrichtung am MIT zu investieren. Innerhalb kürzester Zeit wuchs unser Institut auf dreihundert Leute.

Heute ist das Media Lab das Establishment, und die Internet-Surfer sind die »Crazy kids on the block«. Die Digitalos halten sich jenseits von Multimedia auf, dort, wo man den wirklichen Lebensformen näher ist als intellektuellen Manifesten. Ihre Hochzeiten finden im Cyberspace statt. Sie nennen sich Bitniks und Cybraians. Ihre soziale Mobilität überspannt den gesamten Planeten. Heute sind sie der Salon de Refusés, aber ihr Salon ist kein Café in Paris oder ein Gebäude von I.M. Pei in Cambridge. Ihr Salon befindet sich irgendwo im Net. Er ist digital.

Epilog: Ein Zeitalter des Optimismus

Ich bin von Natur aus Optimist. Aber jede Technologie und jedes Geschenk der Wissenschaft hat Schattenseiten, und die Digitalzeit bildet dabei keine Ausnahme.

Das nächste Jahrzehnt wird den Mißbrauch geistigen Eigentums und einen Einbruch in unsere Privatsphäre erleben. Wir werden Digitalvandalismus, Softwarepiraterie und Datendiebstahl kennenlernen. Aber am schlimmsten ist die Tatsache, daß wir zu Zeugen eines Vorgangs werden, bei dem viele Arbeitsplätze zugunsten vollautomatisierter Systeme abgebaut werden, wodurch sich die Arbeitswelt der Büroangestellten in ähnlichem Maße verändert, wie es bereits innerhalb der Fabriken geschah. Der Gedanke an eine lebenslange Anstellung in einem einzigen Beruf oder an einem Arbeitsplatz verliert jetzt schon an Überzeugungskraft.

Diese radikalen Veränderungen unserer Arbeitsmarktstrukturen (wir arbeiten immer weniger mit Atomen und dafür mehr mit Bits) werden genau mit dem Zeitpunkt zusammentreffen, an dem sich das zwei Milliarden starke Arbeitsheer Indiens und Chinas langsam in die Rechnerwelt einschaltet (im wahrsten Sinne des Wortes). Ein selbständiger Software-Entwickler aus Peoria wird mit seinem Pendant in Pohang konkurrieren; ein Digital-Schriftsetzer aus Madrid kämpft gegen die Konkurrenz in Madras. Schon jetzt verlagern amerikanische Gesellschaften ihre Hardware-Entwicklung und Software-Produktion nach Rußland und Indien; dabei sind sie jedoch nicht auf der Suche nach billigen Arbeitskräften, sondern nach einem hervorragend ausgebildeten Heer von Geistesarbeitern, das anscheinend bereit ist, härter, schneller und diziplinierter zu arbeiten, als die Arbeitskräfte des eigenen Landes.

Da die Geschäftswelt immer weltumfassender und das Internet stets größer wird, müssen wir schon bald mit einem nahtlosen digitalen Arbeitsplatz rechnen. Lange bevor politische Bemühungen Erfolge zeigen und lange bevor die GATT-Gespräche zu einer Einigung bezüglich der Zolltarife und des Handels von Atomen führen (das Recht zum Verkauf von Evian-Mineralwasser in Kalifornien), werden Bits grenzenlos gespeichert und verändert werden – und zwar vollkommen unabhängig von geopolitischen Grenzen. Wahrscheinlich spielen in unserer digitalen Zukunft Zeitzonen eine wichtigere Rolle als Handelszonen. Ich könnte mir ein Software-Projekt vorstellen, das in einem 24-Stunden-Zyklus von Osten nach Westen um die Welt reist, von Person zu Person oder von Gruppe zu Gruppe, wobei die einen arbeiten, während die anderen schlafen. Microsoft wird in London und Tokio weitere Zweigstellen für die Software-Entwicklung eröffnen müssen, um in drei Schichten rund um die Uhr produzieren zu können.

Während wir uns mehr und mehr auf eine solche digitale

Welt zubewegen, wird ein ganzer Bereich der Bevölkerung ausgeschlossen sein oder sich zumindest so fühlen. Wenn ein fünfzigjähriger Stahlarbeiter seinen Job verliert, hat er im Gegensatz zu seinem fünfundzwanzigjährigen Sohn wahrscheinlich keinerlei Kenntnisse über die digitale Welt. Wenn ein moderner Sekretär seine Stelle verliert, ist er mit der digitalen Welt zumindest vertraut und besitzt übertragbare Kenntnisse.

Bits lassen sich nicht essen, das heißt, sie können den Hunger nicht stoppen. Rechner besitzen keine Moral; sie können für komplexe Themenbereiche wie das Recht auf Leben und Sterben keine Lösungen anbieten. Aber die Digitalzeit gibt dennoch berechtigten Anlaß zum Optimismus. Genau wie eine Naturgewalt kann auch das Digitalzeitalter weder ignoriert noch gestoppt werden. Denn es besitzt vier mächtige Eigenschaften, die letztendlich zu seinem Triumph führen werden: Dezentralisierung, Globalisierung, Harmonisierung und Befähigung zum Handeln.

Der Dezentralisierungseffekt der Digitalzeit zeigt sich nirgendwo deutlicher als im Handel und in der Computerindustrie. Das sogenannte Management-Informationssystem (MIS) Czar, das ein unter Glas verschlossenes und vollklimatisiertes Mausoleum regierte, ist ein Kaiser ohne Kleider – und so gut wie erledigt. Denjenigen, die überleben, gelingt dies im allgemeinen nur deshalb, weil sie rangmäßig über jedem stehen, der sie entlassen könnte, während der Verwaltungsrat der Gesellschaft inzwischen den Anschluß verloren hat oder schläft oder beides.

Die Thinking Machines Corporation, eine große und einfallsreiche Supercomputerfirma, verschwand etwa zehn Jahre, nachdem sie von Danny Hillis, einem Genie auf den Gebiet der Elektrotechnik, ins Leben gerufen worden war. Innerhalb dieser kurzen Zeitspanne machte diese Firma die Welt mit der gewaltigen Architektur der Parallelrechner bekannt. Aber ihr Untergang beruhte nicht auf Mißwirtschaft oder einer Fehlkonstruktion ihrer sogenannten Connection Machine. Die Firma verschwand, weil die Parallelität dezentralisiert werden konnte. Genau die gleiche gewaltige Parallelrechnerarchitektur wurde plötzlich auch durch die Verknüpfung preiswerter, massenproduzierter Personalcomputer möglich.

Während dies natürlich keine gute Nachricht für Thinking Machines war, handelte es sich im Grunde um eine wichtige Nachricht für uns alle – sowohl im wörtlichen als auch im übertragenen Sinne. Diese Verknüpfung bedeutet, daß die Unternehmen der Zukunft ihren Bedarf an Rechenkapazität auf neue und skalierbare Weise decken können, indem sie ihre Büros mit Personalcomputern ausstatten, die im Bedarfsfall gemeinsam an rechnerintensiven Problemen arbeiten. Die Computer arbeiten dann sowohl für Einzelpersonen als auch für Gruppen. Meines Erachtens wird eine solche Dekonzentration der Intelligenz auch in unserer Gesellschaft heranwachsen – vorangetrieben von einer jungen Bürgerschaft in der digitalen Welt. Die traditionelle zentralistische Lebenseinstellung wird dann der Vergangenheit angehören.

Aber auch der Nationalstaat als solcher wird gewaltige Veränderungen und eine Globalisierung erleben. In etwa fünfzig Jahren werden die Regierungen sowohl größer als auch kleiner sein: Europa wird in kleinere ethnische Gruppen zerfallen und gleichzeitig eine einheitliche Wirtschaft anstreben. Nationalistische Bestrebungen machen es überaus einfach, zynisch zu reagieren und jeglichen breit angelegten Versuch einer Vereinigung der Welt zum Scheitern zu verurteilen. Aber in der digitalen Welt werden zuvor unmögliche Lösungsvorschläge endlich durchführbar.

Wenn in unserer heutigen Zeit 20 Prozent der Weltbevölkerung 80 Prozent der Weltressourcen verbrauchen, wenn ein Viertel der Menschheit einen annehmbaren Lebensstandard genießt, drei Viertel der Weltbevölkerung aber nicht – wie kann diese Kluft überbrückt werden? Während sich die Politiker mit der Altlast der Geschichte abmühen, entsteht aus der digitalen Landschaft eine neue Generation, die frei von alten Vorurteilen ist und sich von den Beschränkungen geographischer Nähe als einziger Basis für Freundschaft, Zusammenarbeit, Spiel und Nachbarschaft gelöst hat. Die digitale Technologie kann wie eine Naturgewalt wirken, die die Menschen zu größerer Weltharmonie bewegt.

Die harmonisierende Wirkung der Digitalzeit wird bereits bei zuvor getrennten Disziplinen und Unternehmen deutlich, die inzwischen zusammenarbeiten, anstatt sich gegenseitig Konkurrenz zu machen. Darüber hinaus entwickelt sich eine zuvor fehlende Allgemeinsprache, die es den Menschen ermöglicht, sich über die Grenzen hinweg zu verständigen. Die Kinder in der Schule haben heute die Möglichkeit, eine Sache aus mehreren Blickwinkeln zu betrachten. Beispielsweise kann ein Computerprogramm gleichzeitig als eine Reihe von Computerbefehlen und als konkrete Dichtung betrachtet werden, die sich aus den Einrückungen im Text des Programms ergibt. Die Kinder lernen sehr schnell, daß man ein Programm erst dann beherrscht, wenn man es nicht nur aus einer Perspektive, sondern unter verschiedenen Blickwinkeln kennt.

Aber mehr als alles andere entsteht mein Optimismus aus der Befähigung zum Handeln, die die Digitalzeit mit sich bringt. Der Zugriff, die Mobilität und die Flexibilität sind Aspekte, die die Zukunft erheblich von unserer Gegenwart unterscheiden werden. Auch wenn die Datenautobahn heute meist nur eine große Modewelle darstellt, ist sie noch eine

Untertreibung dessen, was uns in der Zukunft erwartet: Sie wird jenseits selbst wildester Prophezeiungen existieren. Während Kinder lernen, globale Informationsquellen zu nutzen und dabei feststellen, daß nur die Erwachsenen eine Erlaubnis zum Lernen benötigen, werden wir neue Hoffnung und Würde an Orten der Welt entdecken, wo es dies bisher nur selten gab.

Mein Optimismus beruht nicht auf einer zu erwartenden Erfindung oder Entdeckung. Möglicherweise finden wir ein Heilmittel gegen Krebs oder Aids, einen akzeptablen Weg zur Geburtenkontrolle oder erfinden eine Maschine, die unsere Luft einatmen und unsere Meere trinken und sie unverschmutzt wieder ausscheiden kann. Diese Träume werden sich vielleicht erfüllen, vielleicht aber auch nicht. Aber in der Digitalzeit müssen wir nicht auf eine Erfindung warten – das digitale Leben ist bereits hier und jetzt vorhanden. Und man kann es fast als vererbbar bezeichnen; vererbbar insofern, als daß jede Generation ein wenig digitaler werden wird als die Generation davor.

Die Kontroll-Bits dieser digitalen Zukunft liegen stärker als je zuvor in den Händen der Jugend. Und nichts könnte mich glücklicher machen.

Nach-Wort

Und Sie haben mir das mit dem exponentiellen Wachstum nicht geglaubt! Die Zahl der Websites verdoppelt sich alle fünfzig Tage. Alle vier Sekunden geht eine neue Homepage ins Netz. In der kurzen Zeit seit Erscheinen der Hardcover-Ausgabe von *Total digital* hat sich soviel verändert, daß ich solche Internet-Ausdrücke heute ohne weiteres gebrauchen kann, denn inzwischen kennt jeder das Internet – auch wenn nur wenige verstehen, was es ist. Die Kritik hält mir vor, daß ich es nicht beschrieben habe. Ich habe es einfach vergessen, ebenso wie ich nicht auf die Idee gekommen bin, das Element Luft zu definieren. Ich will es hier nachholen.

Idee und Konzeption des Internet stammen aus dem Jahr 1963, Urheber war ein Mann namens Larry Roberts. Larry wurde von Ivan Sutherland, damals Leiter der Computerversuchsabteilung der ARPA (einer Forschungsabteilung des US-Verteidigungsministeriums), eingeladen, in Washington mitzuarbeiten. Das ARPAnet, wie es damals hieß, sollte ein ausfallsicheres System zur elektronischen Nachrichtenübermittlung sein. Von den sogenannten Päckchen, in denen die Nachrichten gesendet wurden, ist im Buch die Rede; aber dort wird nicht weiter erklärt, daß es sich um autonome Blöcke handelt, von denen jeder für sich auf verschiedenen Routen von Punkt A zu Punkt B gelangen kann. Angenommen, ich (in Boston) wollte Ihnen (in San Francisco) diesen Absatz übermitteln. Jedes Päckchen (etwa zehn Buchstaben, eine Nummer, mit der die Stellung dieser Buchstaben im Text bezeichnet wird, sowie Namen und Adresse des Empfängers) kann im Prinzip eine andere Route nehmen – eines geht über Denver, eines über Chicago, eines über Dallas und so weiter. Nun stellt sich in San Francisco heraus, daß Päckchen Nummer sechs fehlt. Sobald der Verlust von Päckchen sechs feststeht, wird Boston von den anderen Orten aufgefordert, es noch einmal zu senden.

Das heißt: Bevor man mich daran hindern könnte, eine Nachricht zu übermitteln, müßte die Erde flächendeckend zerstört werden – denn irgendwo werden die Nachrichten immer eine Leitung finden. Gewiß, das System verlangsamt sich in dem Maße, je länger es nach einer solchen Verbindung von A nach B suchen muß, aber es bricht nicht zusammen. Es ist wichtig, das zu verstehen, denn der gleiche Bauplan – ein dezentrales Modell – liegt auch dem Internet zugrunde und erklärt die phänomenale Größe, die es heute erreicht hat. Es läßt sich nicht mit Gesetzen oder Bomben in Schach halten, wie Politiker sich das gerne ausmalen. Die Nachrichten erreichen stets ihren Adressaten – ganz gleich wie.

Unbefugter Zugriff

Alle staunen, wie das Netz – diese Kurzform setzt sich immer mehr durch – täglich wächst. Wenn Sie ein alter Internet-Veteran sind und sich ärgern, daß alles immer langsamer wird, dann sollten Sie sich vergegenwärtigen, daß viele Länder nur über winzige Leitungen mit dem Netz verbunden sind. Aber diese Verbindungen werden ständig ausgebaut, und das ganze System verbessert sich von Tag zu Tag. Manchmal gibt es Staus, weil neue Benutzer schneller hinzukommen, als die Infrastruktur wächst. Doch das System kann nicht zusammenbrechen. Schlimmstenfalls verfällt es in den Zustand der Trägheit.

Das einzige, was ihm gefährlich werden kann, sind Politiker, die es unter ihre Kontrolle bringen wollen. Überall auf der Welt gibt es Bestrebungen, das Netz zu zensieren, meist unter dem Vorwand, Kinder vor diesem und jenem zu schützen. Und es kommt noch schlimmer. Manche Regierungen, darunter auch die der Vereinigten Staaten, fordern ein Recht auf Einsicht in die versendeten Nachrichten, vergleichbar mit dem Abhören von Telefonleitungen. Wenn Sie da nicht sofort das kalte Grausen überkommt, dann denken Sie mal darüber nach. Wir müssen dafür sorgen, daß die Privatsphäre geschützt und größtmögliche Datensicherheit gewährleistet ist, sonst werden wir es noch schwer bereuen. In der digitalen Welt läßt sich eine solche Sicherheit, gerade weil sie digital ist, wesentlich leichter bewerkstelligen als in der analogen. Aber wir müssen es schon wirklich wollen. Wir müssen gemeinsam alle Anstrengungen unternehmen, unsere Datenwelt vor jedem unbefugten Zugriff zu schützen.

Gewiß: Auch Dealer, Terroristen und Kinderpornographen nutzen das Internet. Aber machen Sie sich eines klar: Die Bösen sind sehr viel besser ausgestattet als Sie oder ich, und sie vermögen in puncto Verschlüsselung (indem sie Nachrichten so kodieren, daß nur derjenige, der den »Schlüssel« kennt, sie wieder dekodieren kann) jede Polizeibehörde zu überlisten. Exportverbote oder andere gesetzliche Maßnahmen schaden letzten Endes nur. Wenn die Anwendung von Verschlüsselungstechniken verboten wird, dann sind am Ende die Ganoven die einzigen, die über diese Techniken verfügen. Statt den einfachen Bürger zu schützen, bringt ihn das nur in größere Gefahr. Das sollten die Verantwortlichen in Washington und anderswo endlich begreifen.

Die Sicherheit, um die es geht, hat drei Aspekte. Zunächst einmal wollen Sie, wenn Sie eine Nachricht von mir bekommen, sicher sein, daß sie wirklich von mir ist. Zum zweiten wollen Sie nicht, daß sich auf dem Weg von mir zu Ihnen jemand in die Leitung schalten kann. Und zum dritten wollen Sie auch nicht, daß jemand nachträglich diese Nachricht von Ihrer Festplatte liest (während Sie zum Beispiel im Netz sind und etwas ganz anderes tun). Alle drei Punkte sind wichtig, und wenn wir sie nicht in den Griff bekommen, wird es Schwierigkeiten geben.

Cyberspace braucht Privatsphäre. Das ist die wichtigste Regel, wenn wir Sicherheit für unsere Texte wollen.

Toter Fisch

Das Bild von den »Bits und Atomen« hat viele Freunde gefunden. Es ist ein gutes Mittel, Vergleiche zwischen Vergangenheit und Zukunft anzustellen. Als im Februar 1995 Ramzi Yousef ausgeliefert wurde, der als Hauptdrahtzieher für den Bombenanschlag auf das World Trade Center gilt, forderte ein islamischer Geistlicher aus Pakistan im Gegenzug von der US-

Regierung die Auslieferung von Madonna und Michael Jackson wegen Verstößen gegen fundamentalistisches Recht. Das Außenministerium lehnte rundheraus ab, und wer die kurze Zeitungsmeldung sah, der lachte nur. Was für ein Blödsinn.

Einen Monat zuvor lebten Mr. und Mrs. Thomas, ein Ehepaar aus Milpitas in Kalifornien, stillvergnügt vor sich hin und betrieben ein Bulletinboard (ein elektronisches Gesprächsforum), das in allen Punkten den kalifornischen Normen, den Kommunal- und Staatsgesetzen entsprach. Eines Tages loggte sich ein Postangestellter aus Tennessee in ihr Bulletinboard ein, und ihm gefiel nicht, was er dort sah. Die beiden Kalifornier wurden angeklagt, sie hätten das Recht des Staates Tennessee gebrochen, die Sache ging vor Gericht, und die beiden wurden für schuldig befunden. Man könnte sagen: Sie wurden nach Tennessee ausgeliefert.

Auf der Lesereise für die Hardcover-Ausgabe dieses Buches kam ich in einen bezaubernden Buchladen in Ann Arbor, Michigan, der Shaman Drum (Schamanentrommel) hieß. Zu meiner Überraschung befanden sich im Publikum die Mutter und der Stiefvater von Jake Baker, einem einundzwanzigjährigen Studenten der Universität von Michigan, der ein paar Tage zuvor ins Gefängnis gekommen war.

Jake Baker hatte unter *alt.sex.stories* (eine Website im Internet, in der ich noch nie gewesen bin und von der ich nicht einmal genau weiß, wie man dorthin kommt) eine Geschichte publiziert, ein reines Phantasieprodukt. Ein Mann in Moskau las sie und mochte sie nicht. (Fragen Sie mich nicht, was er in *alt.sex.stories* wollte. Das ist, als ob man in Amsterdam in einen düsteren Laden geht, der sich als »Sex Shop« betitelt, und sich dann über die Sachen beschwert, die man dort findet.) Leider handelte es sich bei diesem Leser in Rußland um einen Absolventen der Universität von Michigan; der Mann beschwerte sich, und eines Tages wurde Jake Baker verhaftet. Er blieb einen Monat lang im Gefängnis, ohne Recht auf Kaution. Man nahm ihm sogar seine Brille ab. Und ich habe immer gedacht, so was machen wir in den Vereinigten Staaten nicht!

Wir haben es getan, weil der junge Mann eine Dummheit begangen und den echten Namen einer jungen Dame verwendet hatte. Deshalb wurde seine Geschichte im Internet als tätlicher Angriff aufgefaßt, und das erklärt wiederum die absurde und völlig unverhältnismäßige Untersuchungshaft ohne Recht auf Kaution (und ohne Lesebrille). Am 21. Juni 1995 schlug US-Bezirksrichter Avern Cohn das Verfahren nieder; er nannte Jake Bakers Text »nichts weiter als ein – wenn auch recht drastisches und geschmackloses – Stück Literatur«.

Wenn ich von solchen Geschichten höre, dann kommt mir unsere Justiz immer wie ein halbtoter Fisch vor, der auf einem Landungssteg zappelt. Sie liegt da, in der fremden, digitalen Welt und schnappt nach Luft. Unsere Gesetze stammen fast alle aus der Welt der Atome und sind für eine solche Welt gemacht, nicht für die Welt der Bits. Ich denke mir, unsere Justiz funktioniert hier als eine Art Frühwarnsystem, und sie sagt uns: »Da müssen wir etwas tun.« Das Recht einzelner Staaten hat im Cyberrecht nichts zu suchen. Wo sind die Grenzen des Cyberspace? Wenn jemandem die Steuergesetze der Vereinigten Staaten nicht gefallen, stellt er seinen Rechner eben auf den Caymaninseln auf. Sie mögen die amerikanischen Copyrightgesetze nicht? Dann bringen Sie doch Ihren Rechner in China ans Netz. Cyberrecht ist weltweites Recht, aber wo wir uns offenbar nicht einmal auf internationale Regeln für den Handel mit Autoteilen einigen können, wird der Umgang damit nicht leicht sein.

Der Nationalstaat als Mottenkugel

Ich rechne damit, daß wie bei einer Mottenkugel, die vom festen in den gasförmigen Zustand übergeht, die Nationalstaaten sich einfach in Luft auflösen und das Zwischenstadium der unangenehmen, schmierigen Masse einfach überspringen werden. Am Ende beherrscht ein weltweiter Cyberstaat die politische Sphäre. Keine Frage: Die Rolle des Einzelstaates verändert sich dramatisch, und der Nationalismus wird in Zukunft so beliebt sein wie die Pocken.

Die heutigen Staaten haben die falsche Größe. Sie sind zu groß, um als Kleinstaaten zu funktionieren, und zu klein für einen Weltstaat. In den »guten alten Zeiten« wurde eine Gemeinschaft ausschließlich durch physische Nähe und Geschlossenheit bestimmt. Man konnte zu Fuß die Grenzen eines Landes abschreiten und vom Flugzeug aus abgeschossen werden, wenn man einen Schritt auf die falsche Seite tat. Flüsse, Meere, manchmal nur Mauern bildeten die Grenzlinien. Bei Städten gab es oft keine eindeutigen Grenzen, aber man wußte immer, wann man eine Stadt verlassen hatte.

Innerhalb dieser klar umrissenen Bereiche herrschte stets eine Art Lokalregierung. Unsere ganze Geschichte ist eine Frage von Räumen und Orten, Geographie und Geometrie. Konflikte entzünden sich an religiösen, wirtschaftlichen oder anderen Gründen, die nicht unmittelbar etwas mit den physischen Gegebenheiten zu tun haben, doch das Gebiet, auf dem diese Konflikte ausgetragen werden, ist ohne Frage etwas Physisches. Die Sieger bauen sich ihre neuen Reiche auf, die Verlierer gehen bisweilen unter. Der Nationalstaat ist immer etwas Materielles.

Ganz anders der Cyberspace. Jeder dieser Rechner ist uns gleich nah. Es gibt keine anderen physischen Grenzen oder

Beschränkungen als die Umrisse unseres Planeten. Genau wie die Medien größer und zugleich kleiner geworden sind, muß dies auch mit den politischen Institutionen der Welt geschehen. Solche Entwicklungen werden nicht über Nacht kommen, aber Anzeichen deuten darauf hin, daß sie in manchen Bereichen schneller vorangehen als in anderen. Ich spreche nicht von bestimmten Ländern oder Städten, sondern von Bereichen wie dem Finanzwesen oder dem akademischen Milieu, die heute in puncto Globalisierung und auf dem Online-Sektor ganz vorn liegen. Derzeit verfügt das internationale Bankenwesen über die einzige Ausnahmegenehmigung für den Export von Verschlüsselungstechnik aus den Vereinigten Staaten. Und wann haben Sie zuletzt einen Transporter gesehen, der Geld von einer Bank zur anderen beförderte?

Die globale Natur der digitalen Welt wird die heutigen Grenzlinien mehr und mehr untergraben. Manche Menschen finden diese Aussicht bedrohlich. Ich finde es erfrischend.

Unverbesserlicher Optimist

Der Apotheker auf einer kleinen griechischen Insel, vertraute mir einmal an, wieviel Sorgen ihm sein dreizehnjähriger Sohn macht, der sich für alles begeistert, was mit Computern zu tun hat. Der Vater ist hin- und hergerissen, denn er denkt, daß der Junge, wenn er sich erst einmal mit Computern beschäftigt, seine Familie verlassen und in die Stadt ziehen wird wie so viele Griechen in den letzten Jahren.

Es war nicht leicht, dem Vater klarzumachen, daß unter allen Gebieten, für die sich der Junge interessieren könnte, das Feld der Computer dasjenige ist, das ihm am ehesten die Chance bietet, zu Hause zu bleiben. Mehr und mehr wird das

Netz zum Arbeitsbereich von Unternehmern, die »weltweite Kleinbetriebe« aufbauen. In früheren Zeiten hatten multinationale Firmen stets gewaltige Ausmaße. Sie besaßen überall auf der Welt ihre Büros, die nicht nur die Atome der Firma betreuten, sondern sich auf lokale Gesetze und Gebräuche einstellten und für den Vertrieb der tatsächlichen Produkte sorgten. Heute können drei Personen in drei Städten ein Unternehmen gründen, das auf einem weltweiten Markt operiert.

Je mehr Büroarbeit automatisiert wird und je mehr Menschen arbeitslos werden, desto mehr werden diese Entlassenen selbständig arbeiten Die Folge wird sein, daß Firmen immer mehr Aufträge außer Haus vergeben und statt Angestellten Subunternehmer beschäftigen. Diese Trends weisen beide in die gleiche Richtung. Bis zum Jahr 2020 wird in den entwickelten Ländern »selbständig« die häufigste Berufsbezeichnung sein. Ist das gut? Aber ja.

Ich habe mit Interesse die Aufnahme von *Total digital* verfolgt, das in über dreißig Sprachen auf den Markt kam. Die Reaktionen reichten von Zurückhaltung bis zu engagierter Begeisterung. Ältere Leser drückten per E-Mail ihren Dank dafür aus, daß ich ihnen erklärt habe, was ihre Kinder tun oder vielleicht bald tun werden. Jüngere Leser ließen sich von meinem Enthusiasmus anstecken. Aber die größte Freude und der beste Maßstab für meinen Erfolg ist die Tatsache, daß meine neunundsiebzigjährige Mutter mir jetzt täglich eine E-Mail schickt.

NN
Patmos, Griechenland
Oktober 1995

Danksagung

An die Nationale Stiftung für Geisteswissenschaften schickte ich 1976 ein Konzept, in dem ich ein Multimediasystem mit direktem Zugriff beschrieb, das den Benutzer in die Lage versetzen sollte, Gespräche mit berühmten verstorbenen Künstlern zu führen. Dr. Jerome B. Wiesner, der damalige Präsident des MIT, las dieses verrückte Papier, weil die Bewilligung der zur Verwirklichung dieses Projekts erforderlichen Geldsumme seine Unterschrift benötigte. Anstatt meine Idee als wirres Geschwätz abzutun, bot er mir seine Hilfe an, denn ihm war klar, daß ich (nicht nur) im Bereich der Sprachverarbeitung völlig den Boden unter den Füßen verloren hatte.

Eine großartige Freundschaft entstand. Ich begann, mit optischen Videodisks zu arbeiten (etwas zu jenem Zeitpunkt noch sehr Analogem). Wiesner drängte auf eine anspruchsvollere Sprache und eine stärkere Bindung an die Kunst. 1979 begeisterten wir uns gegenseitig (und die MIT Corporation) für den Bau des Media Lab.

Für mich bedeutete die Möglichkeit, von Wiesner zu lernen und die Welt durch seine und die Augen seiner vielen brillanten und berühmten Freunde zu betrachten, eine unschätzbare Ausbildung. Das Media Lab wurde weltumspannend, weil Wiesner weltumspannend war. Das Media Lab schätzte schöne Künste und exakte Wissenschaften, weil Wiesner es tat.

Wiesner starb einen Monat vor der Fertigstellung dieses Buches. Bis zuletzt diskutierte er über die Themen der Digitalzeit und äußerte seinen vorsichtigen Optimismus. Er war beunruhigt über einen möglichen Mißbrauch des Internet, sobald es von einer breiteren Öffentlichkeit genutzt werden würde, und er äußerte sich besorgt über die Arbeitslosigkeit in einer digitalen Ära, die viele Arbeitsplätze abschafft und sehr viel weniger neue entstehen läßt. Aber er vertrat immer die Seite des Optimismus. Sein Tod am 21. Oktober 1994 bedeutete für viele von uns am MIT, Verantwortung zu übernehmen und für die jungen Leute das zu tun, was er für uns getan hatte. Jerry, wir versuchen unser Bestes, dir würdige Nachfolger zu sein.

Das Media Lab wurde ins Leben gerufen von drei weiteren großartigen Menschen, denen ich besonderen Dank schulde für alles, was sie mich gelehrt haben: Marvin L. Minsky, Seymour A. Papert und Muriel R. Cooper.

Marvin ist der klügste Mensch, den ich kenne. Sein Humor spottet jeder Beschreibung, und er ist wahrscheinlich der bedeutendste zeitgenössische Computerwissenschaftler. Ein Zitat von Samuel Goldwyn liebt er besonders: »Achte nicht darauf, was die Kritiker sagen. Ignoriere sie nicht einmal.«

Seymour verbrachte die ersten Jahre seiner Karriere bei dem Psychologen Jean Piaget in Genf und wurde kurz danach, zusammen mit Minsky, Leiter des AI Lab am MIT. Er brachte in das Media Lab sein tiefes Verständnis für die Wissenschaft vom

Menschen und sein Wissen über die künstliche Intelligenz ein. Wie Seymour zu sagen pflegt: »Du kannst nicht über das Denken nachdenken, ohne über das Denken über etwas Bestimmtes nachzudenken.«

Muriel Cooper bildete das dritte Glied in der Kette: die Künste. Sie war die wichtigste künstlerische Kraft am Media Lab und jederzeit in der Lage, eine für uns selbstverständliche Arbeitsthese in bezug auf Personalcomputer – wie etwa Bildschirmfenster – mit Fragen, Erwartungen und Alternativvorschlägen in der Luft zu zerreißen. Ihr tragischer und unerwarteter Tod am 26. Mai 1994 hinterließ eine klaffende Lücke in den Grundmauern des Media Lab.

Das Media Lab entsprang zum Teil aus der ehemaligen Architecture Machine Group (1968–1982), in der ich zusammen mit einer Gruppe von Kollegen einen Großteil meines Wissens erwarb. Besonders danke ich Andy Lippman, der fünf patentierbare Ideen pro Tag hervorbringt und von dem wahrscheinlich viele Redewendungen in diesem Buch stammen. Er versteht mehr von digitalem Fernsehen als jeder andere.

Frühe Einsichten kamen von Richard A. Bolt, Walter Bender und Christopher M. Schmandt, die ich noch aus der Zeit vor dem Media Lab kenne, in der wir zwei kleine Labors, sechs Büros und eine Toilette teilten. Es waren die Jahre, während denen man uns als »Scharlatane« bezeichnete, und daher unsere goldenen. Aber wir mußten entdeckt werden.

Marvin Denicoff vom Office of Naval Research (Amt für Marineforschung) ist für die Computerwissenschaft das, was die Medici für die Künstler der Renaissance waren: Er unterstützte Menschen mit kühnen Ideen. Da er selbst als Bühnenautor tätig ist, legte er Wert darauf, daß sich unsere Forschungen auch mit interaktiven Filmen befaßten – es hätte Jahre gedauert, bis wir selbst darauf gekommen wären.

Als Craig Fields, Denicoffs jüngerem Gegenstück bei ARPA, auffiel, wie gering Amerika auf dem Gebiet der Unterhaltungselektronik vertreten war, traf er kühne Maßnahmen, um das Konzept eines Computer-TV-Geräts weiter voranzutreiben. Craigs Anstrengungen waren so erfolgreich, daß er darüber seinen Arbeitsplatz verlor, denn zu dieser Zeit wirkte sein Konzept der offiziellen Industriepolitik der Regierung diametral entgegen. Aber während dieser Jahre förderte er einen Großteil der Forschungen, die in ein Gebiet fielen, das wir heute als Multimedia kennen.

Zu Beginn der achtziger Jahre wandten wir uns auf der Suche nach Unterstützung auch an den privaten Sektor. Dies betraf besonders den Bau des sogenannten Wiesner Building – einer fünfzig Millionen Dollar teuren Einrichtung. Die außergewöhnliche Großzügigkeit von Armand und Celeste Bartos machte das Projekt Media Lab möglich. Gleichzeitig bemühten wir uns bei verschiedenen Firmen um neue Freunde. – Hauptsächlich Lieferanten von Inhalten, die noch nie zuvor mit dem MIT zusammengearbeitet hatten, die aber (Anfang der achtziger Jahre) zu der Überzeugung gelangt waren, daß ihre Zukunft von Technik und Technologie bestimmt sein würde. Eine Ausnahme bildete Dr. Koji Kobayashi, der damalige Präsident und Geschäftsführer von NEC. Aufgrund seiner anfänglichen Unterstützung und seines Vertrauens in die Vision von Computern und Kommunikation folgten andere japanische Firmen schnell seinem Beispiel.

Auf der Suche nach den mittlerweile fünfundsiebzig Firmensponsoren begegnete ich vielen verschiedenen Charakteren – im besten Sinne des Wortes. Die heutigen Studenten am Media Lab haben die Möglichkeit, mit mehr Geschäftsführern und Firmeninhabern zu sprechen als jede andere Gruppe von Studenten, die ich kenne. Wir lernen etwas aus jedem dieser

Besuche, aber drei Besucher überragen alle anderen: John Sculley, früher bei Apple Computer, John Evans, Geschäftsführer von News Electronics Data, und Kazuhiko Nishi, Geschäftsführer der ASCII Corporation.

Darüber hinaus schulde ich Alan Kay von Apple Computer und Robert W. Lucky von Bellcore meinen besonderen Dank. Da wir alle drei Mitglieder der Vanguard Group bei CSC sind, konnte ich mit Hilfe ihrer Kenntnisse viele Ideen zu diesem Buch weiterentwickeln. Kay erinnerte mich daran, daß »Perspektive soviel wert ist wie fünfzig IQ-Punkte«, und Lucky war der erste, der mich fragte: »Ist ein Bit wirklich ein Bit?«

Einrichtungen wie das Media Lab werden nicht mit Ideen allein gebaut. Großen Dank schulde ich Robert P. Greene, dem stellvertretenden Direktor für Verwaltung und Finanzen, der seit mehr als zwölf Jahren mit mir zusammenarbeitet. Ich kann nur deshalb völlig allein neue Forschungsmodelle überprüfen und unaufhörlich reisen, weil er sich hingebungsvoll seinen Aufgaben widmet und ein Mensch ist, dem alle im Media Lab und innerhalb des MIT blind vertrauen können.

An der Unterrichtsfront übernahm Stephen A. Benton eine völlig eingerostete akademische Organisation, der er Form und Charakter verlieh – bis er sein Amt seinem Nachfolger Whitman Richards übergab.

Victoria Vasillopulos leitet mein Büro und mich, innerhalb und außerhalb des MIT, zu Hause und im Büro. Meine These ist, daß in der Digitalzeit Heim und Büro sowie Arbeit und Freizeit miteinander verschmelzen. Victoria kann ein Lied davon singen. Da wahrhaft intelligente Computerassistenten erst in ferner Zukunft denkbar sind, gilt es als glückliche Ausnahme, wenn man über ein hervorragendes menschliches Exemplar verfügen kann. Als ich mich zum Schreiben dieses Buches zurückzog, sorgte Victoria dafür, daß mein Fehlen niemandem auffiel. Mit Hilfe ihrer Assistentinnen Susan Murphy-Bottari und Felice Napolitano gelang ihr dies ganz ausgezeichnet.

Die Entstehungsgeschichte dieses Buches führt zu einer ganz anderen Reihe von Danksagungen. Mein größter Dank geht an Kathy Robbins, meine Agentin in New York. Ich begegnete Kathy vor mehr als zehn Jahren und unterschrieb damals einen Vertrag als einer ihrer »Autoren«. Das nächste Jahrzehnt war ich so beschäftigt mit dem Aufbau des Media Lab, daß ich kaum lange genug zu Atem kommen konnte, um an ein Buch zu denken. Kathy bewies unendliche Geduld und spornte mich regelmäßig, aber immer sehr sanft an.

Louis Rossetto und Jane Metcalfe von *Wired* bewiesen ein ausgezeichnetes Zeitgespür mit ihrem Konzept eines Lifestyle-Magazins für die digitale Welt. Meinem Sohn Dimitri gebührt der Dank, mich damit in Kontakt gebracht zu haben. Ich hatte noch nie zuvor eine Kolumne geschrieben; einige fielen mir leicht, andere waren sehr mühsam. Aber sie alle machten mir Freude und wurden von John Battelle nachsichtig redigiert. Viele Menschen sandten mir hilfreiche Zuschriften; positive Kritik überwog die Phrasen.

Als ich zu Kathy Robbins ging und ihr vorschlug, die achtzehn Geschichten aus *Wired* zu einem Buch zu verarbeiten, ließ sich ihre Antwort am besten mit dem Bild einer Froschzunge beim Anblick eines Insekts vergleichen. Geschluckt und unterschrieben in weniger als vierundzwanzig Stunden. Ich wurde zu Knopf gefahren und dem Präsidenten, Sonny Mehta, sowie meinem Lektor Marty Asher vorgestellt. Marty hatte soeben dank zweier Kinder im Teenageralter America Online entdeckt, was in der Folgezeit unser Kommunikationsmittel wurde. Seine Tochter half ihm, zu Hause zu drucken. Marty wurde sehr schnell sehr digital.

Wort für Wort, Idee für Idee umsorgte und erzog Marty meinen dyslektischen Stil, bis Texte entstanden, die so zielsicher und treffend waren wie eine Kugel. Viele Tage lang glichen er und ich Schulkindern, welche die ganze Nacht über einem Referat brüten. Danach lasen Russ Neuman, Gail Banks, Alan Kay, Jerry Rubin, Seymour Papert, Fred Bamber, Michael Schrag und Mike Hawley das Manuskript, gaben ihre Kommentare ab und suchten nach Fehlern.

Neuman achtete darauf, daß die politischen Informationen nicht über das Ziel hinausschossen. Banks las das Manuskript als professionelle Rezensentin und professionelle Novizin und versah fast jede Seite mit Eselsohren. Kay fand Zuschreibungsfehler, filterte unlogische Passagen heraus und brachte die weisen Ratschläge ein, für die er so berühmt ist. Papert überprüfte den Gesamtaufbau und änderte den Anfang. Schrag (sechzehn Jahre alt) fand viele Fehler im Text, die der Korrektor übersehen hatte, darunter einen Tippfehler: 34 800 Baud statt 38 400 Baud – was niemandem vorher aufgefallen war! Bamber überprüfte die Fakten, und Rubin las das Buch im Hinblick auf seine parlamentarische und klassische Form. Hawley entschied sich dafür, das Buch rückwärts zu lesen – ebenso, wie er Musik liest –, anscheinend, um sicherzugehen, daß er zumindest das Ende des Stücks spielen kann.

Schließlich möchte ich meinen außergewöhnlichen Eltern danken, die mir außer ihrer Liebe und Zuneigung noch zwei weitere Dinge im Überfluß zukommen ließen: Bildung und Reisen. Zu meiner Zeit hatte man keine andere Chance, als seine Atome zu bewegen, und mit einundzwanzig Jahren erschien es mir, als ob ich die ganze Welt gesehen hätte. Obwohl dies natürlich nicht im mindesten zutraf, brachte mir dieser Gedanke genügend Selbstbewußtsein, um alle Kritiker zu ignorieren. Dafür bin ich sehr dankbar.

Stichwortverzeichnis